731部隊と100部隊

知られざる
人獣共通感染症研究部隊

Tetsuro Kato
加藤哲郎
小河 孝
Takashi Ogawa

花伝社

７３１部隊と１００部隊——知られざる人獣共通感染症研究部隊◆目　次

はじめに――明らかにされる日本の細菌戦・人体実験【加藤哲郎】 7

第一章　日本のコロナ対応にみる七三一部隊・一〇〇部隊の影【加藤哲郎】 15
一　パンデミックと戦争のなかで、生物戦の歴史を振り返る 15
二　日本の細菌戦が拓いた生物兵器と危機管理の世界史 22
三　細菌戦系譜の「専門家」による「治療よりも防疫」 43
四　七三一部隊と一〇〇部隊が交錯する戦後「ワクチン村」 53

第二章　近代日本の戦争と軍馬、獣医学導入の歴史【小河孝】 69
一　明治維新直後から始まる軍馬の育成 69
二　軍馬としての馬匹改良を目標にした第一次馬政三十年計画（一九〇六年〜三五年） 73
三　日中戦争開始で始まった軍馬の大量動員 77

四　近代獣医学導入の歴史と教育内容　86
五　戦後の獣医学教育とその変遷　90

第三章　軍馬、鼻疽と防疫——一〇〇部隊ができるまで【小河 孝】　95
一　関東軍軍馬防疫廠が創設される背景と経緯　96
二　一九二五年創設の南満州鉄道株式会社付属の奉天獣疫研究所　97
三　鼻疽の新たな研究態勢を模索する行き先は？　110
四　獣研の「鼻疽研究の頓挫」から、関東軍命令の「鼻疽研究への転進」　112
五　馬疫研究処は研究機関でなく一〇〇部隊の補完組織　117
六　情勢の切迫で、鼻疽の清浄化対策より「軍馬資源の確保」か？　129

第四章　一〇〇部隊の実態【小河 孝】　136
一　三友一男の一〇〇部隊の細菌戦謀略の活動　138

二　若松有次郎隊長による一〇〇部隊の機構改革　149
三　第二部六科（細菌戦謀略の実行部隊）の新設　154
四　牛疫ウイルスの空中散布実験の真相　159

第五章　一〇〇部隊の戦争責任を問う――「留守名簿」とGHQ・LSの調査から【小河 孝】　169
一　『留守名簿・一〇〇部隊』の獣医将校四十名と技師十五名の追跡調査　170
二　「山口本治ファイル」の解読　176
三　先行著書を参考にした尋問記録の解読　184

第六章　元岩手大学学長・加藤久弥の一〇〇部隊体験【加藤哲郎】　219
一　一〇〇部隊――七三一部隊の姉妹部隊　219
二　中国における一〇〇部隊研究の展開　224
三　「一〇〇部隊・加藤久弥」についての探求開始　233

四　退官記念本「一獣医学者の回想」に一〇〇部隊勤務を明記　239
五　獣医学者としての「業績」にはみるべきものはない　253
六　加藤久弥の内省なき回想、漂白された記憶、戦争責任の無自覚　256
おわりに――七三一部隊と一〇〇部隊の「負の遺産」は未だ終わらない【小河 孝】　264
参考文献　v
人名索引　i

［凡例］

引用は長さに応じて「　」、または前後一行空きかつ二字下げでその箇所を示した。

但し、「供述書」など数頁にわたる引用は、**教科書体**で示した。

また、引用内の著者による追記は、〔　〕で示した。

はじめに——明らかにされる日本の細菌戦・人体実験

中国大陸での戦争体験をもつ歴史家、故藤原彰は、『餓死した英霊たち』のなかで、第二次世界大戦に従軍した日本軍の戦没者二三〇万人中過半数の一四〇万人は「名誉の戦死」どころか補給が途絶えての餓死であった、という。同書ではまた、軍馬の犠牲も触れられている。

補給の軽視と地誌調査の不足がもたらした兵員の犠牲以上に比率が深刻なのは、馬の犠牲であった。この戦争では中国から南方に広がる広い戦線で、五〇万頭を超す馬が犠牲になり、人間と違って一頭も帰国できなかったのである。馬の場合は、兵器備品の扱いで、消耗するのに任されていた。……第二次大戦を戦った日本陸軍が、欧米諸国の軍隊と大きく異なっている特徴は、機動力も輸送力もすべてが馬に頼っていることだった。これは国内の自動車産業の未発達と関係が深い。第一次大戦後の各国軍は、戦闘手段としての戦車、輸送手段としての牽引車や自動車を全面的に採用していったのに、日本軍だけは馬中心の編制から脱却できなかったのである（ちくま学芸文庫、一七八-一七九頁）。

つまり、日本の戦争には、軍馬は不可欠の「生きた兵器」であった。「馬編制」といわれ「馬政計画」が作られた。兵士と同じように、馬は日本軍の主たる資源であり、戦力であった。

本書は、一九三六年に関東軍防疫給水部七三一（ナナサンイチ）部隊と同時に創設された、関東軍軍馬防疫廠一〇〇（イチマルマル）部隊についての、政治学者と獣医学者による共同研究である。

政治学専攻の加藤は、もともとゾルゲ事件との関わりで、七三一部隊結核班長二木秀雄の生涯を追跡し、『「飽食した悪魔」の戦後――731部隊と二木秀雄「政界ジープ」』を二〇一七年に、さらに一般向け『731部隊と戦後日本――隠蔽と覚醒の情報戦』を二〇一八年に、本書と同じ花伝社から刊行した。そこでは、七三一部隊研究の多くの専門書・一般書と同じように、七三一部隊の人体実験・細菌戦とそれに関わった医学者たちの戦後を扱い、その姉妹部隊である一〇〇部隊の存在についても言及はするが、掘り下げることはなかった。

七三一部隊の軍医や軍属（技師）であった医学・薬学・理学などの研究者については、戦後占領軍GHQに訊問され、人体実験データや細菌戦技術の提供と引き替えに戦争犯罪が免責され訴追されなかったいきさつが、一九八〇年代の森村誠一『悪魔の飽食』ベストセラー以来、かなり明らかになった。そこから彼らの戦前・戦時の研究や学位論文も再検討されて、二〇一七年のNHKスペシャル「七三一部隊の真実」では「エリート医学者と人体実験」が暴かれた。常石敬一『731部隊全史』（高文研、二〇二二年）のように、「石井機関と軍学官産共同体」と副題して「科学」の名によるシステムとしての戦争動員、優生学的「大東亜医学」の構造的問題も問われるようになった。吉中丈志編『七三一部隊と大学』（京都大学出版会、二〇二二年）では、東大・京大などの医学研究・教育が、研究費と教員人事を通して七三一部隊と癒着した実態が具体的に暴かれ、科学者の戦争協力と倫理のあり方が問われた。

その過程で、加藤の七三一部隊研究は、一〇〇部隊研究に手を広げざるを得ない、二つの事情に直面した。日本軍の細菌戦・人体実験は、七三一部隊だけではなかった。人獣共通感染症への科学者の動員と細菌戦研究は、一〇〇部隊でも行われていた。

ひとつは、二〇一九年六月に東京で行われた、長春「偽満皇宮博物館」趙継敏副院長らの「一〇〇部隊報告会」で、戦後の岩手大学農学部長・学長をつとめた「加藤久弥」の名が関東軍軍馬防疫廠（新京一〇〇部隊）「留守名簿」にあり、幹部の一人だった、という中国側調査情報がもたらされたことである。ちょうどその頃、加藤は西山勝夫編『留守名簿 関東軍防疫給水部』（不二出版、二〇一八年）にもとづき、岩手県の協力者と共に、同県出身の七三一部隊関係者の戦後についての調査・研究を始めていた。一〇〇部隊については全く初めてであったが、調べてみると、本書第六章で詳述するように、「加藤久弥」についての中国側の調査と問題提起が正しいことが、史料的に裏付けられた。

いまひとつの事情は、二〇二〇年初頭から始まった新型コロナウイルス感染症COVID−19の世界的流行、パンデミックと、それへの対応の政治学的考察である。コロナウイルスが人獣共通感染症であり、それに取り組む学問は医学も薬学も獣医学も含まれ、特にワクチン開発・製造では獣医学の役割が大きいことを見出した。

加藤は、二〇二〇年秋に『パンデミックの政治学――「日本モデル」の失敗』（花伝社）を上梓した。そこでは第二次世界大戦時に日本の七三一部隊が全国から最優秀の医学者たちを動員して、ジュネーヴ議定書（一九二五年）で禁止された生物兵器の開発が行われ、その人体実験・細菌戦の実行が、戦後の各国の感染症対策を、バイオハザードを含む国家安全保障政策の重要な一環に押し上げたことに、注目した。イギリスの著名なジャーナリスト、トム・マンゴールドらの言葉を引くと、「生物戦の愚かな第一歩は、日本の七三一部隊から始まった」問題である（『細菌戦争の世紀』二〇〇〇年、原書房）。

日本の場合は、戦後に東大伝染病研究所（現医科研）、予防衛生研究所（現国立感染研）、旧陸軍第一病院（現国際医療研究センター病院）などに旧七三一部隊関係者が「伝染病の専門家」として職を得て、その「防疫」の伝統が、ＰＣＲ検査の抑制とクラスター対策、厚生労働省医系技官・感染症研究所―地方衛生研―保健所ルートによる感染データの独占と秘密主義に受け継がれた。七三一部隊・一〇〇部隊の細菌兵器研究の系譜の医学者・獣医学者たちが、政府の新型コロナウイルス感染症対策専門家委員会、分科会で要職を占め、巨額の研究予算を仲間内で分配した（「感染症村」）。

さらに、日本の感染症治療薬・ワクチン開発の歴史における旧七三一部隊の役割に着目すると、占領期に石井四郎ら七三一部隊幹部が米軍に厳しく訊問され、人体実験データの提供で訴追をまぬがれた裏側で、GHQからの追及は弱かった獣医学の一〇〇部隊関係者は日本生物科学研究所の設立などに重要な役割を果たし、そこに七三一部隊の若手ワクチン研究者等も合流して、ワクチン開発・医薬産業に進出した事例が見出された。世界でも、感染症対策・ワクチン開発では医学と獣医学が共働・競合する場合が多く、医学を扱う厚生省ではなく、農林省管轄であった戦後日本の獣医学では、旧一〇〇部隊関係者がスムーズに要職に就いていた（「ワクチン村」）。

ちょうどコロナ・パンデミックの始まった頃に、本書のもう一人の著者である小河孝教授の『満州における軍馬の鼻疽と関東軍――奉天獣疫研究所・馬疫研究処・100部隊』（文理閣）が刊行された。獣医学の専門家による、初めての一〇〇部隊研究であった。政治学者の加藤は、戦後岩手大学学長になった「加藤久弥」の一〇〇部隊歴をつきとめ、戦時期の研究論文も入手したが、その専門的な評価が不安で、獣医学の小河教授に助けを求めた。ここから、本書の共同研究が始まった。

米軍に細菌戦・人体実験資料を渡して戦犯訴追をまぬがれた石井四郎等のハルビン七三一部隊に比して、占領軍GHQによる新京（現長春）一〇〇部隊の追及は、かなりおざなりであった。しかしそれでも、米国国立公文書館（NARA）所蔵のGHQ・LS（法務局）資料に一〇〇部隊関連文書が含まれていることは、加藤は近藤昭二編『731部隊・細菌戦資料集成』CD-ROM版（柏書房、二〇〇三年）により知っていた。

このCD-ROM版所収資料を下敷きにして、細菌戦被害国である中国では、近藤昭二・王選編『日本生物武器作戦調査資料』全六冊（社会科学文献出版社、二〇一九年）が、新たに鮮明なコピーをもとに編纂・刊行された。これを入手した加藤は、その分析を小河教授に依頼して委ね、小河教授はその第六冊に所収されたGHQ・LS（占領軍法務局）の「山口本治ファイル」ほかの米軍一〇〇部隊関係文書を専門的知見から解読して、本書の中核をなす一〇〇部隊の内部構造の分析に進むことができた。そのLS（占領軍法務局）調査は、若い軍属の技手であった紀野猛・西村武による戦争捕虜に対する人体実験の内部告発から始まっていたが、一〇〇部隊若松有次郎隊長や二部六科で鼻疽菌・炭疽菌・牛疫ウイルスなどの生物兵器開発を担当した山口本治らは、米軍の追及をかわし、戦犯訴追には至らなかった。

また、近藤昭二・王選氏らのNPO法人七三一部隊・細菌戦資料センターとは別に、戦争と医学・医療研究会の西山勝夫氏から関東軍軍馬防疫廠一〇〇部隊「留守名簿」ほかの資料提供を受け、小河・加藤の一〇〇部隊研究は、日本側公文書の裏付けを得ることになった。

二〇二一年三月のＮＰＯ法人七三一部隊・細菌戦資料センターの第一〇回総会記念講演を加藤が引き受けるにあたって、すでに前年秋の『パンデミックの政治学』で日本の感染対策における「七三一部隊の亡霊」を論じていた加藤は、「日本のコロナ対応にみる七三一部隊・一〇〇部隊の影」と一〇〇部隊を加えたタイトルに拡充し、以後、さまざまな市民講座などで「人獣共通感染症への戦争動員」を論じるようにした。本書巻頭の第一章は、その記念講演をもとにしたもので、花伝社編集部の目にとまり出版を勧められた、ニューズレター原稿をもとに手直ししたものである。

以後は、市民講座での二人のジョイント講演もあり、二〇二二年四月のＮＰＯ法人七三一部隊・細菌戦資料センターの第一一回総会記念講演は、小河孝「関東軍軍馬防疫廠・一〇〇部隊——人獣共通感染症への戦争動員」として行われ、加藤がコメントし補足した。本書の共同研究の原稿は、そこで最終的に検討し仕上げるかたちになり、このたび共著として上梓することができた。

二〇二二年二月に始まったウクライナ戦争のなかで、ウクライナに侵略したロシアのプーチンは、日本の七三一部隊の事例を挙げて、自分たちの生物化学兵器準備を正当化しようとした。情報戦の観点から見れば、関東軍七三一部隊・一〇〇部隊の問題は、日本の科学者が自ら反省し解明すべき今日的問題である。

私たちの政治学と獣医学のコラボレーションが、うまく共鳴しかみ合っているかどうかは、七三一部隊や軍馬の問題に関心を持ち、パンデミックの中での「感染症村」「ワクチン村」のあり方に疑問を持った、読者の皆さんの判断に委ねたい。

東京・国分寺にて　加藤哲郎

第一章　日本のコロナ対応にみる七三一部隊・一〇〇部隊の影

加藤哲郎

一　パンデミックと戦争のなかで、生物戦の歴史を振り返る[1]

ウクライナ戦争のなかでの生物戦・七三一部隊問題の浮上

二〇二〇年の年初から、世界は、新型コロナウイルスの脅威にさらされた。二〇世紀第一次世界戦争末期の「スペイン風邪」に匹敵する世界的大流行＝パンデミックであった。その感染者数が「スペイン風邪」の五億人に匹敵する規模まで広がった二〇二二年春に、世界は新たな災禍、ロシアによるウクライナ侵略戦争に直面した。

もともと人類が共同して対処すべき地球的課題が、各国の安全保障の思惑によってコロナウイルスへの国別検疫・感染対策が強化され分断されたところに、ロシアのプーチン大統領による新ユーラシア主義的侵略が重なって、国際法も国際連合もまだまだ弱体であることを明るみにした。

そのウクライナ戦争では、ロシアによるＮＢＣ（核Nuclear, 生物Biological, 化学Chemical）兵器の使用準備が、危機を深刻なものにしている。しかもその中で、第二次世界大戦中の関東軍防疫給水部七三一部隊、軍馬防疫廠一〇〇部隊が生物戦の世界史を拓いたことが、改めて注目されることになった。

二〇世紀に、インフルエンザの正体も分からぬまま五億人の感染者から四〇〇〇万人以上の死者を出した「スペイン風邪」の場合とは違って、その百年後の新型コロナウイルスについては、いち早く遺伝子ゲノム解析情報が世界で共有された。ｍＲＮＡワクチンという最新の科学的成果が重症化率・死亡率を低く食い止め、五億人感染段階で死亡者六〇〇万人の犠牲にとどめた（世界保健機関ＷＨＯによれば、コロナ「関連死」は一五〇〇万人）。しかし、その同じ「科学的成果」が、核兵器・生物化学兵器開発に応用されて、ジェノサイドとよばれる民間人の大量虐殺を可能にするものにした。バイオハザード、バイオテロという副産物を産み出した。

二〇二二年二月二四日のウクライナへの侵攻にあたって、国連安全保障理事会で拒否権を持つ常任理事国ロシアのプーチン大統領は、早い時期から核兵器の使用を示唆した。チェルノヴイリの原発事故跡地を占領することによっても、核の現実使用への道を拓いた。現地を査察した国際原子力機関（ＩＡＥＡ）のグロッシ事務局長によると、ロシアの占拠時のチェルノヴイリ原発は、「異様な状況で、非常に危険だった。安全状況は正常ではなく、事故に発展する可能性もあった」という。

三月二日の国連総会では、「ロシア軍の即時撤退」が一四〇ヵ国以上の賛成で採択された。

ロシア側の生物兵器プロパガンダに使われた日本の七三一部隊・一〇〇部隊の過去

これに対抗するかのように、ロシアはウクライナ侵略を進め、三月一一日には国連安全保障理事会に「米国がウクライナと生物兵器を開発している」と主張して緊急会合を要請した。米国政府は「ロシアが生物・化学兵器を使う口実を作るために嘘の主張を広めている」と反論したが、中国はロシア側の主張に同調し、米国のウクライナでの生物兵器開発にはバイデン大統領の息子が関与しているとまで報じられて、情報戦の深刻なイシューとなった。

ロシア軍放射線・化学・生物学保護部隊を率いるイゴール・キリロフは、三月一〇日、「米国の生物学的計画は、一九四〇年代に中国を侵略した旧日本軍の七三一部隊が行ったことに似ている。その関係者は戦後、米国に逃れて庇護を受けた」と指摘し、中国のメディアがこれを肯定的に報じた。[2]

二〇二二年四月に、日本政府がウクライナへの支援として化学兵器に対する防護マスクや防護服を提供することを発表すると、ロシア下院のヤロバヤ副議長は「防護マスクの提供こそ、ウクライナ側が化学兵器の使用を計画している証拠だ」として、第二次大戦中に、旧日本軍七三一部隊が人体実験を行い、生物兵器を開発したと訴え、「こうした国の新たな犯罪計画は、平和への脅威となる」とコメントした。[3]

ロシア政府による日本軍七三一部隊を歴史的事例とした生物兵器をめぐる情報戦には、一つの下敷きがあった。前年二〇二一年八月三〇日のタス通信は、ロシア連邦保安庁（FSB、旧KGB）が第二次世界大戦時の日本の対ソ細菌兵器使用、細菌兵器製造および試験の基地創設の計画に関する秘密解除保管文書を公開する、と伝えた。

九月六日に、ロシアFSB中央文書保管所は「終わりの無い過去」プロジェクトの一環として、「ハバロフスク裁判　歴史的意義と今日の課題」国際学術実務フォーラムで一九四九年の日本人戦犯裁判の秘密解除裁判資料を公開することを発表した。

押収資料、尋問調書および日本軍兵士、将校軍属の自筆証言は、ソ連国境間近の満州に建設された細菌兵器製造基地の存在、ソ連その他の国に対する細菌兵器使用計画、および生体実験などの実施の事実を証明している。……いわゆるアムール川のニュルンベルク裁判の資料は、ハバロフスク地方迎賓館で開かれる『極東のニュルンベルク裁判　ハバロフスク裁判の歴史資料文献』で初公開される。

これは、ロシアのプーチン政権が、第二次大戦中の日本軍の戦争責任を強調する動きで、八月の旧関東軍細菌兵器開発文書公開に続き、九月には旧ソ連が日本の戦犯を裁いた「ハバロフスク裁判」に関する学術会議を開き、プーチン大統領が歴史の「改ざん」を批判するメッセージを寄せた。このことを、日本の細菌戦の主たる被害者であった中国の「人民網」二〇二一年九月一三日が、次のように報じた。

国際フォーラム「ハバロフスク裁判：歴史の教訓と現代の課題」が、このほどロシア・ハバロフスクで開催された。ロシアのプーチン大統領はフォーラム参加者に書面でメッセージを寄せ、「ハバロフスク裁判は非凡な意義を持つ。歴史の記憶を留め、人道に対する罪を防止するという観点から、フォーラムには特に重要な意義があるとした。」[4]

一九四九年末のハバロフスク裁判では、七三一部隊ばかりでなく一〇〇部隊も裁かれた。二〇二一年の国際フォーラムは、ウクライナ侵攻の半年前で、プーチンなりの歴史観・大祖国戦争観にもとづく侵略戦争実行の予兆であった。

七三一部隊の系譜をひくコロナ対策立案機関と「専門家」集団

関東軍防疫給水部＝七三一部隊に比して、一〇〇部隊は、これまで十分に解明されてこなかった。一〇〇部隊とは、関東軍軍馬防疫廠という軍馬を相手にする獣医たちの部隊で、七三一部隊と共に、一九三六年に正式に発足した。

二〇二〇年からのコロナウイルス感染症 COVID-19 大流行によって、人獣共通感染症について考える際には、医学だけではなく、獣医学、さらに言えば薬学、理学、植物学、昆虫学なども関係してくることが分かってきた。特にワクチン開発で、世界的に問題になった。

日本の七三一部隊と同時期に、満州において生体実験、細菌戦の実行に関わった一〇〇部隊は、「七三一部隊の戦後責任」の視点から現在のコロナ対応を追っていくと、関連性が見えてくる。

七三一部隊の関係していた東京大学伝染病研究所（伝研）、伝染病研究所から分かれてつくられた予防衛生研究所（予研）、その予研の末裔である国立感染症研究所（感染研）、それから伝研の後を継いだ東大医科学研究所（医科研）、旧陸軍病院であった国際医療研究センターなどの機関が、今日の日本のコロナ対策で大きな役割を果たしている。日本で感染症対策に携わる厚生労働省・政府系の医学者や、その人の所属する組織を検討していくと、七三一部隊の影が見えてくる。

パンデミックの影に七三一部隊・一〇〇部隊の伝統を見出す三冊の本

こうした問題について、加藤の『パンデミックの政治学』（花伝社、二〇二〇年）の刊行と同時期に、民間の医師・医学者である上昌広氏が、『日本のコロナ対策はなぜ迷走するのか』（毎日新聞出版、二〇二〇年）を刊行し、そのなかで今の日本の感染症対策には七三一部隊の伝統が大きく関わっていることを述べた。また、ドキュメンタリー作家の山岡淳一郎氏も、

『ドキュメント　感染症利権』（ちくま新書、二〇二〇年）で、日本の感染症対策を考える上で七三一部隊の問題が重要であること、細菌戦及び人体実験の歴史の伝統が引き継がれていることについて記述していた。

こうした研究をも参考にして、三つの点を中心に、今日のコロナ感染対策における七三一部隊・一〇〇部隊の影について論じていきたい。あらかじめ述べておけば、以下の三つの影である。

第一の影　世界の感染症対策に及ぼした、軍国日本の細菌戦に対抗しての危機管理・国家安全保障。

第二の影　七三一部隊の戦犯訴追免責・復権の延長上での感染研・専門家会議、分科会による日本的なコロナ対応・防疫政策。

第三の影　旧七三一部隊・一〇〇部隊関係者の医薬産業・ワクチン村ビジネスへの生き残り。

二　日本の細菌戦が拓いた生物兵器と危機管理の世界史

「コロナ安保」に見る七三一部隊・一〇〇部隊の第一の影――国家安全保障

第一の影は、世界の感染症対策に及ぼした、軍国日本の細菌戦の歴史的意味である。それを契機として、今日の感染症対策は、各国の危機管理・安全保障の問題となっている。

トム・マンゴールド＝ジェフ・ゴールドバーグ『細菌戦争の世紀』（二〇〇〇年、原書房）の言葉で言えば、「生物戦の愚かな第一歩は、日本の七三一部隊から始まった」問題である。

本来感染症は、世界の人々が手を携えて処していかなければならない「人間の安全保障」の問題である。しかし実態は、それぞれの国が国境を閉ざして検疫し、それぞれに感染症対策を実行している。そのうえ現在、ワクチンまでそれぞれの国で取り合いになり、「国家安全保障」の問題となっている。こうした事態を「コロナ安全保障」と呼んでもよいかもしれない。

人類全体の問題である感染症が、なぜ国家単位での厳しい対立になっているのか。例えば感染源について、アメリカ・トランプ前大統領が「あれは、チャイナ・ウイルスだ」と中国を貶めようとし、対して中国側が「あれはアメリカが秘かに持ちこんだ生物兵器だ」と反論するような関係が生まれたのか。

生物兵器の使用は、毒ガス等化学兵器と共に、一九二五年のジュネーブ議定書で禁止されていた。第二次世界大戦中は、アメリカも、ナチスドイツも、旧ソ連も、生物兵器の防御的研究はやっていた。しかし実際にそれを攻撃に使って、犠牲者を出すところまで徹底したのは日本だけであった。日本が生体実験までして生物兵器を作り出し、中国人やロシア人三〇〇〇人以上の人体実験、二万六〇〇〇人から三万人ものペストノミ爆弾による犠牲者を出したことが、第二次世界大戦後の感染症対策を、大きく規定した。

第二次世界大戦後、国連の下に世界の人々の健康を守っていこうという国際組織、世界保健機関（WHO）が設立されたが、いわゆる冷戦の時代にはアメリカと旧ソ連が中心になって、現在ではアメリカと中国の対立が軸になって、本来人類全体で当たるべき感染症対策に、国家間対立の影、国家安全保障と危機管理の問題が加わっている。それは、戦時日本に七三一部隊が存在し細菌戦を実行したからなのだ、というのが第一の影である。

スヴェルドロフスク炭疽菌漏出のバイオハザードとBSL管理

この問題が特に先鋭化したのは、一九九〇年代だった。ソ連が崩壊した後、旧ソ連も秘かに生物兵器の研究をし、大きなバイオハザード事故があったことが分かってきた。

アメリカは、戦後すぐの時期から、戦犯免責と引き替えに七三一部隊から得た生体実験データ等をもとにして、フォートデトリックで長く生物兵器を研究し開発してきた。

一方ソ連軍は、終戦直前の一九四五年八月九日に満洲に入って、逃げ遅れた七三一部隊関係者を捕虜にし、シベリアに送った。一九四九年末のハバロフスク裁判で細菌戦を告発したように、七三一部隊関係の資料や証言を集め、国内で一九五〇年代からソ連の崩壊まで生物兵器の研究を進めていた。その大きな細菌戦基地は、ハルビン郊外にあった旧七三一部隊の工場跡地の地図を元にして、旧ソ連内の秘密都市にそれを再現し、七三一部隊の生物兵器の研究を継承・発展させようとした。

その過程で、一九七九年にスヴェルドロフスク炭疽菌漏出事故、バイオハザードが起きた。スヴェルドロフスク（現在のエカテリンブルク）とは、ハルビン郊外平房をまねて作った細菌生物兵器専用の工場を持った秘密都市で、研究していた生物兵器のもとになる炭疽菌が漏れ出して、公式には六六人死んだとされているが、恐らく一〇〇〇人以上が犠牲になっただろうと言われている。[5]

それを察知したアメリカは、生物兵器は研究段階でも些細な不注意・事故で大規模災害が起こることを学び、そこでバイオセーフティ・レベル（ＢＳＬ）とよばれる細菌・ウイルス研究施設の管理問題が提起された。

しかもその後、生物兵器を個人単位でばらまいたり、暗殺に使ったりする段階になった。これが一九九〇年代末から二一世紀で、日本ではオウム真理教事件、世界的に一番有名なのは、二〇〇一年九・一一の米国同時多発テロ直後に、アメリカの政府要人に郵便で炭疽菌がばら撒かれた事件である。

そうなると、個人が生物兵器をばら撒いて社会的な大混乱を起こすことが可能になる。このあたりの事情は核兵器・原発と似ているが、そうした新しい兵器が出現してきた。このバイオテロを最初に始めたのは日本で、具体的にはオウム真理教の麻原彰晃であり、サリンのような化学兵器だけではなく、ボツリヌス菌・炭疽菌など生物兵器の製造・使用も実際に準備されていた。

そしてアメリカ軍やCDC（疾病予防管理センター）は、生物兵器対策の研究中に細菌やウイルスが漏れてはいけない、それに加えバイオテロ対策が必要だとして、生物兵器と防御策の研究を強化した。

日本でも、生物兵器について、①簡単に人から人へ拡散、伝播すること、②高い死亡率であること、③パニックを引き起こし、社会を壊滅させること、④公衆衛生上の対策で、特別な準備を必要とすること、の四つの特徴を持ち、特に炭疽菌による大量同時殺人がありうるとして、二〇〇一年以降、日本医師会のホームページに、次のような警告を掲載している。[6]

生物兵器は、従来の化学兵器に比べ、より破壊力（殺人力）が大きく、安価であることが特徴である。そして、生物兵器に用いられる生物量は、比較的コントロールしやすく、輸送や散布が容易なのである。一九九三年の米国政府機関（The United States Congressional Office of Technology Assessment）の報告では、一〇〇キログラムの炭疽菌（Bacillus anthracis）を首都ワシントンで空中にばら撒いた場合、一三万から三〇〇万人の死者がでると推計されている。これは、水素爆弾に匹敵するのである。

したがって、二〇二〇年初めに中国の武漢からコロナウイルスが見つかった時、米国ですぐに始まったのは、これは生物兵器であるのか、それとも研究中に間違って漏らしたものか、あるいは個人的に中国政府に対して怨みを持ったものの犯行かという犯人探しであった。私個人は、コウモリなど動物を介しての自然感染と推測しているが、特に武漢ウイルス研究所のBSL管理が注目され、米中両国の情報戦になった。

感染症対策の「日本モデル」――PCR検査の絶対的不足

日本においても、パンデミックで深刻な状況になった。安倍元首相は、感染者数も死者数も欧米に比べ少ないということで「日本モデル」と言い、他国に比べ感染症対策は大成功だという発言を残している。それは、部分的には当たっている。欧米先進国、G7の中でいえば、日本は極端に感染者数も死者数も少ない。

しかしながら東アジア、中国、韓国、日本、台湾、東南アジアの国々、タイやインドネシア、フィリピン等、さらに大洋州、オーストラリア、ニュージーランドまで含めて考えれば、日本とフィリピンとインドネシアの三つが、突出して感染状況がひどい国になっている。日本はG

7では優等生だが、東アジアの中では感染被害の大きい国である。

それを説明する際に、安倍元首相や麻生自民党副総裁は、日本は素晴らしい文化を持っていると指摘する。欧米の様なロックダウンをしなくても、みんながマスクをし、手洗いをし、政府のよびかけに「自粛」という形で従っている、それが日本文化の美しさで感染を少なくしている、と。

しかしこれは、科学的に間違っている。中国や韓国、オーストラリアやニュージーランドに日本文化があるはずはない。確かに、マスクとか清潔を好むという傾向はあるかもしれないが、決定的なものとはいえない。

京都大学iPS細胞の研究者でノーベル賞受賞者の山中伸弥教授は、自身のホームページで二〇二〇年のコロナが流行り出した頃、なぜ欧米に比べて日本では感染が少ないかを説明する要因を「ファクターX」と呼び、その候補を八つほど挙げていた。その中に、文化的要因の他に、遺伝子的な要因、あるいはかつてコロナウイルスに似たものを東アジアではすでに経験していたかもしれないことなどを指摘していた。

山中教授は、それを二〇二〇年末に再検証し、当初の想定以上にマスクの要因は重要だったが、遺伝的な差異はあまり関係しておらず、日本型のクラスター対策がPCR検査をしぼってうまくいったというのは間違いだったと、それぞれのファクターに点数をつけ再検討している。科学的に見ると、「ファクターX」というのは、まだ説明が出来ていない。しかし、自粛の日本文化でないということは確かだと、山中伸弥教授も認めている。

それでは「日本モデル」の特徴は何かと調べると、第一に、わかりやすいのはＰＣＲ検査が絶対的に少ないことが挙げられる。アメリカのジョンズ・ホプキンス大学のサイトが世界的な感染データを集約しているが、そこに世界で感染が認定された人々の数が示されている。それが日本は極端に少ない。何故少ないか、それは簡単で、ＰＣＲで調べる検査数が少なければ認定される人も少ない。日本は検査数が絶対的に少なく、Ｇ７では唯一の検査後進国、あるいは検査サボタージュ国になっている。

感染研・地方衛生研・地域保健所ルートの行政検査、情報データ独占

二つ目が、国立感染研、東大医科研を中心とした専門家会議・分科会の下での「行政検査」、データ独占である。ＰＣＲ検査を独占的に進めるのは、感染症研究所、地方の衛生研究所、それから地域の保健所のルートである。「行政検査」といって無料ではあるが、これが完全に目詰まりして、検査をあまりやると保健所がパンクしてしまう状態になってから、ようやく民間も使えるようになった。

大学医学部はいくらでも検査ができる状態だったが、大学は厚労省の管轄ではなく文科省の管轄下にある。したがって大学は、当初入構禁止にされた。せっかく感染症の専門家がいるのに、検査機器が眠っている事態になった。

つまり、政府の認めたルート、すなわち行政検査でしか公式で無料の検査をしない。その行政検査とそれで見つかった陽性者の濃厚接触者を隔離するクラスター対策が基本的なやり方で、それが長く続いた。したがって、無症状の感染者、若い人で高齢者にウイルスをまき散らしているかもしれない人たちは、全然把捉されない。中国でもアメリカでも世界中の国々では、圧倒的に無差別に、いつでもどこでも誰でもＰＣＲ検査を受けられる。アメリカではドラッグストアや野球場を開放したり、韓国ではドライブスルー方式で行ったりした。にもかかわらず、それを日本ではできなかった。

もともと二一世紀の日本の感染医療態勢は、貧弱だった。予算も人材も乏しかった。本当は、検査にも治療にも最適なのはオリンピック施設で、国立競技場等の施設と選手村がコロナ対策に有効に使われていれば、日本でも相当効果が上がっていた可能性がある。政府の五輪決行の思惑で手を付けなかったつけが回ってきた。

休業に対する補償体制は、欧米でロックダウンの場合は当たり前で、アメリカでは国民の一人一人に感染対策として約一五万円が配られ商店への補償もあったが、日本では一回一〇万円を配って皆さん自粛しましょうと訴えるだけで、スポットを当てた飲食店にだけ少し補償をつけましょうという程度だった。要するに、出し渋っている。Ｇｏ　ＴｏトラベルとかＧｏ　ＴｏＥａｔという感染収束後の景気対策に使う予算の方が、休業補償よりはるかに大きく使いやすかった。

その背景には、それでも耐える、日本モデルしか知らない国民がいた。マスク警察と呼ばれるマスクをしていない人を告発する自警団までできていた。感染者の少ない地方によっては、東京ナンバーの車を見たら警察に知らせる、近所の噂になる、こういう状態が長く続いた。

政府は何度も緊急事態宣言を出して、自粛を訴えているが、実は日本には、もう一つ緊急事態宣言が続いている事項がある。東日本大震災・福島第一原発事故後、二〇一一年三月に出た原子力緊急事態宣言は、今でも解除されていない。廃炉の難しい状況とか、三万人もまだ故郷に帰れない人がいる状況から考えると当たり前である。それをいつ解除するかが話題にもなっていない。コロナ・パンデミックも、そうしたことの二の舞になる可能性を、論理的には持っている。

政府は何とか東京オリンピックを実現させたいという政治的な思惑があったために、なるべく早く緊急事態宣言を解除したかった。拙速と後手後手の感染政策だった。

日本の感染症医療は占領期から一九八〇年代まで、以後は周辺化

日本で伝染病、感染症対策が一番問題になったのは占領期、一九四五年から一九五〇年代、朝鮮戦争の頃までの時期であった。それ以降、特に一九八〇年代以後の感染症対策は、いわば周辺化してきたといえる。

戦後すぐの時期には、日本ではさまざまな伝染病が流行しており、兵士の引揚や民間人の移

動で伝染病が持ち込まれていた。それを何とかしなくてはということで、ＧＨＱ公衆衛生福祉局（ＰＨＷ）の局長で、当時米国陸軍で最高位の軍医であったクロフォード・Ｆ・サムス准将が、旧七三一部隊員を登用した。七三一部隊の医師・医学者たちは、その時代の感染症の専門家で最高の知識と技術を持っており、戦犯にはしないから協力しろという取引で、当時の医療の最前線に登用し、ワクチン開発や治療薬作りをさせてきた。

占領期は感染症対策が公衆衛生の中心的な課題だったが、その後、国民病と言われた結核の犠牲者が少なくなり、もう日本では感染症の時代ではない、そんなところに予算や人材を割いては無駄になる、それよりは、癌、心臓病、脳疾患、ゲノム分析やもっと金になる高度医療技術・治療薬開発ということで、資源と人材が最先端医学の方へシフトしていった。そして感染症は過去のもの、もっと言えば発展途上国の問題ということになって、せいぜい成田・羽田や関西空港で途上国からやって来る人々の検疫をしっかりすれば感染症対策は十分だとされた。感染研も保健所も予算と人員が削られ、病床も感染症用の予備はどんどん減らされていった。

これらの問題を、加藤は『パンデミックの政治学』の中で、安倍内閣の成長戦略の一環である「健康・医療戦略」を取りあげて論じた。一九八〇年代の中曽根内閣あたりから始まるが、いわゆる新自由主義、グローバル化に対応して、感染対策・福祉政策が経済成長に従属した。日本社会そのものが、それまでの人生五〇年の時代から八〇年の時代になって、高齢化社会への対応が重要だ、医療費が大変だという事になったために、感染症は過去のものとされ、それが今日まで続いている。

安倍内閣の「健康・医療戦略」に関していえば、五〇頁位の報告書の中で「感染症」という言葉は二か所しか出てこない。その他のほとんどは、高度医療戦略や世界の医薬産業の再編に対して日本はどう取り組むべきかといった問題に充てられている。出てくる二か所はどういうものかというと、一つは、世界の後進国ではまだ感染症の問題が残されているから、それに対する対策は水際での検疫で、空港でやらなければいけない、ということ。もう一つは、日本は感染症についての経験を占領期から八〇年代まで蓄積してきた流れがあるので、そこで得られた知識と技術、特に医薬品を海外に輸出したいということである。これは、三・一一東日本大震災、福島第一原発事故後に安倍内閣が唱えた、原発輸出政策と全く同じ論理構造になっている。

要するに、日本の医療技術は優れているはずだという過去の栄光に依拠した誤った前提に立って、その輸出戦略を作る。これを担当しているのは、厚労省ではない。第二次安倍内閣では内閣官房に「健康・医療戦略室」が設けられ、そのトップは和泉洋人という国土交通省出身の官僚で、安倍首相・菅首相の首相補佐官だった。それを具体化する厚労省側の相方が、審議官の大坪寛子、慈恵会医科大学出身の医系技官で、和泉補佐官出張時のコネクティング・ルーム同伴がスキャンダルになったコンビであった。

この二人がパンデミックの始まった時期、日本の感染政策の実務上の責任者だった。ちなみにこの二人は、クルーズ船「ダイヤモンド・プリンセス号」対策の失敗で一時表面から消えたが、ワクチン輸入の最高責任者になって、後に再び表に出てきた。

コロナ禍の感染症政策は、基本的に厚労省だけの問題ではなく、政府全体の問題で、まさに国家安全保障戦略の問題になったという点が、ポイントである。感染症は日本の医療の中ではあまり重要視されなくなって、優秀な医者・医学者は感染症対策に向かわなくなった所で、コロナウイルスのパンデミックを迎えることになった。

獣医学者山内一也、河岡義裕、自衛隊化学部隊出身佐藤正久の発言から

こうした問題を率直に語る、数名の論客がいた。

山内一也氏は、日本のウイルス研究の最先端にあるが、医学者ではなく獣医学者である。東大農学部獣医学科出身で農学博士であるが、ウイルス学の最高権威者の一人で多くの著書を持つ。『朝日新聞』二〇二一年二月一九日で、考えてみれば、今日のコロナの問題が出てきたのは、人間がこんなに移動するようになったからだ、平たく言えば「人間は空飛ぶ哺乳類になった」ために、パンデミックの問題が起こっている。昔から感染症の問題はあるが、地域ごとの風土病であったものが、グローバル化でますます拡がり、今日の様な事態になっている、と指摘している。まさに人獣共通感染症の世界化で、山内教授は、日本獣医学会の公式ホームページに、一八〇回に及ぶ「連続講座　人獣共通感染症」を公開している。[7]

もう一人、河岡義裕氏は、東大医科学研究所教授で、政府の最初の専門家会議には入っていたが、後の分科会には入っていない。この人は、現代日本のコロナ研究者、ワクチン研究者としてはおそらく最高の科学者で、世界の第一線にいる。

この河岡氏も、山内氏と同様、医学博士ではなく、獣医学博士である。北海道大学獣医学部の出身で、インフルエンザ・ウイルスの人工合成に成功し、アメリカのウィスコンシン大学教授と東大医科研教授を兼任している。七三一部隊・一〇〇部隊の系譜とは別の所から出てきた、最先端のウイルス研究者である。

河岡氏は、日本国内にいる研究者としては、世界のコロナ対策に最も通じているだろう。尾身茂氏や岡部信彦氏など、テレビによく出る感染症の専門家、政府の御用学者は、ほとんど過去の人である。現在はヒトの遺伝子をゲノムレベルまで読むことができるが、そういう時代以前の、アジア・アフリカの感染症対策に携わってきたのが尾身氏・岡部氏たちだ。この人たちが現在でも厚労省と一緒になって、日本の感染対策を進めている。

河岡氏は、専門家会議の中で政府に対してもはっきりものをいったらしく、それを煙たがられてか政府の分科会には移らなかった。そこで医科研に戻り、日本のワクチン開発の最先端にいる。

彼の書いた『闘う！　ウイルスバスターズ』（朝日新聞出版、二〇一一年）という興味深い本がある。どういう意味で興味深いかというと、冒頭からいきなり「自分がある研究を成功したら、アメリカのＣＩＡから電話がかかってきた」という話が出てくる。要するに、感染症問題はアメリカでは極めてセンシティブな国家安全保障の問題で、その最先端の研究に対しては、政府がお金を出す、人を出す、最も優れた研究施設を提供することが行われている。自分もウィスコンシン大学でそういう目に遭ったということで、三部構成の第一部が、ほとんどＣＩＡの工作を受けた話に充てられている。

彼はそれを心得た上で、最先端の研究情報を自分でも取りたいので、敢えてＣＩＡのエージェントと付き合った話が詳しく書かれている。ウイルスとか遺伝子研究の世界の最先端では、大きな国家間のせめぎあいが行われているのである。

次の佐藤正久氏は、しばしばテレビなどメディアに登場する自衛隊出身の自民党政治家で、イラクに派遣されて「髭の隊長」とよばれた。だが自民党外交部会長のこの人は、単なる防衛大出身者・自衛隊上がりの政治家ではない。自衛隊の化学科部隊、核兵器・生物化学兵器を専門的に扱う部隊（現在の中央特殊武器防護隊）の出身で、イラクに行く前、アメリカで米軍と共にその種の専門的訓練を受けている。

その佐藤氏が、「新型コロナの出現当初、それが感染症なのか、バイオテロなのか、生物兵器なのかわからなかった。もし、感染症なら厚労省、バイオテロなら警察庁、生物兵器なら防衛省、これが日本のやり方だ」と言って、こういう縦割りではだめだ、アメリカの場合、世界最大の感染症対策の総合機関であるＣＤＣ（米国疾病予防対策センター）で生物兵器研究から感染症対策まですべてをやっている、そういう危機管理の形でなければ現代の感染症には対応できない、と述べていた（FACTA、二〇二〇年五月号）。

彼の言い分が正しいという意味ではなく、国家安全保障を第一にするこの種の人たちはこのように考えるのだ、という思考様式がよく分かる。

七三一部隊が拓いたバイオハザード・バイオテロの時代

一般的な感染症対策、昔からのマラリヤやコレラ、ペストには、人類はずっと関わってきた。しかしそれが第二次世界大戦で、日本の七三一部隊が実際に生物兵器を使うことによって、国家安全保障の極めて重要な問題になった。一九七五年に生物兵器禁止条約が成立しても、大国アメリカ、ソ連、現在では中国等が、それに対して大きな予算と人材を投入して、基礎的研究ばかりではなく実際的な防御政策、ワクチン作りに取り組み、国家的な対策をとってきた。その研究・実験過程で、細菌漏れ・汚染事故などバイオハザードの問題が起こり、研究施設のバイオセーフティー・レベル（BSL）が重要になった。

それが、一九九〇年代になり、日本のオウム真理教による生物化学兵器テロ事件、二一世紀はじめに九・一一同時多発テロ時のアメリカ炭疽菌事件が起こることによって、バイオテロの問題も出てきた。細菌やウイルスを暗殺に使う可能性、遺伝子操作でもいろいろなバイオテロの問題が起こりうることがわかってきた。佐藤正久の言う三重の対策が必要になり、「コロナ安保」の時代になった、というのが今日の第一の影に関係する問題である。

日本人はあまり自覚していないが、世界はこうした生物戦の世界史を切り拓いた七三一部隊に注目している。さらに言えば、オウム真理教も七三一部隊から学んだところがある。しかし、その歴史を客観的に切り拓いた日本は、今日の感染対策では、最先端どころか後進国になっているのである。

二一世紀にSARS（重症急性呼吸器症候群）、MERS（中東呼吸器症候群）、新型インフルエンザなどが起きた時、日本は大きな被害を受けなかった。感染症対策はその都度必要だが、保健所予算も人員も減らされて、病床は、高齢者が長期に入院して医療費がかさみ、日本の財政がパンクしている。

特に厚生労働省の「地域医療構想」によって、地方では、ますますベッド数を減らそうとしている。二〇二一年度の厚労省の通常予算には、ベッド数削減のための補助金八四億円の予算があり、その代わりに、補正予算のなかで、コロナ対策としてその半分ほどのベッドを作らなくてはいけないとしている。つまり本予算の「地域医療構想」でベッド数を減らして、コロナ対策の緊急対策として補正予算で少し増やす、こういう支離滅裂が、今の日本のやり方になっている。

旧内務省の復活としての厚労省感染症対策と警察官僚の治安政策

こうした歪んだ姿が、日本のコロナ対策である。ロシアの世論調査結果によると、ロシア人の三分の二は、新型コロナの病源は生物兵器だと思っている。人間の介入なしのいわば自然的な感染だと回答したのは二三％というデータが出ている。

これは、世界的には珍しくない。日本ではこのような調査が行われていないために比較できないが、例えば二〇二〇年の三月、中国で行われた調査では、中国人の七五％が新型コロナは人工的ウイルスであるという回答が出ている。これは習近平政権のプロパガンダで、アメリカの生物兵器だという宣伝が効いたのだろうというのが、アメリカ側の扱いだ。当のアメリカでも、トランプ大統領の下で、「自然にウイルスが発生した」というのは四三％、「意図的に作られた」が二三％、「研究室で偶然に事故が起こった」バイオハザードが六％、つまり約三割が「人為的なもの」と答えていた。

おそらく平均的なのが、フランスだと思われる。フランスで行われた調査では、自然発生が五七％で、日本で調査すればもう少し高くなるかもしれない。しかし、やはり人工的なものだという人が二六％いる。したがって、佐藤正久風の「パンデミックは国家安全保障の問題だ」というのは、世界からみれば常識と言ってもよい。

それでは、世界水準の感染対策が、日本ではどうやられているのかが次の問題になる。

一つは、厚労省の医系技官と国立感染症研究所その他、旧七三一部隊の人的系譜を引き継ぐ、あまり最新医学では力のない「専門家」に感染医療が任されたこと。

もう一つは、国家安全保障の問題で、メディアを含めた情報管理、内閣情報調査室というインテリジェンスの世界が、コロナの中で出てきたこと。

日本で感染症と国家安全保障の関係がどういう風に考えられてきたかを簡単に整理すると、旧厚生省の防疫政策と内務省の防諜政策に行き着く。[8] 戦前の厚生省というのはもともと内務省の一部で、一九三八年に戦争遂行のために独立した省になった。戦前の日本の支配体制で重要なのは、軍もあるが、国内統治では圧倒的に内務省が日本一の官庁だった。その内務省の中に、地方局と警保局という二本の柱があり、その地方局の仕事に地方政治と公衆衛生があり、警保局の流れに特高を含む警察があった。

それが敗戦による内務省解体、いわゆる戦後民主主義の強かった時代には鳴りを潜めていたが、これも一九八〇年代、内務官僚出身の中曽根康弘内閣・後藤田正晴官房長官の時代から、警察官僚の力がつよくなり、旧内務省系の官僚制が再編されて、厚生省も労働省と一緒になって、治安維持・国家安全保障に引きずられた防疫・感染政策を取るようになった。

そのため、コロナのデータも感染症研究所が独占して、例えば変異株がどの位入っているかといった問題も、データを独占している感染症研究所でしか公式には調べられない不都合が続いている。それを統括しているのは首相官邸で、警察出身の官僚が、国家安全保障会議を仕切っている。

七三一部隊研究の新しい段階

ここ数年、日本では、七三一部隊と細菌戦の研究が新たな段階に入っている。

NHKスペシャルで二〇一七年に『731部隊の真実――エリート医学者と人体実験』が放映され、大変な反響をよんだ。書籍化の予定もあるという。

京都の西山勝夫氏ら戦争と医学医療研究会のグループが、不二出版から『留守名簿』を公刊しており、それによって戦前の七三一部隊ほか防疫給水部隊の全貌が、ようやく個人の単位まで分かるようになってきた。

二〇一九年にNPO法人七三一部隊・細菌戦資料センター代表である中国の王選氏と日本の近藤昭二氏が編んだ『日本生物武器作戦調査資料』は、中国で公刊された全六巻の資料集だが、この中身は、中国側の若い研究者らがアメリカの国立公文書館等を中心に世界中の資料を丹念に集めたものとなっている。日本では近藤氏が柏書房から二〇〇三年にCD-ROM版資料集を出していて、重なりもあるが、新しいものもある。今度出た王選氏たちの中国編集の資料集は、アメリカ国立公文書館などのコピーを取り直しているため、写真版の英語が鮮明に映っており、今まで読めなかったものがきれいに読めるようになった。

私と一〇〇部隊研究の獣医学者小河孝教授は、これを元にした新しい研究を進めた。今まで知られていなかったものも、この中国語の資料集には入っており、小河教授の一〇〇部隊についての著書『満州における軍馬の鼻疽と関東軍』(文理閣、二〇二〇年)の続編となる本書に収録する（第五章）。

結論――「生物戦の愚かな第一歩は日本の七三一部隊から」（トム・マンゴールド）

イギリスBBCの科学ジャーナリストであるトム・マンゴールドとアメリカのジャーナリストであるジェフ・ゴールドバーグは、『細菌戦争の世紀』（二〇〇〇年、原書房）のなかで「生物戦の愚かな第一歩は、日本の七三一部隊から始まった」と述べている。感染症の世界史が国家安全保障の問題になるにあたって、日本の七三一部隊が実際に生物兵器を使い中国人を殺してしまったことが決定的だった、ということだ。

先述の「日本モデル」の問題を突き詰めると、二つに絞られる。

一つは、ＰＣＲ検査を限定して、クラスター方式で濃厚接触者を調べるという手法、しかもそのデータは感染症研究所・保健所の「法定検査」で症例を独占する体制をとっているために起こっている問題がある。ＷＨＯの事務局長の言葉で言えば、「検査、検査、検査、そして隔離」が感染症対策の鉄則だが、検査が他の国並みに行われないことによって、後手後手の手探りで進められているのが、日本モデルの最大の問題である。

二つ目は、それに付随し、そのデータに基づいて国産ワクチンが作られるはずだったが、できない問題である。国産ワクチンのための特別予算は、二〇二〇年三月段階でつけられている。にもかかわらず、日本人の感染症の特徴を示すデータが十分に集まらないため、ワクチン開発

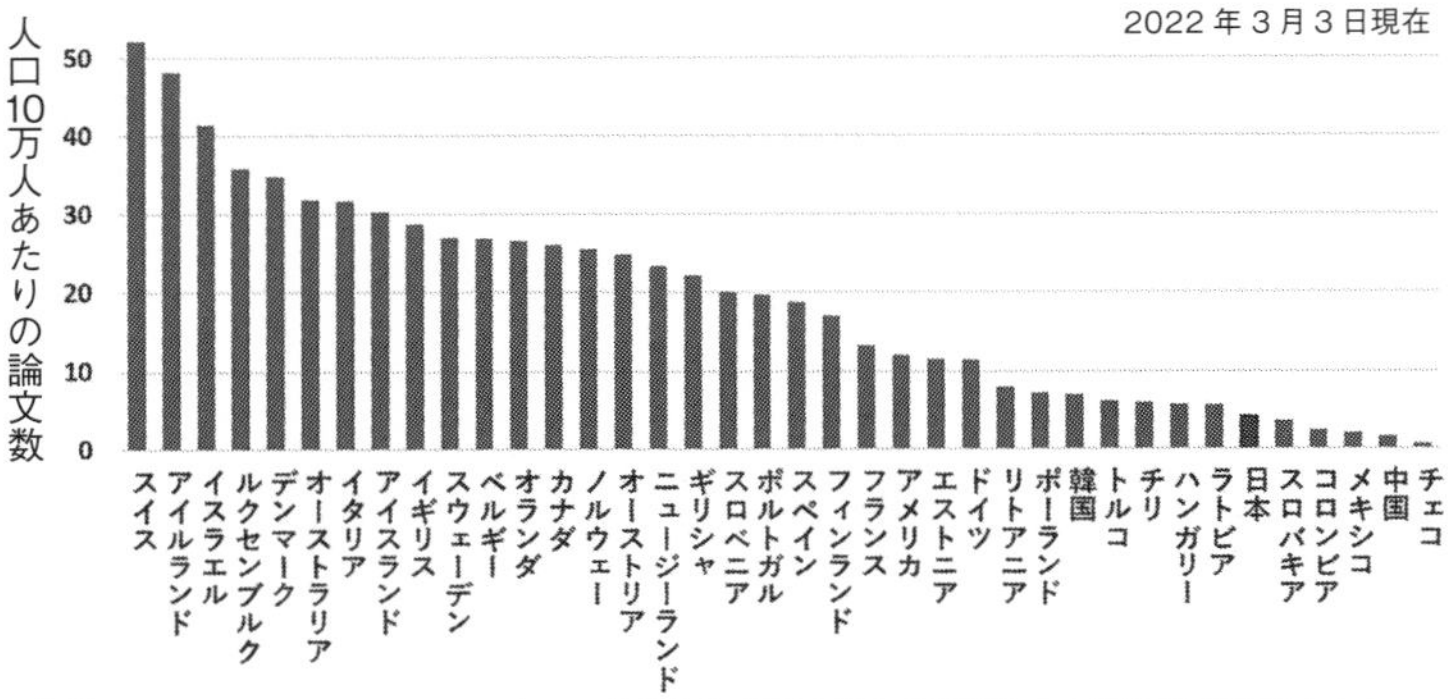

参照：PubMed,UnitedNations ※コスタリカは2021年から加盟したため比較対象外とした。
医療ガバナンス研究所　山下えりか

図1　OECDと中国の人口10万人あたりのCOVID-19関連論文数
（出典：医療ガバナンス研究所HP）

も治療薬も進まない。治験もできない。世界では、コロナウイルスについての研究論文が医学雑誌に数十万本も出ており、圧倒的に欧米と中国が多いが、日本からは数百本という水準で、研究後進国になっている。

ワクチンでいえば、有効性を試す治験もろくにできていないため、何万人もの治験データにもとづく欧米・中国のワクチンに比べ、あまり役に立たない。日本モデルからは「マスクは有効で大切だ」程度の事は言えるが、日本から世界に発信するコロナ対策の医学的知見・教訓はでてこない。

なお、日本人データを独占する感染研の研究者たちは、クラスター対策、行政検査で忙しく、ほとんど論文を書けない、世界に発表するデータも出せない状態になっている（図1）。

三　細菌戦系譜の「専門家」による「治療よりも防疫」

政府専門家委員会・分科会にみられる七三一部隊・一〇〇部隊の系譜

感染症サーベイランス体制では、ＰＣＲ検査などの感染症データは、感染研の中央感染症情報センターから地方感染症情報センターへ、保健所から調査に行って、そのデータが感染症研究所に戻って来て厚労省に送られる。この公式ルートが絶対的である（図２）。

もっとわかりやすく言えば、「行政検査」として無料でＰＣＲ検査できるのは、このルートだけである。あとは民間で、プロ野球選手やサッカー選手らは一人四万円位といわれているが、毎回有料で検査する状態が現在でも続いている。二〜三千円で、郵送すれば検査結果を知らせてくれる抗原検査キットができたが、それは陽性であればもう一度保健所に通知して行政検査を受けることになる。

私の『パンデミックの政治学』と上昌広氏の本で詳しく書いているのは、行政検査・感染症対策を独占している国立感染症研究所、東京大学医科学研究所、国立国際医療センター、東京慈恵会医科大学など、「専門家」を輩出する中枢機関の問題だ。感染症研究所、医科学研究所、国際医療センターは陸軍系で、四つ目の慈恵会医科大学だけは海軍系である。戦争中の日本軍の感染症対策の「防疫」体制が、そのまま今日に受け継がれている。この体制のもとで、日本

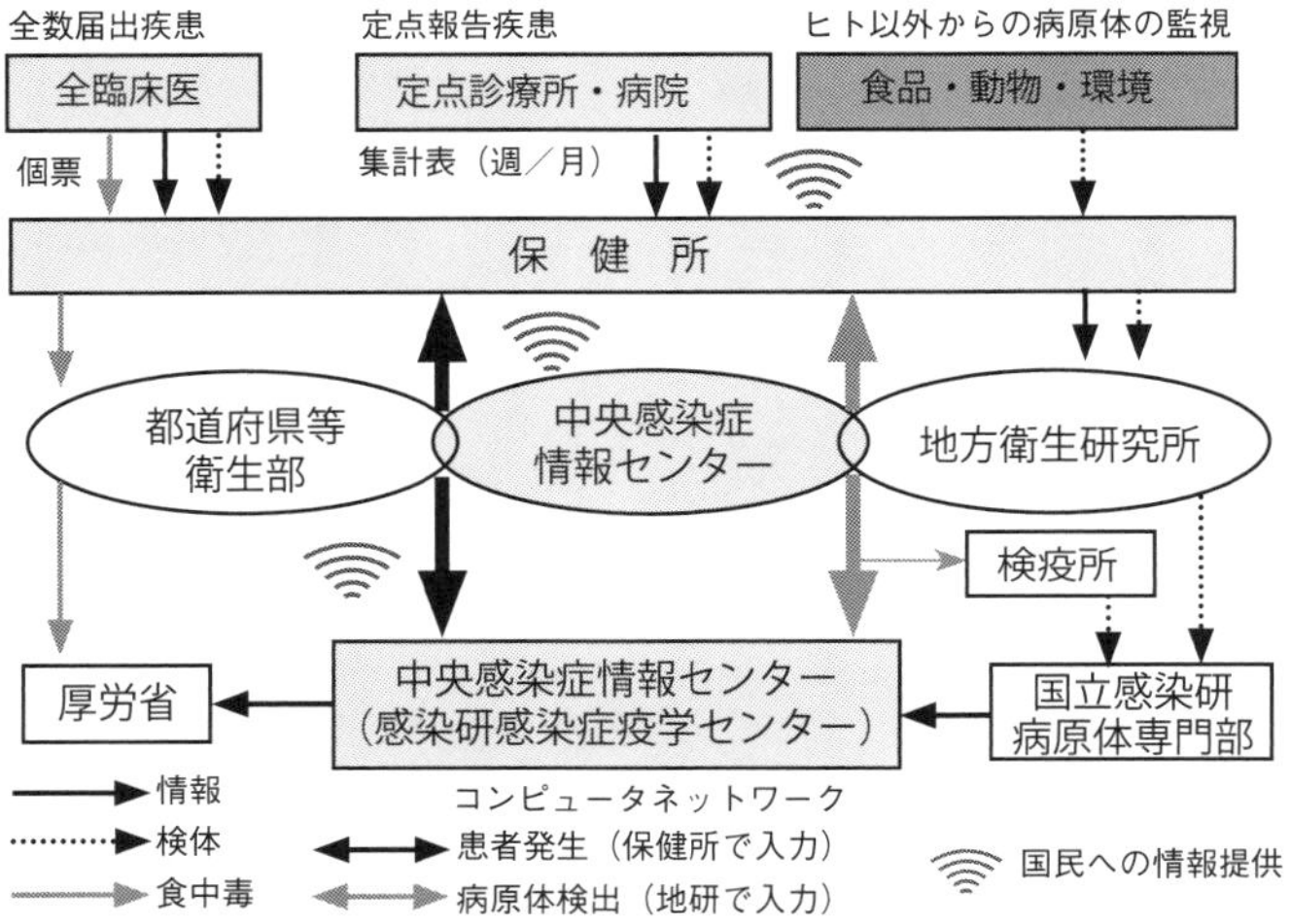

図２　感染症サーベイランス（患者情報・病原体）体制
（出典：加藤哲郎『パンデミックの政治学』106 頁）

の新型コロナ検査数は、世界に大きく後れることになる。一日に一〇万件ＰＣＲ検査ができると安倍元首相が言ったことがあるが、それはようやく二〇二二年の第六波で可能になったもので、安倍内閣時はせいぜい数万件ぐらいが最高だった。日本の医学の水準が高いというのは、一部の、例えば山中伸弥教授のｉＰＳ細胞のような研究のことで、今日のコロナに対応する感染症研究の世界では遅れている。それも旧内務省風の官僚的「防疫」政策が採られ、人材も資源もお金も投入してこなかった。これが、今回のコロナ対策の中に貫かれている、第二の七三一部隊・一〇〇部隊の影である。

　いや今日の日本には平和憲法がある。第九条で軍隊を持たないという事になっているから安全保障の問題にするのはおかしい、という意見もあるだろう。しかし実際には、自衛隊に核生物化学（ＮＢＣ）兵器に対処する専門の部隊がある。少しだけ顔を出したのが、二〇二〇年二月のクルーズ船ダイヤモンド・プリンセス号の時だった。船内では確かに自衛隊は手際よく処理していた。その後はあまり表に出ないが、政府の側から要請があれば、いつでも出動できる状態にある。国家安全保障の問題としてクリティカルになると、必ず軍隊が出てくるし、警察にもＮＢＣテロに対処する特別な部隊がある。

衛生警察による「防疫」の日本的伝統と、医学的「治療」との違い

こうした体制を、上昌広医師は、日本特有の「防疫」体制の伝統だという。

この国は患者を治すための医療ではなく、日本社会を感染症から守る国家防疫体制でコロナに対応している。保健所が核になる、検査の主体であり、陽性者を感染症指定医療機関と調整して入院させるのも、濃厚接触者をフォローするのも保健所だ。データは感染研が一元的に管理する。

明治以来の旧内務省・衛生警察の基本思想がそのまま生きる、通常医療とは別の枠組からなっている。先進国では日本以外にない。[9]

このことを、実際にコロナ患者を迎えいれ治療した「わだ内科クリニック」の和田眞紀夫医師は、「防疫ばかりに重きを置く偏ったコロナ政策が医療を苦しめている」として、日本政府の「防疫」型感染政策を、以下のように批判している。[10]

①同じコロナウイルスを相手にしていながら、医療と防疫とでは月とすっぽんほど全く異なる視点でウイルスに対処する。まず対象としている相手は、医療では一人の人間であって複数の人間をまとめ治療することなど決してないが、防疫は社会全体を対象としている。

②コロナ対策の柱であるワクチン、検査、治療薬にしても、医療と防疫では全く違った見方をする。防疫では多くの人にワクチンを打たすことに視点を置くが、医療ではその個人にメリットがあるかどうかの視点で考える。

③防疫では社会全体の感染率を導き出すために検査をするが、医療ではその個人が感染しているかどうかを調べるために検査をする。

④医療では当然その個人の病気を治すために治療薬を投与するが、防疫では多くの人が治療することで社会全体の感染拡大抑制に役立つかどうかの視点で治療薬をみる。

⑤　医療では、その個人の治療のために患者さんを入院させ、病気がよくなれば退院させるが、防疫では、感染者を隔離するために感染者を入院させて、その人がほかの人に病気を移さなくなったどうかで退院を決める。すべての人に共通する入院基準とか退院基準などというものは、医療の世界ではありえないのだ。

和田医師は、さらに付け加えている。

このように考えていくとき、今の日本がどちらの視点でコロナを見ているかは明白だろう。元大阪府知事のH氏は、最近のコメントの中で、「検査を増やして多くの人がコロナ検査を受けることにどれだけの意味があるのか、一定の人たちの検査をすればそれで感染状況はわかるだろう」とコメントされていた。彼の検査に対する考え方が防疫の視点だけのもので医療の側からの視点がまったく欠落していることがわかるだろう。

第二の影――七三一部隊・一〇〇部隊の伝統の医系技官・感染研への継承

七三一部隊の直接的継承としての日本医学の伝統をみてみよう。七三一部隊に多くの医学者を派遣した東大伝染病研究所は、現在の東大医科学研究所にあたり、占領期に伝研の分割で作られた予防衛生研究所は、現在の国立感染症研究所にあたる。伝研・予研の戦後の所長等主だった教授たちには、七三一部隊出身者が多く見られた。陸軍第一病院は、新宿区戸山町の国際医療研究センター病院になった。

こうした機関での伝統の継承というのは、大学・研究所の講座制があって、その弟子ぐらいまでは、その人の直系が大体は教授になる。大学は変化が遅くて、一人の人が教授になって、退職して次の人が教授になっていくのに三〇年くらいかかる。それでも今は、確実に三代目以降の時代になっている。三代目になると、もう昔の先生が何をやっていたかは関係ない。だから、七三一部隊関係者の系譜で残されていたポストが今も受け継がれている可能性はあるが、研究テーマや内容は受け継がれていないと考えられる。

むしろ受け継がれているのは、厚生省との関係、二一世紀は厚生労働省との強いつながりである。例えば感染研の場合は、予算面でも人材面でも厚生行政と癒着している。さまざまな審議会・委員会・専門家会議に登用される。例外はあるが、多くはいわゆる御用学者になっていく。

また厚生省・厚生労働省には、他の官庁にはあまりない医系技術官僚がいる。一般の国家公務員試験を受けないで、医学部を出て医師免許を持った官僚たちで、今では二八〇人くらいといわれる。審議官の大坪寛子がそうだった。また、医系技官のトップは二〇一七年以来、医務技監という。初代の医務技監であった鈴木康裕は、二〇二〇年のコロナ・パンデミック対策の初期を取り仕切った上で、コロナ患者を多数受け入れた国際医療福祉大学の副学長・学長へと天下った。

この医系技官と感染症研究所が一緒になって、厚労省の感染症対策＝「防疫」は進められる。それが首相官邸で、国家安全保障を担う警察官僚と結びつく。

もう一つの影を指摘しておきたい。関東軍七三一部隊から戦後もスムーズに学者になれたのは、軍医ではなく、軍属の技師だった医学者・医師たちだった。軍人の佐官級の扱いは受けていたが、軍属という軍人を助ける役割だった人は、公職追放にならなかった。実際に人体実験・細菌戦の第一線にいた技師の若手医学者・医師たちは、戦後日本へ戻って、東大、京大、慶応大学等の教授、日本医学界の有力者になっていった。

軍医の中では、石井四郎が最高位の中将だが、佐官クラス、大佐、中佐、少佐等々は、戦後すぐの時期に公職追放になり、大学に戻れなかった。まずはＧＨＱとの戦犯免責の取引があった。そうした人たちは、自分で個人病院・医院や民間研究所を開いた人が多い。

パンデミックが始まって調べて分かったのは、これらの人々が、特に占領期から朝鮮戦争にかけて、日本のワクチン開発・製造で重要な役割を果たしたことである[11]。

しかもこれには、七三一部隊の医学者だけではなく、一〇〇部隊の獣医学者たちも入っている。獣医師は軍人であっても相手が軍馬なので、また管轄が医師免許の厚生省（現厚生労働省）ではなく獣医師免許の農林省（現農林水産省）なので、すんなりと帰国し、大学や農林省、製薬会社等の研究機関に入った。そうした人たちが、ワクチン作りの中心になる。七三一部隊の医師・医学者は連合軍ＧＨＱからマークされていたが、馬を扱った一〇〇部隊の獣医の人たちは、ほとんどノーマークで無傷だった。

そうした医師・獣医師により作られたのが、占領期の「ワクチン村」だった。まだ調査中の問題が多いが、以下ではこのことを、やや具体的に述べる。

永寿総合病院の創設者倉内喜久雄は七三一部隊大連支部でワクチン開発

永寿総合病院という名前を聞いた事があるだろうか。二〇二〇年三月に日本国内最初の大きなコロナ感染クラスターの発見された病院で、感染者二一四人、死者四三人を出した。東京の上野駅のすぐそばにある総合病院で、ベッド数四〇〇以上で地域医療の中心だった。

この永寿総合病院を調べていくと、七三一部隊の残党たちが作った病院だとわかった。精魂会という七三一部隊の同窓会名簿が、その証拠となった。私は近藤昭二氏から名簿のコピーをもらったが、その一九五〇年代・六〇年代の二〇〇人ほどの勤務先に、永寿病院勤務と書いている人が三人もいた。院長と事務長と重要な技術職が七三一部隊の生き残りだった。

この病院は、初めは小さい病院から始まって、今や日本有数の高齢者向け総合病院である。初代院長の倉内喜久雄という人物が、七三一部隊大連支部の出身で、日本で初めて人間ドックを始めたアイディアマンだった。

今回、倉内喜久雄と永寿総合病院を調べていくと、倉内は、元々慶応大学医学部から満鉄大連衛生研究所に入り、この満鉄大連衛生研究所が一九三八年に関東軍に移管されて、七三一部隊大連支部になった。大連支部には北里研究所・慶応大学出身者が多い。支部長の安東洪次は東大出身だが、慶応大学医学部と近い関係にあった。

この七三一部隊大連支部で、倉内喜久雄は血清科長・細菌科長になる。そこで「ペストインムノーゲン」という、余り効かなかったが石井四郎隊長は推奨した隊員用ペスト・ワクチンの開発者となった。

戦線が拡大すると。倉内は、関東軍七三一部隊から南方軍防疫給水部に派遣された。パスツール研究所長だった一九四四年八月、インドネシア人「労務者」に破傷風ワクチンの人体実験を行い、日本側発表でも四〇〇人（現地調査では九〇〇人）もの犠牲者を出していた。冤罪で犠牲になったインドネシア人医師の名をとり「モフタル事件」という。このことは、慶応大学の倉沢愛子・松村高夫両教授らの研究でようやく明らかになり、二〇二一年夏のＮＨＫ・ＢＳ特集「感染症に斃れた日本軍兵士」で大きく報じられた。[12]

戦後の倉内は人間ドックの開設者、薬剤中佐・山内忠重は興和の医療ビジネスへ

倉内喜久雄は、戦後の生き方も、要領がよかった。敗戦時は七三一部隊から離れていたため、ＧＨＱの細菌戦データの追及は受けずに済んだ。慶大時代の留学先がアメリカだったために、

英語のできる厚生省嘱託としてむしろ米軍に接近、一時は日本生物科学研究所（日生研）でワクチン製造に従事した。

朝鮮戦争後の一九五三年に、古河財閥の中島久万吉ら日本工業倶楽部の財界人を後ろ盾に「ライフ・エクステンション倶楽部」を創設し、アメリカ式の成人病健康診断、人間ドックを日本で初めて開設した。これが永寿病院となり、企業経営者など裕福な高齢者を顧客に、医療ビジネスを発展させた。

これはあまり大きく報道されなかったが、永寿総合病院でのクラスターが、慶応病院に飛火していた。永寿総合病院の医師のほとんどが慶応大学出身で、友人である慶応病院の医者と一緒に会食した関係で生まれたクラスターだったという。

もう一つ、〝アベノマスク〟というピント外れの感染対策があったが、その時政府に布マスクを大量に納品した、名古屋にある医薬品会社「興和」を調べた。その社史を調べてみると、一九四五年までは、トヨタと同じく愛知の繊維問屋だった。トヨタは元々自動車会社ではなく、トヨタ織機から始まっている。

興和も元々は綿布問屋で、戦後に医学・化学分野に進出し、大きくなった。その経緯を調べると、陸軍七三一部隊出身の山内忠重を取締役に迎えてから、興和は医療・薬品分野に参入し、今や日本有数の医薬産業、特にマスクとか医療器材では欠かすことの出来ない大手になった。

興和の山内忠重は、平房の七三一部隊、南京一六四四部隊を経て、敗戦の時は陸軍衛生材料本廠研究部長・薬剤中佐だった。これは、薬品などの軍事物資の調達と分配、敗戦時には払い下げが、その任であった。軍隊が解散された時、持っていた研究器材、顕微鏡・医薬品などを病院に配布する、その責任者だった男が、興和の取締役・東京研究所長になって、興和は戦後に医薬産業に鞍替えしていったのだった。

四　七三一部隊と一〇〇部隊が交錯する戦後「ワクチン村」

七三一部隊大連支部は戦後ワクチン製造と実験動物のルーツ

一〇〇部隊の研究を、私と小河孝教授は、京都の戦医研・西山勝夫氏からも資料を得て進めているが、一〇〇部隊の名簿、関東軍軍馬防疫廠『留守名簿』の分析で、何人かの「ワクチン村」関係者が出てきた。どうも七三一部隊と一〇〇部隊は、ワクチン作りで交錯したらしいことが分かった。

七三一部隊には五つの支部があり、そのうち林口・牡丹江・孫呉・ハイラルの四つはソ連国境近くの前線部隊だったが、それらとは別に、一番本土に近かった大連にも支部があった。元々は満鉄大連衛生研究所という満鉄の機関だったものが、一九三八年に関東軍に接収・移管されて、七三一部隊の支部になる。その所長・支部長が、安東洪次だった。

他の四つの支部はソ連国境に置かれていたため、多くの隊員が敗戦時シベリアへ送られ抑留されたが、大連の七三一部隊大連支部、旧満鉄衛生研究所はそうならなかった。倉内喜久雄らの経歴から、そこで何が行われていたのかを調べると、七三一部隊の中のワクチン製造拠点が、大連衛生研究所であるという記録が出てきた。

この大連支部長・所長の安東洪次は、日本人居留民にまぎれて一九四九年に帰国し、東京大学伝染病研究所、今の医科研の教授になり、武田薬品の顧問になる。同時に、日本実験動物学会を作って、人間に近い猿を動物実験に使う手法の提唱者になり、さらに京都大学の今西錦司らと一緒になって、犬山の「日本モンキーセンター」を作り常務理事になる。加えてこの安東洪次が作った実験動物中央研究所は「実験動物の近代化」で日本の医学研究に大きな貢献をしたということで、二〇二〇年度の厚労省日本医療開発大賞を受賞している。

つまり、七三一部隊の流れは、大学の医学部だけではなく、病院や薬事産業にも入っていた。その七三一部隊から医薬産業・医療ビジネスへの転身は、これまで朝鮮戦争時の内藤良一・二木秀雄らによる日本ブラッドバンク創設、後に薬害エイズをおこすミドリ十字への結集がよく知られてきた。

安東洪次は、先述したように、武田薬品、東大伝研、日本実験動物学会、日本モンキーセンター常務理事等々になっていく。安東は、実験動物との関係で、日本生物科学研究所にも長く関わった（一九五九〜七五年理事）。

それらを調べていくと、七三一部隊と一〇〇部隊の接点が出てきた。つまり、ヒトを扱っていた医者たちと、動物を扱っていた獣医たちが交わる格好の場が、人獣共通感染症に対するワクチン開発・製造の世界だった。

日本医学会も一九五七年には七三一部隊を反省していた

そのさい、面白い資料がみつかった。日本の医学界では、今でも日本医学会総会が四年に一度開かれ、傘下に一三〇もの学会・分科会を持っているが、七三一部隊や細菌戦など日本医学の負の歴史には触れない。西山勝夫氏ら戦医研の人たちが総会のパネル展などで発信してきたが、医学界の主流からは、ほとんど無視されている。

しかし日本の医学界は、一度は戦争責任を真摯に認めたことがある。『日本医学百年史』という本が、一九五七年に出ている。当時の日本医学会会長の田宮猛雄東大教授が、序文を書いている。この本の中で、日本の医学の戦争政策への積極的な協力が戦時中は行われたことを、率直に認めている。

直接的な戦闘行為への協力の中で、極めて非人道的な、目をおおわざるを得ないものに、細菌戦の準備があった。細菌戦の準備と実行をもった特殊部隊は、昭和一〇年（一九三五）夏、石井四郎を部隊長に満洲で編成され「関東軍防疫給水部」と称せられた。昭和一七年頃に「第七三一部隊」に昇格し、その研究、実験、製造は急に活発になった。（昭和一四年のノモンハン事件に参加し、感謝状をもらっている）この部隊は細菌の製造、兵器としての細菌の利用、人体実験等を行い、施設として、常備爆撃機一〇機、一〇〇〇キロワット発電機二台、隊員及び家族約六〇〇〇名、年間研究費予算八〇〇〇千円以上と言われている。勿論、この部隊に多くの医学者が参加した。このことから、科学者としての責任の問題と同時に戦争責任が問題になってくる。

細菌戦準備への医学者の参加は、戦争責任の最も極端な場合として提起したわけであるが、このことの深い反省の上に戦後の再建も始められる必要があったし、現在でもなお問題とされねばならない。

これに反して、軍国主義ファシズムに反対し抵抗した医学者のあった事実も決して忘れてはならない。昭和七年の創立から昭和一二年の解散に至る唯物論研究会にも医学者は参加したし、（宮本忍の「社会医学」もその成果であった）社会医学研究会或いはセツルメント活動に参加し卒業していった医学生たち、その他いろいろな形での抵抗があった。[13]

日本医学会は、朝鮮戦争から五年位たった一九五七年頃には、一応このように宣言していた。ところがその後、日本医学会は、戦争協力一般は語っても、七三一部隊の事は語らなくなる。この本が貴重なのは、まさに七三一部隊をあげて、これこそが日本の医学の反省の出発点にならなければいけない、と述べていたことだ。

経済成長、結核患者激減、長寿高齢社会化に伴う厚生行政の歴史隠蔽と驕り

それがどうやって忘れさられていったのかというと、厚生省による隠蔽である。同じ百年史でも、厚生省医務局編『医制百年史』（ぎょうせい、一九七六年）には、細菌戦や七三一部隊の記述はない。一九八八年の『厚生省五十年史』（厚生問題研究会）は、日本の厚生行政についての最も詳しい公式省史だが、戦争などなかったかの如くに「成功」を誇っている。

厚生省が創設された昭和十三年当時、我が国は戦時体制下にあったが、その後、終戦を迎え、戦後の混乱期を経て、奇跡的な経済復興を成し遂げた。今日、我が国は世界のGNPの一割を占める経済大国になり、国民の生活水準も驚くほど向上した。

この間、国民福祉の向上とともに厚生行政が着実な発展を遂げてきたことは、誠に慶賀にたえない。かつて国民病として恐れられた結核は、ほぼ克服され、男女とも五十歳に満たなかった平均寿命も、大きく伸長し、いまや我が国は世界の一、二を争う長寿国となった。また、欧米諸国より遅れて整備された社会保障制度も、今日欧米諸国と遜色のないものとなった。[14]

つまり厚生省によれば、占領期は確かに感染症が流行ったが、その後BCGワクチン・ツベルクリン反応検査や国民皆保険で、結核をどんどん少なくした。癌が増えてくる時期には、国

民病といわれた結核は、ほとんど無視できるようになった。したがって、日本の医療は成功した。それによって人々の寿命は延び、人生五〇年の時代から八〇年になった、と誇るのだ。

ただし、そこでの新たな問題が、国民皆保険は実現したが医療費が高くなり、高齢化が国民経済・国家財政を圧迫し、福祉が十分に及ばないことだ。したがって、新自由主義が広がる一九八〇年代以降の日本の医学の問題は、感染症はもう終わったから感染対策の予算を削減する、医療費の削減につとめ薬価をおさえる、あるいは高度な医療技術や薬品を輸出するという問題に、変わっていったのである。

日本獣医学会、比較病理学研究所、日生研、日研化学

そうした流れを踏まえて、大連衛生研究所＝七三一部隊大連支部の安東洪次と倉内喜久雄の戦後を調べていると、西里扶甬子氏から、目黒研究所の目黒正彦のインタビュー記録の提供があった。目黒正彦は、大連の衛生研究所で倉内喜久雄や春日忠善らと一緒にペストなどの研究をやっていたが、その目黒の話の中に、「戦後、倉内喜久雄は、日研化学の創設に関わった」という話が出てきた。

調べてみると、「日研化学」は、もともと「日本生物科学研究所」という、主に獣医学者たちが一九四七年に作った研究機関の営業部門で、一九五六年に商号を「日研化学」に変更したワクチン製造・販売企業だった。

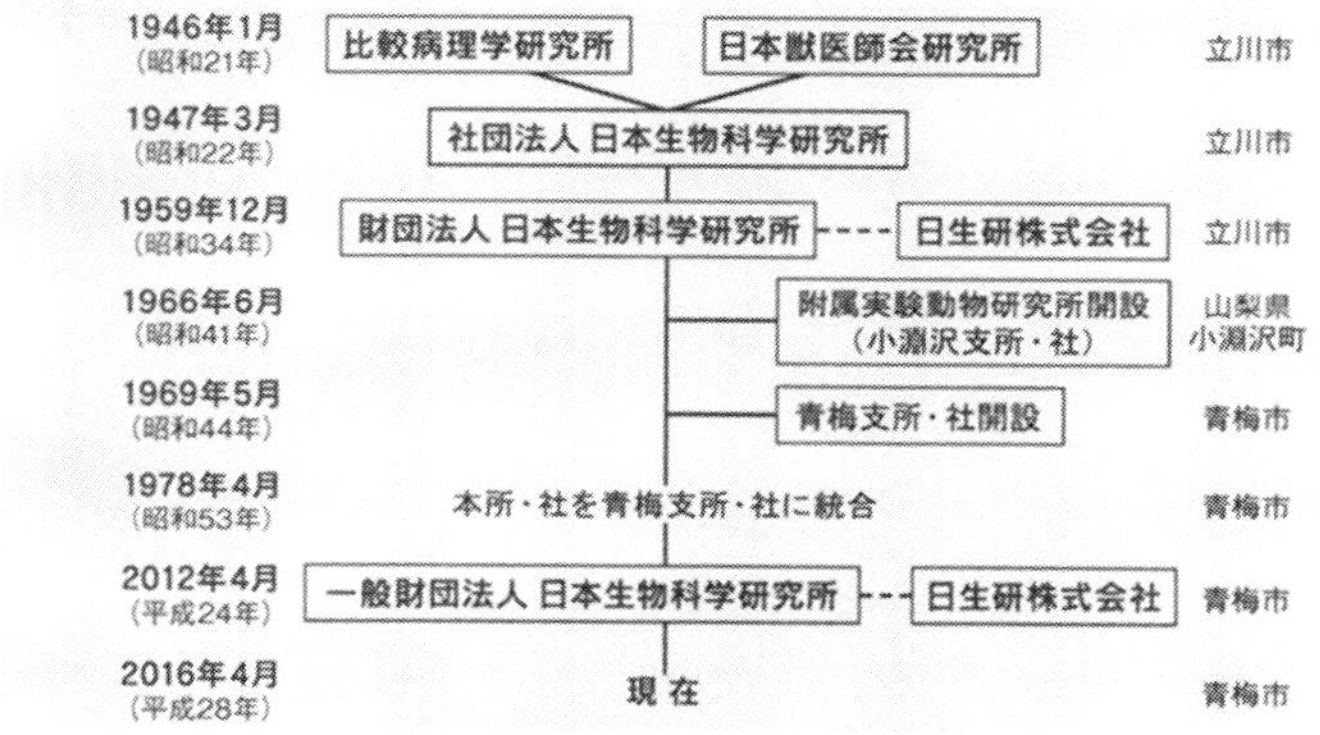

図3　財団法人日本生物科学研究所組織改革の変遷
（出典：野村吉利「財団法人日本生物科学研究所の歴史」『日本獣医学雑誌』54号、2017年）

しかも目黒正彦は、七三一部隊大連支部出身者が多数日研化学の創設に関わった、という。安東洪次支部長のもとで、大連でワクチンを製造していた人々が日研化学に行った、と目黒は証言していた。

日研化学の母体である立川の日本生物科学研究所は、戦後七三一部隊・一〇〇部隊出身者の格好の就職口になっていた。ヒトの感染症用ワクチンが衰えてくると、日生研は動物用ワクチン製造の大手になるが、ヒト用ワクチンを製造していた日研化学は、二〇〇六年に興和に統合され、ジェネリック薬品の「興和創薬株式会社」という名前で現在も引き継がれている。

この日本生物科学研究所を調べてみると、これは一〇〇部隊も七三一部隊も関係する、現在でも日本の動物用ワクチン製造の最大手だった。

戦後、朝鮮総督府の家畜衛生研究所長だった中村椁治の作った「日本比較病理学研究所」が、戦前からある「日本獣医師会研究所」と合同して「社団法人日本生物科学研究所」を創設、それが今日まで三多摩地域に各種施設を持つ、家畜・ペット用獣医学ワクチンの大きな製造企業になった[15]（図3）。

軍馬防疫器材・獣医学物資を継承した日本生物科学研究所

日本生物科学研究所（日生研）の歴史を調べていくと、戦後の岩手大学学長で獣医学の加藤久弥の回想につきあたった。加藤久弥は、新京（現長春）の一〇〇部隊の隊員であった。戦後三〇年間沈黙してきて、岩手大学農学部長から岩手大学学長をつとめ、自分の退職記念で弟子たちに配るいわゆる『退官記念本』で、一〇〇部隊の体験を語っていた。加藤は戦時中、新京の軍馬防疫廠にいた、敗戦で帰国後、日本獣医師会研究所で、旧陸軍の獣医学校・獣医検疫所等から日本獣医師会に払い下げられた実験・研究資材を「山口氏（＝山口本治？）」と共に東京に持ち帰った、これが日本生物科学研究所のもとになり自分も一時勤めた、と話していた（本書第六章）。

軍隊なら解散した時、持っていた膨大な軍需資材、顕微鏡などをどうするかということになる。七三一部隊の場合は、一番重要だったのは人体実験データだった。その貴重データをアメリカ軍に渡して戦争犯罪の訴追を免れたが、顕微鏡など研究機材、白金などの貴金属、錫のインゴットなど研究資源の方は、こっそりと石井四郎らが隠して持ち帰った。金沢大学医学部倉庫などに保管して、仲間に戦後配ったり、怪しげな米軍工作に使ったりした。

それと同じことを、一〇〇部隊の獣医たちは、もっと堂々と、戦後に受け継いだ。七三一部隊のようにGHQ・G2（ウィロビー少将の参謀二部、防諜部隊）に追いかけられることはなかったので、日本獣医師会が、軍の資材を全部引き受ける。当時隠匿物資と言われたが、これを獣医たちは隠さず、軍の資材を自分たちの研究のために引きついだ、と言う。

感染症の世界では、生物兵器は攻撃用で、ワクチンは防御用といわれる。核の問題でも原子爆弾は攻撃用だが、原発はエネルギーとして平和利用できるという。これと似た論理で、感染症と細菌戦についての技術や知識を、平時に平和的に使うのがワクチン作りだという。こういう論理で、七三一部隊の医学者や一〇〇部隊の獣医学者たちは、戦後のワクチン開発に入っていく。そのきっかけを、岩手大学学長加藤久弥は、手柄話のように書いていたのである。

一〇〇部隊研究者である獣医学の小河孝教授との共同研究の中で、さまざまなことがみえてきた。加藤久弥は、軍の獣医関連の器材を「山口氏と共に」持ち帰ったと言っていた。その「山口氏」とは、おそらく「山口本治」で、一〇〇部隊の細菌戦の実質的な最高責任者だった。第二部六科が一〇〇部隊の細菌戦の特別部隊で、一九四四年に新京郊外の軍馬防疫廠に作られた。その責任者であった山口本治獣医少佐は、GHQに咎められることなく日本に帰って、軍獣医器材の払い下げに関わった。その後農林省の家畜衛生試験場に入り、さらに新潟大学農学部教授となり、農学部長をやって、やはり退官記念本に少しだけ体験を書き残している。そこでは、実際にはＧＨＱのＬＳ（法務局）の訊問を秘かに受けたことを告白していた（本書第五章）。

小河教授の分析によると、一〇〇部隊の細菌戦実行部隊は二部六科で、山口本治（戦後農林省家畜衛生試験場→新潟大学教授・農学部長）と保坂安太郎が重要だった。戦後にＧＨＱ・ＬＳ（法務局）に内部告発したのは、若手の紀野猛と西村武で、加藤久弥は戦後日本獣医師会研究所、日生研から岩手大農学部長・学長になっていた。

一〇〇部隊出身者のなかから、戦後の日本生物科学研究所（日生研）には、加藤久弥の他にも財前旭夫と林昇が就職していた。佐々木文存・獣医中尉は、一九四八年に京都微研（京都微生物化学研究所）というワクチン製造会社の社長になった。一〇〇部隊隊長だった若松有次郎は戦後「日本医薬工場長」、幹部の保坂安太郎は「東芝製薬常務」で、いずれも「ワクチン村」に関係した。[16]

つまり七三一部隊と一〇〇部隊が、ワクチン開発と実験動物の二つで接点を持ち、医薬産業・医療ビジネスに入っていくことが分かってきた。

この問題はすでに、ジャーナリストの斎藤貴男氏が、一九九六年の『ワクチンの作られ方・打たれ方』の中で、日本のワクチンは主に旧七三一部隊によって作られた、と具体的に述べていた。また哲学者の故・芝田進午は、国立予防衛生研究所の新宿移転反対闘争のなかで、「医学者の倫理と責任」（山口研一郎編『操られる生と死』小学館、一九九八年）という論文では、

「多くの七三一ネットワークの医学者・薬学者・大学教授退職者がワクチン企業を設立したり天下ったりした」と、実名を挙げて書いていた。

第三の影――ジフテリア予防接種事件からワクチン村に継承された負の遺産

つまり、戦後すぐの伝染病蔓延の時期には、ワクチン作りが重要だった。GHQ・PHW（公衆衛生福祉局）は、米軍兵士がかかりやすいジフテリアや日本脳炎には、ワクチン開発のための大きな研究開発費と製造資金を出し援助した。

その中で、一九四八年、京都でジフテリア予防接種事件が起こった。ジフテリアの予防接種を受けた六八人の子どもたちが犠牲になり、同じ症状が島根県でも起こった。それを作っていたのが大阪日赤医薬学研究所で、その主任だった人物が七三一部隊でワクチン製造に関わっていた工藤忠雄だった。[17]

戦後すぐから朝鮮戦争の時期、日本のワクチン産業は最盛期を迎えていた。この時期に軒並み今日まで続くワクチン会社が作られ、そこに旧七三一部隊・一〇〇部隊の医学者・獣医学者が入り込んでいった。そうした伝統が、今日まで続いている。

東芝の新潟工場は、戦後すぐの時期に東芝生物化学研究所を作り、東京の陸軍軍医学校防疫研究室の責任者だった内藤良一を所長に迎えた。後の日本ブラッドバンク、ミドリ十字の社長・会長である。東大でペスト研究の人体実験にもとづく博士論文を書いた金子順一も、この東芝生物化学研究所に勤めていた。ここも、この頃のワクチン作りの重要な拠点であり、後に東芝という名前ではなく、デンカ生研、デンカという名前を使い、今でも日本でワクチン作りを進めている。この流れは、一九九〇年代に、新潟の七三一部隊展で明らかにされたものである。[18]

ただし、今日の日本では、ワクチン産業は巨大な医薬産業の中で一〜二％、あまり儲からない斜陽産業で、国家がバックにあって予防接種が一斉に行われなければ、お金にはならない。しかし日本では、ジフテリア予防接種事件以後、幾度も被害者の医療事故・薬害訴訟もあって、国民にも厚生官僚にも、ワクチンへの慎重な態度が見られる。そのため、ワクチンを作る会社が減っていった事情がある。朝鮮戦争の頃、最盛期は四〇数社あったのが、今は一八社、実質は大手四社にまで減ってきている。

今日の日本ワクチン産業協会の前身である細菌製剤協会『五〇年のあゆみ』（一九九六年）によれば、加盟社数は、一九四六年の二四社から四八年四〇社に増えるが、五三年二六社、五九年一六社、八五年二〇社、九六年二二社と、朝鮮戦争時がピークであったことがわかる。そこに、七三一部隊・一〇〇部隊のワクチン関係者が集った。その後の薬害・医療事故、ワクチン・予防接種事故、結核激減による感染症対策の周辺化で、産業全体の市場規模が小さくなり、大手・外資企業に吸収合併されて再編され、斜陽化した。

しかも、世界的に見れば、世界のワクチン産業は生物兵器対策とかバイオテロ対策もあって発展したが、日本ではあまり儲からないことを理由に、癌や心臓病・脳疾患の方にシフトしたため、結局大きく遅れてしまった。つまり日本のワクチン開発・市場の盛衰の双方に、七三一部隊・一〇〇部隊の伝統が関わってきたのだ。

例えば、薬害エイズのミドリ十字は、現在は田辺三菱製薬に吸収されている。ワクチン産業全体が衰退したために、国の援助も多くはなく、人材も資金も集まらない。二〇二〇年二月に武漢からコロナ感染が広まった際、厚労省はおもむろに国産ワクチンを作るという号令は出した。しかし、国立感染症研究所、東大医科研は、元々ワクチン作りの中心になるはずだったが、人材がみな目先の感染症対策へ動員され、ワクチン作りには手が回らなかった。

世界では、欧米の最先端メディカル企業ばかりでなく、中国やインドやロシアまでが国産ワクチンを作り、ワクチン外交で世界中にばらまいた。ファイザー、モデルナなどのメッセンジャーRNA（mRNA）という新しいワクチンも開発され、日本にも輸入された。日本は、ここでも感染政策の後進国だった。

このことが、七三一部隊・一〇〇部隊の負の遺産であり、第三の影なのである。

注

1　本章は、二〇二一年三月一三日に行われたNPO法人七三一部隊・細菌戦資料センター第一〇回総会・記念講演のテープを起こした同会報三七号の加藤哲郎「日本のコロナ対応にみる七三一部隊・一〇

○部隊の影」をもとにしたものである。口語体を文語体に直した上で、コロナ変異株の増殖、ウクライナ戦争などその後の状況とデータにもとづいて、手を加えてある。二〇二二年四月の同センター第一一回総会・記念講演は、本書の最終編集過程で、小河孝教授によっておこなわれた。

2 レコード・チャイナ「ロシア『米国がウクライナで七三一部隊に類似した研究』中国ネット『米国は七三一部隊と同じことを…』」二〇二二年三月一一日、BBC解説「ウクライナは生物兵器を開発している　ロシアの主張をファクトチェック」二〇二二年三月一五日、共同通信「ロシア、バイデン氏息子関与主張　ウクライナ生物兵器で」二〇二二年四月一日。

3 テレビ朝日「化学兵器対応『防護マスク』日本提供に猛反発」二〇二二年四月二〇日。

4 タス通信「FSBは第二次世界大戦時の日本の細菌戦計画の文書を公開」二〇二一年八月三〇日、毎日新聞「七三一部隊や関東軍の文書公開　ロシアが歴史問題で日本牽制か」二〇二一年九月一〇日、中国人民網「ハバロフスク裁判　現実的意義がますます顕著に」二〇二一年九月一三日。

5 ケン・アリベック『バイオハザード』二見書房、一九九九年。

6 五味晴美「バイオテロリズムの危機――生物兵器（炭疽菌）によるテロリズム」二〇〇一年一〇月九日、日本医師会HP（https://www.med.or.jp/kansen/terro/bio.html、二〇二二年四月二〇日閲覧、以下同）。

7 山内一也「連続講座　人獣共通感染症」https://www.jsvetsci.jp/05_byouki/ProfYamauchi.html

8 この面については、黒沢清監督の映画「スパイの妻」を素材に、加藤「戦前の防疫政策・優生思想と現代」『戦争と医学』第二三巻、二〇二一年一二月、で論じた。

9 上昌広「世界は『医療』、だが日本は『防疫』」『サンデー毎日』二〇二一年九月五日。

10　和田眞紀夫医師「防疫ばかりに重きを置く偏ったコロナ政策が医療を苦しめている」MRIC by 医療ガバナンス学会、二〇二二年二月八日発行。http://medg.jp/mt/?p=10778

11　こうした第二次世界大戦後の七三一部隊員の米軍・GHQへの隠蔽・免責工作と、GHQ・PHW（公衆衛生福祉局）のサムス准将及び厚生省に取り入り便乗しての復権を、加藤『731部隊と戦後日本』（花伝社、二〇一八年）は、①原爆被害調査、②伝染病・感染症対策、③医学部改革・医療改革、④医療再建、病院・医院勤務、⑤医薬産業・医療ビジネス、⑥米軍四〇六細菌戦部隊への協力、の六つのルートで示し、それぞれの関係者の氏名を挙げておいた。

12　倉内喜久雄の経歴は、文部省監修『現代日本科学技術者名鑑・医学編（下）』一九四八年、『永寿総合病院十年の歩み』一九六六年、ほか。日本軍が自らの人体実験をインドネシアの医師アフマド・モフタルの罪にして処刑した、いわゆる「モフタル事件」の真相については、倉沢愛子「それは日本軍の人体実験だったのか？　インドネシア破傷風ワクチン『謀略』事件の謎」『世界』二〇二一年八月号。
　なお、この事件は、一九四八年の帝銀事件に連なる。帝銀事件の唯一の物証である「松井名刺」の持ち主である厚生省の松井蔚・医学博士は、捜査の初期に、自分は戦時中南方軍防疫給水部（岡九四二〇部隊）で原住民多数を「過失で」毒殺したと供述していた。その際、七三一部隊の名を挙げたので、捜査は石井四郎以下の七三一部隊に広がった。逆に松井自身にはアリバイがあったため、南方軍防疫給水部関係者の捜査はほとんど行われなかった。その帝銀事件の松井は「ハルビン七三一部隊を連れて倉内はバンドンに行き」と捜査員に伝えていたが、倉内の名前が「菊雄」とされていて七三一部隊大連支部出身の倉内喜久雄に向かわず、「ハルビンの七三一部隊」のみがクローズアップされて、石井四郎以下の平房本部員が取調を受けた（山田朗『帝銀事件と日本の秘密戦』新日本出版社、二〇二〇年、一一〇頁）。

13　日本医学百年史刊行会『日本医学百年史』臨床医学社、一九五六年、改訂増補版、一九六一年、二三六―二三七頁。

14　『厚生省五十年史　記述編』厚生問題研究会、一九八八年、厚生事務次官「序」。ただし常石敬一によれば、この日本的「結核予防の成功」にも誤解と幻想が含まれていた。常石『７３１部隊全史』高文研、二〇二二年、三五〇―三六八頁。

15　中村稕治『一獣疫研究者の歩み』岩波書店、一九七五年。日本生物科学研究所『六〇年の歩み』二〇〇七年。「創立六〇周年記念特集号」『日生研だより』第五四号、二〇〇八年一月。野村吉利「財団法人日本生物科学研究所の歴史」『日本獣医学雑誌』五四号、二〇一七年。図３は野村論文より。

16　若松有次郎・保坂安太郎の戦後については、高杉晋吾『七三一部隊　細菌戦の医師を追え』徳間書店、一九八二年、一八〇―一九六頁。同『にっぽんのアウシュウィッツを追って』教育史料出版会、一九八四年、一三〇―一四六頁。

17　田井中克人『京都ジフテリア予防接種事件』新風舎、二〇〇五年、同「７３１部隊とワクチンメーカー製造元　日赤医薬学研究所の怪」一五年戦争と日本の医学医療研究会編『NO MORE 731　日本軍細菌戦部隊――医学者・医師たちの良心をかけた究明』文理閣、二〇一五年。

18　「七三一部隊展」新潟県実行委員会、『新潟県と七三一部隊のはなし』一九九四年。

第二章　近代日本の戦争と軍馬、獣医学導入の歴史

小河　孝

近代日本において軍馬は戦場の活兵器（生きた兵器）と呼ばれ、日清・日露戦争に始まりアジア太平洋戦争の敗戦に至るまで戦力として常に重要な役割を果たしてきた。

日露戦争直後の一九〇六年、日本の軍馬育成をめざして本格的に取り組まれた馬政三十年計画の推移をたどりたい。計画で作り上げられた軍馬が、満州事変から始まる十五年戦争の期間に戦場でどのように「活用」されたか、とくに中国戦線から南方戦線に至るまで展開していく実態を明らかにしたい。最後に明治維新から始まった近代獣医学導入の歴史について戦争と軍馬の関連にもふれる。

一　明治維新直後から始まる軍馬の育成

一八七〇（明治二）年、軍馬育成の機関として兵武省（後の陸軍省）に最初の厩が設けられ、

軍馬の育成は馬十二頭の管理から始まった。一八七五年に馬学生徒と蹄鉄生徒の養成など馬政業務を扱う軍馬局が陸軍省に設置された。同時に東京と仙台に第一厩と第二厩が置かれ常備する馬が二〇〇頭になった。その後、馬医官と陸軍病馬廠が設立され、一八八〇年に陸軍の保有馬が概ね二千四百頭、その七分の一（のちに十分の一）が年毎に補充と更新されることになった。

一八八八年、軍馬の補充と調教の組織を整備するため、軍馬育成所（のちの軍馬補充部）が全国五か所に設立され、平時における軍馬の準備体制が徐々に整備されてきた。しかし、陸軍は戦時における軍馬の動員体制を構築した経験がこれまでないため、本格的な対外戦争の日清・日露戦争の過程で軍馬の不足が顕在化した。さらに戦場における優秀な軍馬を確保するうえで抜本的に解決しなければならない日本独自の「二つの課題」がほぼ手つかずのままこの時期まで残されていた。

当時の日本在来馬の大多数は西洋由来の馬に比較して体格が著しく小さく、体高がわずか一三五センチ程度に過ぎないポニーと称されるような小型馬であった。戦場で西洋の馬と比べると軍馬として要求される持久力、負担力と運動力で明らかに劣っていた。

もうひとつは軍馬に調教と去勢を施す課題であった。とくに去勢されていない牡馬は一般的に気性が荒く、戦場で軍馬としての集団行動がとれなかった。ユーラシア大陸では古代から牡馬の去勢が習慣としておこなわれてきた。ところが大陸の東に位置する島国・日本は、明治になって西洋の近代獣医学が導入されるまで、牡馬ばかりでなく家畜全般に去勢を施す習慣がまったくなかった。

日清戦争の軍馬不足の実態と去勢の効果

一八九四年、初の本格的な対外戦争である日清戦争が始まり、当時の陸軍が管理する軍馬だけでは動員数が圧倒的に不足した。そのため民間の飼養馬を徴発によって多数動員しなければならない事態に直面した。当時、戦地に送られた軍馬が約二万五千頭、予備として内地で準備された馬が二万頭と言われている。

しかし出征部隊が軍馬の不足から戦地で馬を購入、さらに驢馬《ろば》、騾馬《らば》や戦場で鹵獲《ろかく》した馬まで使役し、軍馬不足を補う始末であったと言われている。この時に民間から徴発された牡馬は去勢がまったく施されていなかった。

いっぽうで、一八七七（明治九）年に陸軍が招聘したフランス陸軍獣医中尉のアウギュスト・アンゴーの提唱で行われた悪癖のある馬に対する去勢手術で、去勢による効果が軍馬で初めて実証された。また柳沢銀蔵・陸軍一等獣医正（のちの陸軍獣医学校長）が、去勢について「日清戦争当時、現役軍馬が騸馬《せんば》[1]に変化していたのは特筆すべき記録」と去勢の効果を評価したが、それは陸軍の保管馬だけ実証されているに過ぎなかった。

欧米列国は「日本の騎兵は馬の格好をした猛獣に乗っている」と揶揄《やゆ》

一九〇〇年の義和団事件（北清事変）による八か国共同出兵の際、日本から派遣された第五師団（広島）の軍馬が、欧米列国から「日本の騎兵は馬の格好をした猛獣に乗っている」と揶揄された逸話が残されている。徴発馬が現地で輸送の際に集団行動がとれないため貨車に乗せられず予定通りに移動できなかった事件や去勢してない徴発馬が他国の牝馬をみて興奮しトラブルを起こした事例などが逸話の原因になっている。去勢の有効性がわかっているにもかかわらず、この時期になっても軍馬の調教と去勢の課題は相当に深刻であった。

一九〇四年に日露戦争が開始された。堀内孝は「日露戦争中の軍馬の徴発は、過去最大のものだった。開戦段階での陸軍の平時保管馬は三万六百五十二頭、これに購買や捕獲によるものを含めた戦時補充馬十四万一千四百四頭を加え、計十七万二千五十六頭となった。しかし、日清戦争と同様、軍馬の不足は容易に解決できなかった」と、日清戦争に続き日露戦争でも軍馬の不足が深刻であった事実を指摘している。

明治天皇は、日露戦争開始の一九〇四年四月七日の宮中午餐会の席上で日露戦争の現状を憂え「馬匹《ばひつ》改良のために一局を設けて速やかにその実効を挙ぐべし」との勅命を下した。その背景は宮内庁の下総と新冠御料牧場の飼養馬までが戦場に駆り出されるような軍馬不足が原因と思われる。

また、戦争末期に政府は、オーストラリアから急きょ一万頭の馬を輸入したが、結局、戦場には間に合わなかった。

馬政の推進機関として馬政局の創設

日清・日露戦争を通じて日本の軍馬が体格と資質に著しく欠けていたと同時に戦時動員で深刻な軍馬不足を痛感した陸軍当局は、中国大陸への本格的な軍事的進出に向け優れた軍馬を大量に確保しておく必要性があった。

その結果、一九〇六年に勅令一二二号（アジア歴史資料センター、A03020672300）をもって馬政局官制を公布、省庁から独立した内閣総理大臣の直轄機関として馬政局（一九一〇年、陸軍省に移管）が創設され、馬匹改良、繁殖など馬政全体を管理する本格的な態勢が確立した。馬政局は大正軍縮の影響で一九二三年に一度廃止されたが、一九三七年に陸軍主導のもとに農林省の外局として復活、一九四五年のアジア太平洋戦争の敗戦まで存続した。

二　軍馬としての馬匹改良を目標にした第一次馬政三十年計画（一九〇六年〜三五年）

第一期は西洋種馬の血統の導入による馬匹改良（体格向上）

馬政局の創設と同時に、第一次馬政三十年計画（一九〇六年〜三五年）が、洋種馬の血統を積極的に導入して日本の馬を大型の優れた馬に育成する（馬匹改良）、すなわち日本の馬全体を大きくすることで軍用馬を常に供給できる態勢確立を目標に、第一期（一九〇六年～二三年）と第二期（一九二四年～三五年）に分かれて実施された。

第一期は、全国二か所の種馬牧場を三か所に、三か所の種馬所を十五か所に増設、幼齢期から牡馬の育成と調教を目的に種馬育成所も新設した。馬の体格を一定の標準に向上させる計画は、外国からの輸入を主体とした国有の種牡馬千五百頭を全国に配置して民間の牝馬と交配させる壮大な方策であった。

北清事変の教訓だけでなく、「去勢の効果」は去勢された軍馬と去勢されてない徴発馬の比較からすでに実証済であった。また馬体を大きくする「繁殖管理」、すなわち洋種馬血統の効率的な普及には、国が保有する種牡馬以外の牡馬を繁殖に供用させないために去勢を施す必要性があった。推進のために政府は一九〇一年に「馬匹去勢法」を公布、一九〇四年末に施行する予定であった。

しかし、「馬匹去勢法」は日露戦争開始による混乱と去勢技術者の不足で無期限に延長されてしまった。この法律は、公布から施行されるまでに結果として十五年の歳月を要し、一九一六年一〇月にようやく施行された。これにより民間保有の三歳以上から十五歳未満の牡馬は去勢の実施がはじめて義務付けられた。

一九一七年から二一年までの五年間、全国で毎年四万頭前後の民間牡馬が去勢された記録が残されている。その成績によると五千から九千の猶予（去勢できない）頭数（十二・三〜二十二・五％）があり、また手術による損耗（死亡）も二百から百頭（〇・五〜〇・三％）であった。猶予の原因は発育不全、栄養不良、潜睾[2]の他に骨軟症や伝染性貧血までが記録され、当時の民間馬の飼養面における欠陥状況が推察できる。

「馬籍法」導入の狙いと体格向上の成果と影

続いて一九二二年、「馬籍法」が公布された。馬の飼育者は馬籍（馬の居住台帳）に飼養馬を登録、届出が義務化された。馬籍簿への記載は、名称、性、種類、毛色、特徴、産地、生年月日、体格、飼養場所、所有者（管理者）の氏名、住所、履歴の十三項目で、人の戸籍よりもはるかに多くの情報が集められていた。これにより民間馬の徴発体制の根幹が確立、とくに軍馬の大量徴発が馬籍簿による情報管理で円滑に進んだと思われる。

馬政三十年計画の馬匹改良によって日本の馬の洋種・雑種の占める割合が、第一期開始一九〇六年の十二％から第一期終了の一九二三年に七十九％、第二期終了時の一九三五年に九十七％まで驚異的記録を達成した。この結果、日本馬の平均体高（地面から肩までの高さ）が、一九〇六年の一三七センチから一九三三年の一四六センチまで上昇した。

いっぽう改良の過程で、日本在来種で比較的に中・大型であった南部馬や三河馬など地方特有の血統種が絶滅した。しかし改良に不向きと思われた八種類の日本の在来馬（道産子馬、木曽馬、野間馬、対州馬、御崎馬、トカラ馬、宮古馬、与那国馬の純血種）は個体数を激減させたが、絶滅だけはかろうじて免れた。これらの在来馬は、存続の過程で数々の逸話があり、日本の天然記念物としてまた貴重な遺伝資源として現在も存続している。

第二期はより戦争に適した軍馬の育成

続く馬政計画の第二期（一九二四年～三五年）は、「国内の総馬数一五〇万頭を維持すると共に、国防と産業の双方に適した馬の育成を目標に体型の改良を目指した」と書かれているが、内実はより戦争に適した馬の育成目標に他ならない。

改良目標は、体型に関連した馬の役種[3]の比率をみれば明らかである。軽種は一〇～一五％、中間種は七五～八五％、重種は五～一五％としている。とくに軍用の輜重馬《しちょうば》に使う輓馬《ばんば》と駄《だ》馬《ば》が占める割合の多い中間種に重点が置かれている。その結果、砲兵輓馬（歩兵砲を引く馬）が著しく優良になったと言われている。

以下、洋雑種馬の区別を示す役種について簡単に解説をしたい。

軽種は、乗馬用の馬種でアラブ種、アングロアラブ種、サラブレッド種などがある。戦前は上流階級の乗馬と競走馬だけに限られていた。軍馬では将校が使う乗馬で、偵察と伝令にも使われた。重種は重輓馬種のことで、重厚な体形で砲車などを強大な牽引力で運搬する軍馬でペルシュロン種などがある。中間種は、軽種と重種の中間的性格を兼ね合わせた汎用の馬種で、軍馬として輓馬（荷車をけん引する運搬馬で砲兵輓馬と輜重輓馬に区分される）と駄馬（馬の背中に荷物を載せて運ぶ運搬馬、山砲駄馬と輜重駄馬がある）として活用された（写真1）。主な品種としてアングロノルマン種とトロッター種などがある。

写真1　陸軍が推奨した模範体型の輜重馬（上が駄馬、下が輓馬）『続日本馬政史3』17ページの口絵

三　日中戦争開始で始まった軍馬の大量動員

民間馬を在郷軍馬として出征に備える「軍馬資源保護法」

一九三六年に第二次馬政計画が開始された直後に、大規模な軍馬の徴用（徴発）が、一九三七年七月の日中戦争開始で始まった。市町村長は、民間保有馬から、多数の徴発頭数を陸軍師団管区の馬匹徴発委員会からの通達で期日まで揃えなければならなかった。その結果、国内の保有馬の資源が減少する状況に陥り、政府は一九三九年に総力戦体制確立の一環として、軍馬増産の役割を担う「種馬統制法」と「軍馬資源保護法」の公布を余儀なくされた。

とくに後者は民間保有馬の中から優れた馬を選び軍用保護馬として日常的に訓練を課す制度である。これにより民間馬は在郷軍馬として出征に備える準備が整い、馬の世界においても国家総動員体制が確立されることになった。

森田敏彦は「軍馬を『兵士』として意識した背景には、飼い主にとって馬は天塩にかけて育てた家族同様の身近な存在であったことに加えて、軍自身が『活兵器』から『戦士』へと軍馬の位置づけを転換させた」「軍用保護馬制度のもとで、民間保有馬に対して在郷軍人と同様の鍛錬を日常的に課すとともに、『愛馬の日』を設け、慰霊行事や功労軍馬の表彰などを行った」「馬を飼養していた農民たちは馬を通して国家のための戦争に積極的にかかわっていった」などと、軍馬が大量動員される体制の確立状況を、当時の時代背景と世相を通して述べている。

日本特有の軍馬の需要増加の要因

大瀧真俊は、日本において「装備近代化の過程で、この時期[4]に一見反対と思われる形で兵器や弾薬などの物資運搬手段として軍馬の需要が増加」と指摘している。理由として、「軍馬から自動車運搬への切り替えが困難な日本特有の二つの制約」が、「第一に中国・ソ連を仮想敵国にする軍事情勢からみて、とくに中国大陸は地形と当時の交通網から悪路・未舗装道路が多かった。そのため欧州戦争の戦場に比較して機械化兵器の行動が一般に困難と想定」と「もう一つは燃料（ガソリン）供給面からの制約で、石油資源のない日本は第一次世界大戦後に急速に整備された航空部隊に燃料を優先的に確保する必要があり、陸上輸送に使う燃料をできる限り節約することを余儀なくされた」と、日本独自の軍馬の需要増加の要因を分析している。

だが一九三一年の陸軍軍制改革案は軍の機械化と科学化をめざしており、世界七大列強国で自動車の普及が最も遅れていた日本でも、一九三三年に国産トラックの生産も始まり、軍馬に替る選択肢は当然模索していたと思われる。この時期の「軍馬の需要増加」は、より多方面からとらえる必要があるように思われる。

例えば、「作戦用兵上から見たる『ノモンハン事件』の教訓」（アジア歴史資料センター、C13010631000）を参照すると、日中戦争最中の一九三九年に起きた満州国とモンゴルとの国境紛争（ノモンハン事件）ではハイラルからノモンハンの間の兵站輸送に軍馬でなく貨物自動車が約六〇〇輌から逐次一五〇〇輌まで投入された事実が記載されている。ハイラルからノモンハンまでは平坦な地形が多かったためと思われる。いっぽう、砲兵輓馬や輜重馬はノモンハンの戦場でどのように活用されたか記録がなく、しかも軍馬については何も触れてなかった。

蛇足だがノモンハン事件に投入された関東軍第二三師団は、航空兵力を含むソ連機甲師団の圧倒的な火力と戦車攻撃の前に壊滅を喫した。おそらく軍馬も同様の大損害を被ったことは紛れもない事実であると推定される。

南方戦線へ兵力転用による軍馬動員の拡大

一九四一年、東南アジアや太平洋地域を戦場とする対米英戦争開始の段階における軍馬をめぐる状況について、藤原彰は「一九四一年、対米戦争の開戦時の陸軍師団編成は自動車編成に転換した近衛師団、第五と第四八の三個師団以外は基本的に馬編成[5]のままであった。

その結果、戦況が悪化し、関東軍や支那派遣軍から南方戦線への兵力転用が行われた時ですら、ニューギニアの密林や太平洋の孤島へ多数の軍馬を送り込み、結果的に軍馬を活用できないままに多くを餓死させることになった」と、南方戦線への戦争拡大が軍馬に新たな犠牲を強いる結果を指摘していた。

ひとつの例を示せば、日本軍の要塞があったパプアニューギニア・ニューブリテン島のラバウルにはオーストラリアへの侵攻を想定して三千頭余りの軍馬が飼養されていた。日本からラバウルへの補給が途絶えた一九四四年頃から敗戦までの間、現地の軍馬飼養頭数が三分の一から四分の一に減少していた。それでも軍馬は現地自活に欠かせない食糧生産に農耕馬として活用されていたというが、「廃用馬」が硝酸ストリキニーネで薬殺され燻製馬肉になる活用例もあったようである（大森常良『ラバウル獣医戦記　若き陸軍獣医大尉の最前線の戦い』）。

馬本来の生理を無視した軍馬の扱い

馬は本来生理的に寒さに強い動物である。例えば、軍馬は極寒の地で行動するときも氷上蹄鉄を履かせる以外に防寒衣をほとんど着せる必要がない。ただし露営の場合、係留場所は風が直接当たらないような工夫は必要であった。

その反面、暑熱には弱く直射日光によって日射病にかかりやすく、熱帯での鉄道や船舶輸送でよく熱射病にかかっている。馬は大量に汗をかくことから水分補給が欠かせない。

さらに馬は本来牧野で草を食べる草食動物である。しかしながら、戦場において軍馬は限られた時間内に穀類を食べさせられ激しい労働を常に要求されていた。馬は、単胃動物で本来の飼養上の配慮がどうしても必要である。とくに水を十分飲ませることが肝要である。

当時の軍馬の食糧（馬糧）は、基本が大麦、干草、わら、食塩であった。代用馬糧は、大麦の代わりにその他の麦類、豆類、干草の代わりの青刈燕麦があった。兵站を軽視した中国戦線では馬糧を安定的に確保するのは一般に困難で、後述のように軍馬に食中毒が多発した。馬糧不足を補うため現地調達の代替馬糧としてアカシア、棉実などを給与したことが中毒発生の原因としてあげられる。

徴発馬の実態を象徴する鞍傷馬の多発

徴発馬は軍馬として通常三か月間の訓練（調教）を受けてから出動するようになっていたが、戦時で余裕がないためか調教不充分なままに戦場に派遣されていたのが実態と思われる。『日本陸軍獣医部史』によれば、戦場における徴発馬（主として輜重馬）が、一九三一年の満州事変で師団と一緒に派遣された陸軍保管馬に比べその損耗割合が約九倍も高かったと記録されている。主な状況は、①集団行動ができずに行軍に馴れない。また戦場への船舶や貨車輸送に苦労した、②濃厚飼料になじめず栄養不良になり、体力を維持できない、③疲労や削痩[6]の結果、鞍傷[7]が多発した。鞍傷により皮膚が破れ肋骨が露出している事例まであり、とくに中国戦線では深刻な問題であった。

宮本三七郎・獣医大佐（北支方面軍獣医部長）の軍馬損耗調査報告によれば、「第一に鞍傷、第二に過労、第三に戦死傷、第四に中毒の多発」「これらの損耗は従来の戦場で経験したことがない特徴」と、駄馬の鞍傷を損耗の第一に挙げている。しかし、損耗が増大する原因は「軍事作戦が迅速で、馬が休養の暇がなかった」「徴発馬の鍛錬不足と馬を扱う者の知識不足」などと、報告を読む限り責任を他に転嫁し問題解決の方策などを考慮する姿勢はまったくみられなかった。ここにも軍馬は「消耗品」扱いの実態がみてとれる。

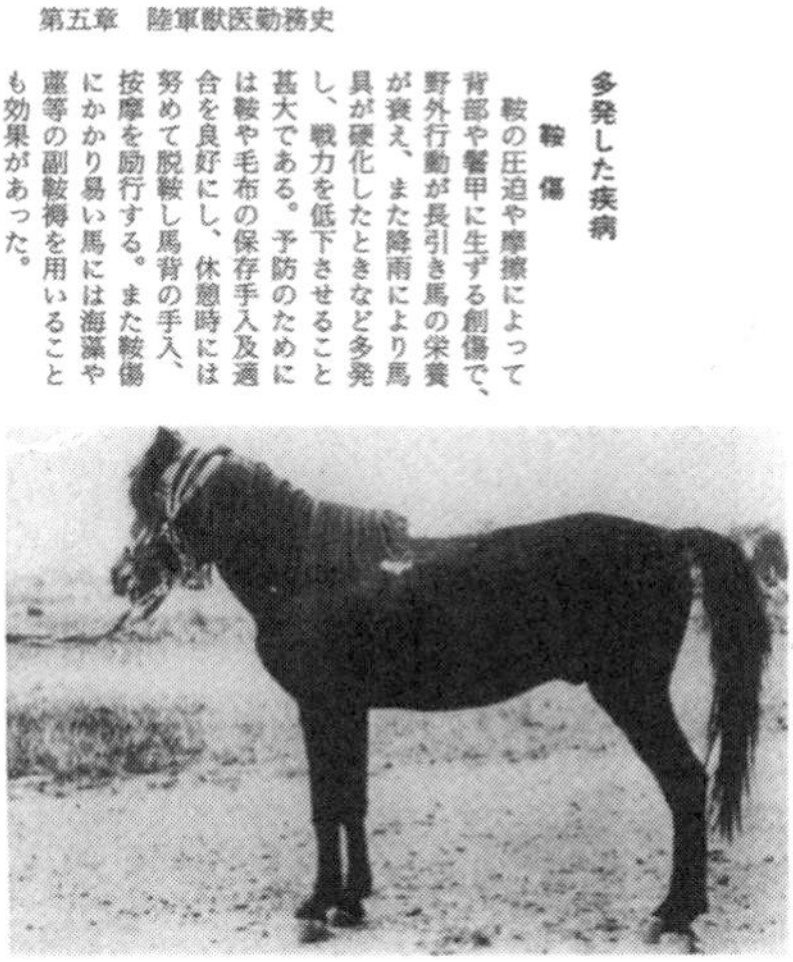

第五章　陸軍獣医勤務史

多発した疾病

鞍　傷

鞍の圧迫や摩擦によって背部や鬐甲に生ずる創傷で、野外行動が長引き馬の栄養が衰え、また降雨により馬具が硬化したときなど多発し、戦力を低下させること甚大である。予防のためには鞍や毛布の保存手入及適合を良好にし、休憩時には努めて脱鞍し馬背の手入、按摩を励行する。また鞍傷にかかり易い馬には海藻や藁等の副鞍褥を用いることも効果があった。

写真２　鞍傷馬の写真（『日本陸軍獣医部史』203 ページ）

写真３　戦場で瀕死の軍馬に水を飲ませる兵士（左上）内閣情報局・写真週報第 36 号（1938 年 10 月 19 日）
（出典：アジア歴史資料センター、A06031063100）

日中戦争の戦場における軍馬の実態

一九三八年の日中戦争初期の戦場で病馬廠の活躍を描いた内田靖夫の『馬部隊』は「馬背に一様な硬い新鞍を装着するのであるから、鞍傷ははやくできるわけである。銃砲創の劇しいものは兵士同様勇壮な戦死を遂げるものであるが、重傷馬は人間と異り戦場に遺棄されてしまふ場合も少なくない」「重い駄裁の為に皮膚は破れ、肉が砕かれ、肋骨が露出し、その骨面が鞍の動揺の為にピカピカ光って居る」と、戦場における損傷馬の悲惨な状況を記述、挿絵に肋骨が露出した鞍傷馬の姿が描かれていた。

「軍馬の改良で優秀になったと言われる砲兵輓馬は、野砲部隊の馬で当時の師団砲兵の主力兵器の三八式野砲をけん引した。行軍だと砲車と前車（即応弾三六発）を合わせて一九〇〇キロの重量になる。砲手五名が乗車してこれを馬六頭で引いていた。しかも三頭の馬には馭者《ぎょしゃ》が騎乗していた。中国戦線は悪路で砲兵隊が敵を追撃した後には、極度の疲労で息絶えた馬の死体が累々と横たわっていたと言われている」（小玉克幸『奇蹟の軍馬勝山号』）。

この時期、戦場における軍馬の活躍は「もの言わぬ兵士」や「戦士」として、数々の「武勲」や「美談」が国内のマスコミで取り上げられ、国家をあげての戦争プロパガンダの大キャンペーンが国民の間に浸透していた。しかし、戦場における軍馬はあくまでも「活兵器」であり「兵器備品」の扱いのまま消耗するに任せた真逆の実態を先の鞍傷馬や砲兵輓馬の例からみることができる。

馬と戦争の生き証人「軍馬・勝山号」

戦場で軍馬がおかれた悲惨な実態を述べてきたが、例外的に日中戦争から日本に生還を果たした軍馬が存在した。小玉克幸『奇蹟の軍馬勝山号』で、馬と戦争の生き証人「軍馬・勝山号」の秘話を紹介する。

中野慶の小説『軍馬と楕円球』でもとり上げているこの馬は一九三三年に岩手県軽米町に生まれ、同県岩谷堂町の伊藤進三郎宅で育った。一九三七年に軍馬として徴発され、歩兵第一〇一師団歩兵第一〇一連隊（東京・赤坂）に配属され勝山号と名付けられた。勝山号は歩兵隊乗馬甲に区分され、将校の乗馬に選ばれた。日中戦争のさなかに中国戦線に派遣され部隊長の乗馬として大活躍をした。しかし、主人である部隊長が何人も戦死し、勝山号も何度も負傷したが奇跡的に助かり生き抜くことができた。一九三九年に馬の金鵄《きんし》勲章である軍馬甲功章を受章し、翌年、日本に帰還して国民的な知名度を獲得した。国民に対する戦争プロパガンダで大いに「活用」されている。勝山号は敗戦時に東部六二部隊（川崎）の馬房にいることがわかり、伊藤家親子の尽力と郷里の人たちの支えで八年ぶりに伊藤家に帰ることができ、一九四七年に十四歳で命を全うしたという数奇な運命をたどった馬である。

軍馬を通じて近現代史とどう向き合うかは、『軍馬と楕円球』の中で「馬は侵略と加害の現場を見ていたのですよ。人間よりはるかに広い三五〇度の視野を持ち、匂いにも敏感な馬は戦場の悲惨さを知っていた」「日中戦争やアジア・太平洋戦争の凄惨な戦場を知るのは人間だけではない。馬たちは耳をそばだてて鼻で異変を感じていた。傷つき倒れていく人馬を見ながら戦場でみずからも死んでいった。その馬たちをどう受けとめられるのか……」という小説に登場する志乃先生の言葉に、戦争と軍馬の関係を深く考えさせられた。

四　近代獣医学導入の歴史と教育内容

近代獣医学教育の始まり

一八六七年、徳川幕府は陸軍近代化のためにフランスから軍事顧問団を招聘していた。本格的な陸軍の近代化とそれに付随した獣医学の導入は明治維新と共にはじまった。一八七二年新政府の招聘により引き続きフランスの第二次軍事顧問団が来日し、そこには騎兵大尉、調教師と蹄鉄工の馬事関係者が含まれていた。

一八七三年にフランス陸軍獣医中尉のアウギュスト・アンゴーが来日し、馬医学舎で二五名の生徒に近代獣医学を講義し、陸軍（軍陣）獣医学の基礎を築いた。

一八九三年に軍馬の傷病治療の技術を習得する陸軍獣医学校が設立され、軍馬のための獣医師養成が行われた。このように軍馬を中心にした日本の陸軍獣医の養成にはフランスの陸軍獣医が深く関与していた。

いっぽう近代獣医学教育の分野は一八七四年四月、駒場農学校（のちの東京帝国大学農学部獣医学科）が東京の内藤新宿（新宿御苑）に農事修学場として開設された。一八七七年英国のジョン・マックブライド（三四歳）が招聘され、初期の獣医学教育に尽力し、後任のドイツのヨハネス・ヤンソンは二二年間にわたり日本の獣医学教育の近代化に尽力した。一八九〇年東京帝国大学に獣医学科が設置され、四年制の獣医学教育が開始された。

また北海道帝国大学農学部畜産学科第二部（獣医学科）の前身である札幌農学校は一八七二年八月に開設され、アメリカ出身のウイリアム・クラークやジョン・カッターなどが招聘されている。カッターは八年にわたり滞在し、獣医学を講義した。一九〇七年に獣医学講座が開設された。このように教育分野における近代獣医学は陸軍と異なり、英国、ドイツ、アメリカなどの外国人教師が深く関与していた。

獣医学科と獣医学教育の拡大

その後、各地の農学校に獣医科が設けられ中等教育としての獣医学教育が行われた。一九〇二年に盛岡高等農林学校に獣医科が設けられ、一九三〇年～一九三八年にかけて東京高等獣医学校、麻布獣医専門学校、日本高等獣医学校などの私立の獣医学校教育が行われるようになった。また、一九三五年に東京高等農林学校が創立され獣医学科が設置された。さらに県立の宮崎、鳥取、鹿児島、帯広、大阪、岐阜、宇都宮の農学校が高等農林学校になり、獣医学科が設置された。

このように、明治時代に近代獣医学（西洋獣医学）が導入された以降、中等教育の農学校における獣医学教育を経て、高等教育の専門学校、また東京帝大と北海道帝大で獣医学教育が行われてきた。

軍馬と軍陣獣医学に偏在した獣医学教育

明治維新によって西洋文化の導入と共に乳肉用家畜や役用家畜が導入され、農業生産の発展にともない畜産業も発達した。これに伴い家畜の診療および乳肉食品の衛生管理に西洋獣医学の必要性が認識され、一八八五年太政官布告で獣医免許規則が交付された。

しかし、陸軍においては軍馬の診療あるいは食品衛生管理に獣医師の養成が必要で、職業軍人としての獣医師が重視された。このような時代背景から、獣医学教育の内容は、家畜伝染病に関する診断あるいは予防についての基礎的な研究に主体が置かれ、臨床も軍馬を中心とする教育内容であった。

日中戦争開始から一年後の一九三八年に日本の獣医学教育と獣医師養成の現況が、大きな壁に直面した事態に触れてみたい。一九三八年十月、陸軍省と農林省の共催で第十回日満家畜防疫会議が満州の新京で開かれた。「満州国」、朝鮮総督府、台湾総督府、日本が占領した北支、中支、蒙彊からの代表と全道府県と警視庁の獣医事関係者、および来賓として東京帝大、北海道帝大、各獣医専門学校の代表など百十四名が出席していた。

陸軍省は会議で「獣医教育機関の改善」の議題を始めて提出、提案の冒頭で「産業、国防ならびに公衆保健上、獣医学研究と獣医師養成からみて、わが国の獣医学教育機関の貧弱さは世界に比べてあえて言いすぎでない」とまで断言した。

当時の獣医学の教育機関は、「大学は東京帝国大学農学部獣医学科と北海道帝国大学農学部畜産学科第二部（獣医学科）の二校、専門学校は東京、盛岡、宮崎の各高等農林学校の三校と私立の獣医専門学校（麻布、東京、日本）の三校だけ」と述べ、「東京帝大は学生の必須が二〇科目だが、それに対して教授が五名、助教授が一名、助手が四名。同様に北海道帝大も教授が三名、助教授が二名、助手が三名。両大学ともに研究費が極めて少なく、各教室とも数百円に過ぎず、教授が一人で二、三科目を担当する状態。各専門学校は大学よりも授業内容の水準が低く、私立専門学校に至ってはさらに貧弱」と獣医学教育の現状を述べていた。

続いて「日本国民の生活はこれまで家畜との関連性が少なかったが、満州国、蒙古、中国北部の畜産地帯では家畜が日常生活に密着している」「日本の畜産資源はそれらに依存せざるをえない」「そのため畜産、家畜防疫と衛生に多数の人的資源をあてがうが必要がある」と切迫した情勢と人的資源が枯渇している現状を明らかにした。そのために獣医大学の教育と獣医師養成（獣医専門学校の増設を含む）の改善が必要と具体案を提示した（内容は省略）。しかし、会議の結論は従来と同じ「軍陣獣医学と馬学教育の徹底化を図る」を強調するだけに終始していた。

このように苛立ちをぶつけるような発言と従来と同じ早急で短絡的な対応策の提起で真の改善が図れるようにはとうてい思えない。これまで陸軍が主導してきた軍陣獣医学と軍馬の臨床に偏重した獣医学教育の歪みによる獣医師不足が、日中戦争の最中でひっ迫、顕在化したに過ぎないと思われる。

五　戦後の獣医学教育とその変遷

戦前の獣医学の臨床教育は陸軍獣医学校が実務的な教育を行っていたことから、専門学校や大学における臨床教育や獣医公衆衛生などの応用獣医学の教育内容はきわめて貧弱で、家畜伝染病に関する基礎獣医学の教育が主体であった。

戦後、この態勢を引きずったまま多くの獣医専門学校は形の上で四年制大学の農学部獣医学科に移行した。北海道大学は一九六〇年代すでに農学部獣医学科でなく、十三講座をもつ独立した獣医学部獣医学科であった。しかし、個人的な経験と感想であるが、獣医公衆衛生学などはある程度充実していたが、臨床系はまだ戦前の名残が教育カリキュラムに影を落していたように感じられた。戦前を脱皮したのはようやく八〇年代であるように思われる。

日本学術会議・獣医学分科会の提言（二〇〇〇年）

提言によれば、「敗戦の混乱期を経たのち日本の農業と社会構成の変化から獣医師と獣医学教育に対する社会的な要請も変化してきた。獣医師の社会的な活動分野も農林水産、小動物臨床、野生動物関係、動物愛護、獣医公衆衛生、パラメディカル、環境衛生、ヒトと動物の関係など広範囲にわたり、獣医学教育に対する社会からの要請もまた多岐にわたっている」と獣医学をめぐる戦後の社会状況の変化を指摘している。

一九七八年に社会状況の変化を受けて日本の獣医学教育は従来の四年制から六年制に移行したが、欧米並みの規模の獣医学部の設置は実現しなかった。しかも国際水準の実務教育を充実する構想・課題は現在に至っても依然として据え置かれ、問題が山積しているのが実情である。

今世紀に入り、重症急性呼吸器症候群（SARS）や中東呼吸器症候群（MERS）、豚由来のパンデミックインフルエンザなどの人獣共通感染症、高病原性トリインフルエンザ、口蹄疫などの国境を超えた家畜疾病の発生や薬剤耐性菌の広がりが深刻な問題をなげかけている。そして二〇一九年からは新型コロナウイルス感染症（COVID-19）の世界的流行（パンデミック）に直面している。

獣医学を取り巻く環境は、先の要請に加えて社会における伴侶動物の位置づけと動物福祉、野生動物保護と管理およびトランスレーショナルリサーチ[8]などライフサイエンス分野への獣医学の貢献など社会情勢の著しい変化に伴い多様な社会的ニーズへの対応がさらに求められている。

対応の一つとしてワンヘルスがある。「ヒトと動物の健康と環境の健全性は一つ」の概念は、いま世界的にその取り組みが進められている。とくに人獣共通感染症、生物多様性の損失、地球温暖化のように、ヒト、動物、環境の各分野にまたがる課題を解決する多面的な運動が注目されている。

このような課題に適切に対応するためには、戦前に軍馬と職業軍人に偏在した獣医学教育の過去を知ることも必要である。そして豊かな人間性、高い生命倫理観を備え、国際的視野に立てる世界水準の高度な獣医学教育が求められると同時にそのような環境で育成され、国際社会に貢献できる新たな獣医師がいま強く求められている。

注

1　去勢した牡馬。
2　睾丸の発達不良。
3　馬の品種による役割。
4　日中戦争時。
5　一九四一年度の陸軍動員計画の歩兵連隊編成表は、甲編成の連隊は兵員五千四百四十六人に対し軍馬千二百四十一頭、乙編成で三千九百二十八人に対し六百九十三頭。

6　痩せてしまうこと。
7　馬装具との摩擦によってできる背中の傷やただれ。駄馬の職業病。
8　受け渡し研究。基礎研究を重ねて見つけ出した新しい医療のシーズを、現場で使える新しい医療技術・医薬品として実用化を目的に行う、非臨床から臨床開発までの幅広い研究をさす。

参考文献

内田靖夫『馬部隊』昭和書房、一九四二年。

小河孝『満州における軍馬の鼻疽と関東軍　奉天獣疫研究所・馬疫研究処・100部隊』文理閣、二〇二一年。

大瀧真俊『軍馬と農民』京都大学出版会、二〇一三年。

大森常良『ラバウル獣医戦記　若き陸軍獣医大尉の最前線の戦い』光人社NF文庫、二〇一六年。

小佐々学「日本の在来馬と西洋馬」『日本獣医師会雑誌』六四、四一九-四二六頁、二〇一一年。

小玉克幸『奇蹟の軍馬勝山号』光人社NF文庫、二〇二〇年。

獣医学研究連絡委員会『わが国の獣医学教育の抜本的改革に関する提言』日本学術会議、二〇〇〇年。

獣医学分科会『提言　わが国の獣医学教育の現状と国際的通用性』日本学術会議、二〇一七年。

神翁顕彰会編『続日本馬政史1・2・3』農村漁村文化協会、一九六三年。

土井全二郎『軍馬の戦争　戦場を駆けた日本軍馬と兵士の物語』光人社、二〇一二年。

中島三夫『ドキュメント自分史　陸軍獣医学校』陸軍獣医の記録を残す会、一九九六年。

中野慶『軍馬と楕円球』かもがわ出版、二〇一九年。

日本陸軍獣医部史編集委員会編『日本陸軍獣医部史』紫陽会、二〇〇〇年。

堀内孝「軍馬改良と名馬の産地――明治期の戦争がもたらした矛盾」『駿台史学』一六七、二七-四六頁、二〇一九年。

藤原彰『餓死した英霊たち』青木書店、二〇〇一年。

宮内忠雄「第十回日満家畜防疫会議概況」『満州獣医畜産学会雑誌』二〇（四）、二七-四七頁、一九三八年。

森田敏彦『戦争に征った馬たち――軍馬碑からみた日本の戦争』清風堂書店、二〇一一年。

柳沢銀蔵「去勢法の實施は産馬界に如何なる教訓を與へたる？・」『中央獣医会雑誌』三七（二）、一-七頁、一九二四年。

第三章　軍馬、鼻疽と防疫——一〇〇部隊ができるまで

小河 孝

森村誠一は、『新版・悪魔の飽食』で「満洲には細菌戦と人体実験で悪名高い七三一部隊の他に『悪魔の姉妹・一〇〇《イチマルマル》』として関東軍軍馬防疫廠（一〇〇部隊）が存在していた」と述べていたが、江田いづみの先行研究「関東軍軍馬防疫廠——一〇〇部隊の再構成」（一九九七年）を除いて、一〇〇部隊の実態はこれまでほとんど解明されてこなかった。

二〇二〇年、小河は江田いづみの先行研究をもとに、奉天獣疫研究所（獣研）、馬疫研究処と一〇〇部隊の相互の関連を人獣共通感染症の鼻疽をキーワードに、『満州における軍馬の鼻疽と関東軍』として上梓した。獣研の鼻疽による実験室内感染（バイオハザード）事故はこれまで注目されてこなかったが、拙著で事故の真相解明につながる新たな事実を明らかにした。さらに中国側史料の撫順戦犯管理所における馬疫研究処長・安達誠太郎の供述調書の解析で、馬疫研究処と一〇〇部隊の関連が明らかになった。しかし、江田いづみが目指した一〇〇部隊の全貌の解明には至らなかったが、第四章で詳しく取り上げる三友一男の一〇〇部隊における細菌戦謀略活動の実態の解明と併せるとわずかばかり前進ができたように考えている。

第三章は関東軍軍馬防疫廠の軍馬、鼻疽と防疫について鼻疽の他に炭疽を含む「人獣共通感染症への戦争動員」という視点で、一九三一年の満州事変から一九四一年に軍馬防疫廠が秘匿名一〇〇部隊になるまで十年間の経緯をたどりながら新たな考察を加えた。

一　関東軍軍馬防疫廠が創設される背景と経緯

満州事変開始直後の一九三一年十一月、臨時病馬収容所（小野紀道・獣医中佐）が設立された。病馬収容所は戦場や従軍中に戦傷あるいは発病した軍馬を収容、治療する軍馬の野戦病院に相当する。「満州国」成立後の一九三三年には鼻疽の検疫対策を強化した臨時病馬廠（高橋隆篤・獣医中佐）が新京（現・長春）の寛城子に設置された。さらに臨時病馬廠を母体にして一九三六年八月一日に関東軍軍馬防疫廠（高島一雄・獣医中佐）が編成された。同時に陸軍参謀部の主導により関東軍防疫給水部（七三一部隊）も編成されている。並河才三・獣医大佐が二代目の廠長在任中の一九四一年に軍馬防疫廠の秘匿名が一〇〇部隊に変更された。

関東軍が軍馬の防疫、とくに鼻疽対策と検疫体制の確立に重点をおいた専門部隊を設立した背景は、①満州事変で満州全域に戦線が急激に拡大し、内地からの増援師団と多数の軍馬の動員を必要としたが、この時も兵站が十分でなく満州で在来馬を徴発していた。②当時の満州は家畜伝染病の鼻疽が流行していた。③鼻疽の対策はワクチンがないため日本の軍馬が満州の在来馬と接触した場合、鼻疽に感染するおそれがあった。④とくに現地の徴発馬には、鼻疽の感染馬を選別・排除する検疫対策が必要であったことがあげられる。

二　一九二五年創設の南満州鉄道株式会社付属の奉天獣疫研究所

奉天獣疫研究所の歴史と役割

最初に『回想・奉天獣疫研究所の20年』（以下、『回想誌』）を参照し、一九二五年までにさかのぼり南満州鉄道株式会社（満鉄）付属の奉天獣疫研究所（獣研）の歴史と役割について検討を進めたい。

満鉄は中国東北部（満州）における日本政府の権益を守るための特殊会社であった。鉄道輸送による収益向上は、当時の満州が農業地帯であるため農産物の増産を図ることが急務であった。とくに満州は気候・風土ならびに経済面から家畜と畜産物の生産に適しているが、いっぽうで炭疽、鼻疽、牛疫をはじめとする各種の家畜疾病（寄生虫病を含む）の蔓延（流行）が、畜産の振興を図るうえで重大な阻害要因になっていた。そのため獣研が家畜伝染病の研究機関として奉天駅の西北一・五㎞にある満鉄の鉄道付属地内に創設された（初代所長：葛西勝彌・北海道帝国大学農学部教授）。奉天は現在の瀋陽である。

獣研の組織形態は、戦前に東京都北区西ヶ原にあった農林省獣疫調査所（一九二一年創設）

をモデルにしている。研究科に所属する細菌、寄生虫、生物化学、鼻疽および病理の各研究室で調査・研究を実施、また各種の診断用抗血清、ワクチンと鼻疽のマレイン診断液などの製造にかかわる業務は事業科で行った。この時、持田勇・技術員（研究科）と豊島武夫・技術員（事業科）の二人が、研究と製造業務でそれぞれが実験室内で鼻疽菌を扱っていた。

写真1　冬の奉天獣疫研究所（『回想誌』の思い出のアルバム）

『回想誌』によると創設直後の獣研は、「研究首脳陣は二十歳後半から三十歳前半で占められ、これに中等学校出身者の獣医師有資格者を全国から採用して研究スタッフに加わった」。また研究活動は「若い研究者は初体験の日本でみられない伝染病の研究テーマに取り組み、毎月一回の研究交流を兼ねた抄読会、定例の学術集談会を開催」などの研究者間の交流が活発で、外部にひらかれた研究機関らしいアカデミックな雰囲気が伝わってくる。

獣研の鼻疽研究者に七三一部隊からの「秋波」

『回想誌』は、当時の満州をとりまく複雑な軍事情勢を反映して以下のような事実が記載されていた。

「七三一部隊の幹部である石井四郎隊長は創設時からしばしば獣疫研究所を訪れ、当時世界で只一人といわれた鼻疽研究室主任の割愛方を三顧の礼ならず五顧の礼をもって招請した。結果として当該研究官は断りぬき不発に終わった。（中略）さらに二代目の七三一部隊長の北野政治《ママ》（政次）軍医大佐は機会あることに研究所を訪れ、鼻疽研究のノウハウを吸収したようである」

『回想誌』は、獣研の鼻疽研究者が七三一部隊の石井四郎から執拗な働きかけを受けた事実を暴露していた。それがいつのことか具体的な時期が記されてないが、獣研の三代目所長時代の事柄から、七三一部隊の発足から間もない頃と推定される。また、北野政次が獣研に出入りしていた時期は、奉天にあった満州医科大学教授で在籍していた頃と思われる。このように鼻疽研究をめぐる状況は「満州国」を取り巻く政治・軍事情勢を反映して、今後予断を許さない展開になることが懸念される。

鼻疽とは何か——病態とマレイン反応による簡易診断法

鼻疽は、ウマ科の動物（馬、ロバ、ラバなど）に感染する家畜伝染病で、同時にヒトにも強

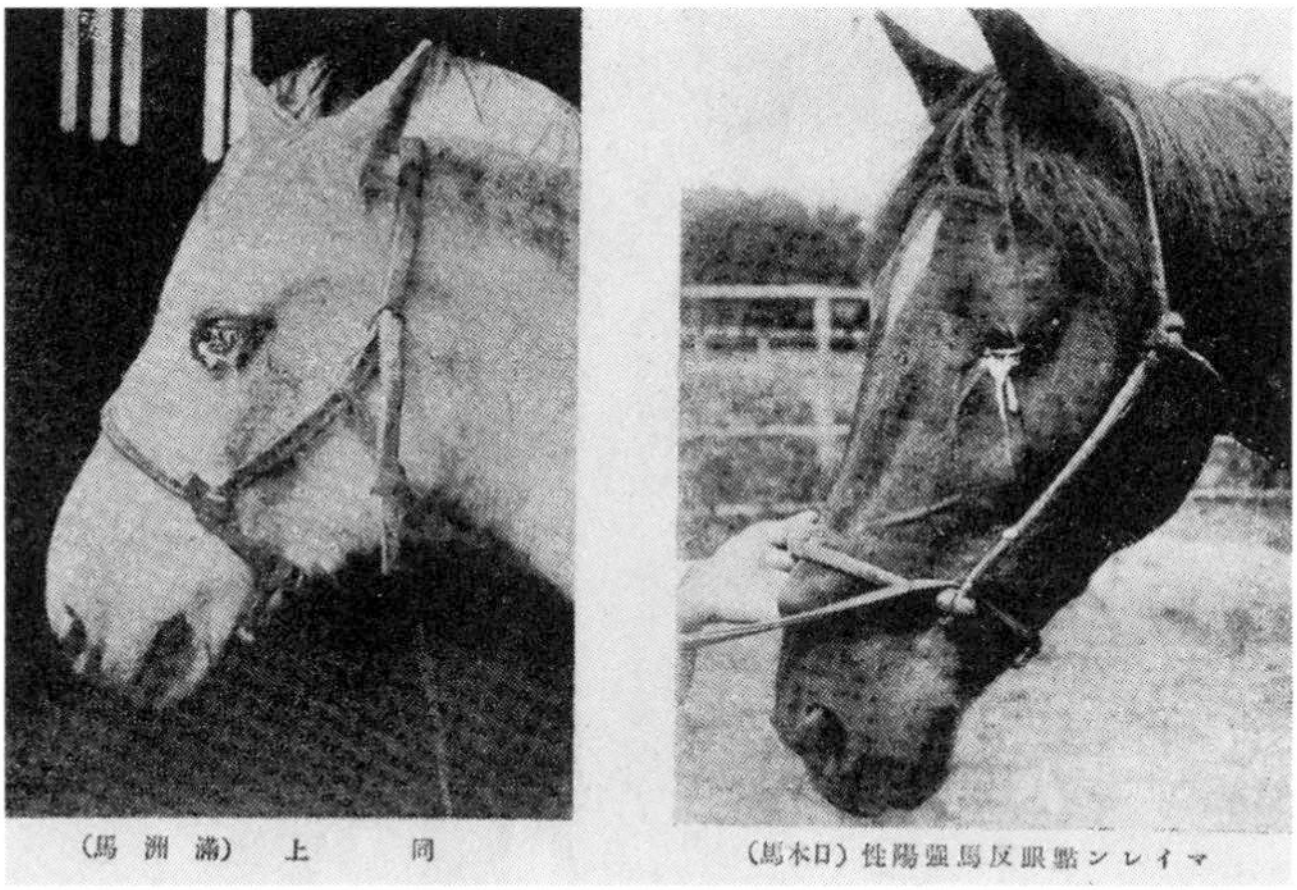

写真2　マレイン点眼反応の陽性馬（満州獣医畜産学会雑誌 18（鼻疽特集）、1937 年）

い病原性を示す人獣共通感染症である。自然感染は病馬の分泌物で汚染された飼料や水を介して感染・伝播する。野外で馬集団に鼻疽菌が新しく侵入した場合、爆発的流行を起こし、感染馬は敗血症で一〜二週間で死亡する。満州のような鼻疽の常在地では多くの集団が慢性ないし不顕性感染に移行し、感染馬は微熱を繰り返し、痩せていき、やがて死亡する。馬に対する鼻疽の簡易診断法は、一般臨床検査の他にマレイン診断液を馬の下瞼に滴下し、アレルギー反応の有無で鼻疽の感染を確認する（写真2の鼻疽陽性馬を参照）。確定診断は経過観察や他の血清診断法を組み合わせる。鼻疽に対するワクチンや抗血清はなく、防疫対策上感染馬は直ちに殺処分することが法令で定められている。

獣研の鼻疽研究と実験室内感染（バイオハザード）事故の発生

獣研の鼻疽研究は、創設直後から満州に多く存在する鼻疽の不顕性感染あるいは慢性感染の疑いがある馬の集団を探すため、マレイン診断液の製造と改良研究に精力的に取り組んでいた。研究成果の延長として鼻疽の慢性感染馬を確実に診断ができる血清疫学による総合的な野外調査を満州で実施した。その結果、獣研は創設から約十年間で満州における鼻疽の感染状況の実態をつかむことができた。しかしそのデータが研究報告としてまとめられ公表されたのは一九三八年であった。理由は、まとめるまでに獣研で重大な実験室内感染（バイオハザード）事故が起きたことが影響していると思われる。

写真３　鼻疽感染馬（『続・回想・奉天獣研 20 年』16 ページ）

すでに一九三一年五月、事業科の技術員・伊地知季弘（三三歳・日本獣医学校卒）が感染する最初のバイオハザード事故が鼻疽実験室で起きていた。一九三五年に事故の教訓を生かし新しい隔離実験棟に建て替えたが、五年後の一九三六年一月に再び感染事故を、しかもその新しい実験室で起こすことになった。

初回の例と同様、事業科に所属する四人が鼻疽菌を扱った後に鼻疽に感染・発症した。その結果、事業科の室長・豊島武夫（四二歳・東京帝国大学獣医実科卒、獣疫調査所出身）と研究員・古賀為三郎（二九歳・日本獣医学校卒、北里研究所出身）の二人が死亡・殉職した。実験に従事した他の二名も鼻疽を発症したが、幸い生命だけはとりとめたと言われている。

謎の多いバイオハザード事故の原因究明

バイオハザード事故の原因を探るため満州における鼻疽の研究論文など当時の事故に関連した資料を詳しく調査した。研究科の持田勇が、すでに一九三五年の実験動物を用いた鼻疽の実験感染の論文で、「マウスに鼻疽菌乳剤を滴下するのが確実である」と感染手法を明らかにしていた。したがって今回のバイオハザードの原因は、マウスを用いて同じ手法を使った鼻疽菌の吸入感染試験で起きた事故と推定ができた。しかし、客観的な事故原因がわかるとしても、なぜ事業科の豊島が実験に取り組むことになった動機など事故の他の要因についてはまったくわからなかった。とくに実験手法を確立した研究科の持田研究員でなく事業科の豊島研究員が実験に取り組む背景に何があったのか、また事故後に獣研がどのように対応をしたのかなど数多くの疑問や問題点などを資料から見つけることができなかった。

唯一、事故から約二か月後の一九三六年三月二十日、奉天図書館で開かれた獣研の山極三郎・研究科長の講演「殉職せられたる英霊を弔ひて鼻疽を語る」の記録を探し出すことができた。当時の状況を知る手掛かりになると思われ、その一部を紹介する。なお、獣研として公式な事故調査報告書をまとめた形跡は一切なかった。

山極三郎の講演「殉職せられたる英霊を弔いて鼻疽を語る」(一九三六年三月)

人間が鼻疽に罹りにくいものであることは、すでに申し述べました。臨床所見は馬の場合と非常に似ており、熱発皮膚の膿疹と潰瘍、肺炎、末期には鼻粘膜潰瘍、筋肉、睾丸および関節膿瘍等です。死亡率は一〇〇%、慢性例では三〇から五〇%。診断はマレイン反応、血液検査。感染は馬から直接に滲出物、または膿に触れ、間接に雑巾、水槽を介して行われます。つまり全くの職業病で、御者、馬夫、獣医、皮剥、蹄鉄工等などです。また非常に稀なのですが、鼻疽馬の肉を食べて感染した例もあります。ここで二、三特異罹患例を御紹介申します。ある毛皮商が、未加工の虎の爪でひっかいて、鼻疽に罹って死亡した例。また非常に稀ではありますが、確実に鼻疽馬の肉を食べて感染した例もあります。なお稀なのは、人間から人間への感染であります。(中略)

最後にはどうしても、実験室感染の事について物語らねばなりません。外国で実験室感染で報告されている例は少なく、最近ではパスツール研究所でトルコの学生が犠牲になっています。私共不幸にして三名の優秀な学会の同志の本病感染を目撃したのでありまして、筆舌に盡《つく》し難き悲痛の念に打たるるのであります。

昨日まで親しく談笑しておった学究の友が、突然不快を覚えはじめ、続く筋炎様局所の発見となり、私は二、三の友人と付添で大学病院を訪れ、手術の首尾に心痛めたのでありました。のみならず、局所切開の時作られた標本を、鏡下に、震ふ心、否定したき念に馳《はせ》られつつもなお、目に映る鼻疽菌を眺めなければならなかったのであります。何たる悲惨な心境でありませうか。伊地知君の場合は、彼が、病症付餘、日夜襲ふ肉体的苦悩と戦ひむきつつ、傍《かたわ》らの我等を省みて、身自ら学問の犠牲となりて行く本懐を述べて、我等を悲ませ、又励ましたのでありました。豊島君と古賀君はともに、一言も鼻疽の事には触れず、何等の不安を訴へる事もなく、専念身を医療に委せておったのでありますが、之亦《これまた》、私共にとりて堪へ難き悲嘆と、教訓で無くて、何でありましたろうか。後に残されし亦《また》、心に、千萬軍と雖《いえど》も我行かん、の志をふるひ起さしめらるるのを今覚えるのであります。遮莫《しゃばく》、死の床にありて『人間の罹り得る疾病で最も苦痛を極めたる経験』を味ひて行かれたのが、正しく我等の三君であります。精神的苦痛は言ふ更なりでありますが、肉体的の苦痛は全く尋常一様でないのであります。（中略）

私共ここに特に銘記致したいのは、斯《か》くも今日専門家の間に多大なる期待を持たるるに至る迄の苦心の歴史、ないしは範とすべき学究的態度であります。

鼻疽の危険なることは、既に御理解になったことと存じますが、別して実験室作業者にとって、左様なのであります。豊島君が亡くなられる前に実験に御用ひ《ママ》になった、鼻疽菌の培養液の如きは、一滴の四〇萬倍希釈液で、実験動物を斃すことができる、強毒性をもったものでありますして、研究者が万全の注意を払ってもなお、足りないのでは無いかと思うのであります。

もうひとつ私共が考慮を要することは、鼻疽免疫研究の難易の問題であります。これは人間の結核、牛の結核と相竝《あいなら》んで実に難中の難、学問を私する様な徒輩《やから》は先ずまず御免を蒙《こうむ》りたがる代物であります。豊島、伊地知、古賀の三君の如き人格そのものが、すでにかかる難事業に打ってつけの御人物でられたのは、誠に天の配剤宜《よろ》しきを得たと申さねばなりません。豊島君の如き特に、研究の指導者として、最も大切な資格である、『学問が好きだ』『研究がうれしくてたまらぬ』と言う精神に打貫かれて恐らくらるればこそ、研究対象の難易等、眼中にあるはずはなく、不屈不撓、黙々として嬉々として、その半生を送り来られたのでありましたが、今日この人世に無し、誠に痛嘆にたへぬのであります。

言うまでも無き事乍《ことなが》ら、学問は骨董イヂリとは違ふのでありまして、内に燃える烈々たる火が必要なのであります。火と言ふのは、私共獣医学にたづさわるもので申せば、如何とかして病気を予防したい、治療したい、絶滅したい、といふ大野心でありまして、豊島君も、他の二君も、この意味では、揃《そろ》ひも揃って、大野心家であったと申せませう。（中

略）

免疫研究の実績は、尚今後、私共研究所の努力に俟《ま》ちて完成の域に達するものと考えられますが、唯今までに既に懸値なしに有力な成績が、挙げられておることだけを申上げて置きたいと存じます。

と、講演では鼻疽研究の難しさを語ると同時に犠牲になった研究者の研究に対する熱意だけが賞賛されていた。しかし、山極は事故原因には触れず、「研究者が万全の注意を払ってもなお、足りないのでは無いかと思う」と述べ、バイオハザードが個人の責任に任されているような口ぶりは事故の真の原因を究明しなければならない獣研の研究管理者として、責任感に欠ける発言と言わざるをえない。

満州日日新聞の事故報道にみられる戦争プロパガンダの影

いっぽう事故発生の直後に報道された当時の満州日日新聞の紙面の内容を参照した。そこにはバイオハザード事故が起こるべくして起きたような状況を推察できる記事が数多く掲載されていた。以下、記事の内容について逐一検討したい。

最初の見出しは、〝研究の鼻疽に感染　全員死床に呻吟《しんぎん》完成の一歩手前で全滅し　豊島主任遂に逝く〟とあり、続くリード文は、〝世界に前例のなき鼻疽予防法を苦心研究の結果発見、

滿洲日日新聞

研究の鼻疽に感染
全員・死床に呻吟
完成の一歩手前で全滅し
豐島主任遂に逝く

―世界に前例なき鼻疽豫防法を苦心研究の結果發見、滿洲國々防に甚大なる貢獻をなす喜びを前にして譽れの科學者が研究の鼻疽に仆れ續いて研究室全員が感染して不治の病床に死を待つ慘事がある―

十年間・研究に從事
惜まれる豐島氏の死
二人目の
尊い犧牲
下山氏は語る

滿洲に多い病氣
馬匹の二割は罹患す

我氷上選

写真４　満州日日新聞・1936 年1月 25 日付（『続・回想・奉天獣研 20 年』90 ページ）

満州国々防に重大なる貢献をなす喜びを前にして誉《ほまれ》の科学者が研究の鼻疽に仆《たお》れ続いて研究室全員が感染して不治の病床に死を待つ学会の悲惨事がある〃と、当時の満州をとりまく政治情勢を反映、戦争プロパガンダを彷彿とさせる報道姿勢に驚かされる。そして末尾は、〃鼻疽研究室はなほ一つ持田氏の研究室があるが貴重な豊島研究室は全滅したのでここに鼻疽研究に一頓挫《とんざ》を来すこととなり、学会に又国防上大きな損害とならぬかと研究所では悲痛の涙をしぼってゐる〃と結んでいた。

次の見出しは、〃十年間・研究に従事　惜しまれる豊島氏の死〃で、解説記事は〃鼻疽は満州には多い病気で北満に至るほど多く馬匹の十五パーセント乃至《ないし》二十パーセントは罹《かか》っており、(中略) 又某国が戦術として鼻疽菌撒布の噂などが傳へられる等国防上重大な関係を有するため、獣研は昨年から鼻疽研究室を新設して研究に着手した〟と報道していた。

獣研が新たな鼻疽研究に取り組むきっかけとなる「国防上の重大な関係を有する」研究とは何を意味するのか、前段の文章を読めば一目瞭然である。「某国」とは当時の仮想敵国のソ連をさすことは明らかで、ソ連による鼻疽菌撒布の噂を根拠に、獣研があらたな鼻疽研究（ここでは国防研究）＝軍事研究に踏み切ったと考えられる。

続いて、〝最近に至って鼠《ねずみ》に対し試験の結果六十％乃至八十％の予防薬を発見、本年これを軍馬に試験することとなり成功の域に漸《ようや》く達した時、豊島氏が仆《たお》れたものでこの犠牲は惜しまれる。〟この記事の裏付けとなる「予防薬発見」が研究報告にあるか否かを精査してみた。満州の馬は鼻疽の罹患率が高いとする報告は見つけることができたが、鼻疽の「予防薬の発見」の成果を示唆するような報告や研究論文はまったく存在しなかった。予防薬と治療試験については後で詳しく触れるが、結論から言えばこの解説記事は鼻疽の発生率のデータを除いて、その他すべては捏造と言わざるをえない文脈であった。

続く三段目の見出しの「二人目の尊い犠牲　下山氏は語る」記事は、「鼻疽というものは肺結核と同じように実に危険な病気ですから死を覚悟して注意してやっていたのでしょうが、ついに犠牲となったのです。しかも研究室全部がやられ、今後大事な鼻疽の研究に頓挫することを心配していますが、誰かやらねばこの恐ろしい病気を駆逐出来ないのだから、科学者も戦士と同じ覚悟を持たねばなりません」とコメントが書かれていた。

鼻疽の実験室内感染による悲惨な死を遂げた研究者をあたかも戦死者の英霊をたたえるかのように「研究中の尊い犠牲」「この犠牲は惜しまれる」とまで祀り上げ、さらに「科学者も戦士と同じ覚悟をもたねばならない」と戦争プロパガンダを煽《あお》っている。

科学者の戦争協力と加担

「科学者も戦士と同じ覚悟をもたねばならない」とする思考パターンには前例がある。空中窒素固定法の発明者であるフィリッツ・ハーバー（ノーベル化学賞受賞）は、第一次世界大戦時に戦争の武器としてドイツが毒ガスを使うことを積極的に提案し、最初に塩素ガスをさらにホスゲンやマスタードガス（イペリット）を完成させた。その結果、第一次大戦はドイツと連合国側との間で壮絶な毒ガス戦となり大量の犠牲者が出た。そのときハーバーは「国家の存亡が科学力にかかっている総力戦においては、最前線でライフルを持って闘う兵隊と同じく科学者も一人の戦士である」との心情で戦争に加担し、自己を正当化した科学史上の厳然たる事実を忘れてはならない。

三　鼻疽の新たな研究態勢を模索する行き先は？

満州における鼻疽の蔓延（流行）状況

いっぽう「満州国」軍政部馬政局による鼻疽の撲滅対策（防疫の行政施策）は一向に進展しなかった。その原因は、おそらく「満州国」が日本人官僚と軍人が実質的に支配する傀儡国家であるため行政の指導力が国内の隅々に及ばないためと思われる。

一九三三年以降、関東軍の管理する軍馬の鼻疽の疫学状況（検査頭数、発生場所、発生頭数、殺処分頭数など）は、病馬廠が獣研のサポートなしに鼻疽検査が可能になったため、そのデータは軍事上の機密で明らかにされなかった。しかし、関東軍でない「満州国」軍の鼻疽の流行状況は一般にかなり知られていたように思われる。

例えば、先に引用した講演会で獣研の山極三郎・研究科長は「満州の朝陽に駐在する満州国軍は軍馬千三百頭中の五十五%が鼻疽陽性もしくは疑似馬であった」「奉天に駐在する第一軍管区の七百頭の軍馬では毎月平均二十頭が鼻疽で死亡あるいは殺処分されている」「新京市の調査で市内の馬の十五%が鼻疽の感染馬であった」などと具体的な数字を挙げて満州における軍馬と民間馬の鼻疽の深刻な流行状況を聴衆に直接訴えている。

鼻疽の治療法に関する研究	結果
1 マレインを以って　する治療試験	鼻疽の潜伏感染馬を試験に使っていたので、結果の判定がよくわからない
2 鼻疽ワクチンによる治療試験	鼻疽菌のホルマリン不活性化ワクチンを投与したが、治療効果がない
3 青化銅加里による治療試験	0.2 ～ 5%の各溶液を注射し、最後に剖検したが治癒した所見が認められない
4 マレイン及青化銅加里による治療研究	今回の成績だけでは結果がよくわからない
5 グリココール銅による治療研究	試薬が高価で不足、試験の継続ができない
6 ネオアルサミノールによる治療研究	投与量を決められず、治療試験ができない
鼻疽の予防法に関する研究	**結果**
1 マレインを以ってする免疫試験	マレインを静脈注射したが。死亡する馬が出て失敗
2 鼻疽ワクチンを以ってする免疫試験	ワクチン接種で免疫能を獲得したかどうかが、判定できない
3 鼻疽生菌免疫試験	弱毒R型鼻疽菌を接種し、免疫が成立したと考えて強毒菌で攻撃したが、実験馬は死亡

表1　並河才三（関東軍軍馬防疫廠）が実施した鼻疽の治療と予防試験成績のまとめ（出典:「満州獣医畜産学会雑誌」18, 429-450,1936 年）

満州における鼻疽研究の現状と難しさ

鼻疽菌はワクチンが創れないなど、当時の細菌学と免疫学の知見から基礎実験が難しい細菌のひとつであった。例えば一九三五年に獣研で開催された「満州に於ける鼻疽研究の現況竝に鼻疽蔓延の実情」の座談会（小林六造・慶応医大教授、安東洪次・満鉄衛生研究所長、葛西勝彌、並河才三など十六名が出席）は、満州における鼻疽の深刻な感染状況と鼻疽菌を扱う基礎研究の難しさを話題にしていた。

座談会のなかで、当時の並河才三・臨時病馬廠長が、「鼻疽菌の免疫研究にモルモットを千匹以上使ったが、思うような良い成績が得られなかった」「現在、鼻疽の菌体およびマレインによる治療法、免疫法とグリコール銅による化学療法をやっている」などと発言をしていた。それを裏付ける報告が翌一九三六年秋の満州獣医畜産学会雑誌に鼻疽特集が組まれ、並河才三が治療試験の成績を発表していた（表1に小河が内容をまとめた）。しかし、結果を見ればわかるように実験はすべて失敗の連続に終始していた。先に取り上げた満州日日新聞の「鼻疽予防薬の発見」の報道は、表1の鼻疽の治療試験の成績からみてもまったく裏付けがとれず、捏造記事としか言いようがない代物であった。

さらに、鼻疽は当時の研究水準からみてもワクチン開発が依然困難であった。しかも、満州においては第一次大戦後に欧州各国が成し遂げた鼻疽を清浄化するための摘発・淘汰（殺処分）方式に踏み切れない状況下で、「満州国」の官僚など為政者たちが活路を見出そうとしたのは、次に述べる鼻疽の「予防と治療法の研究」であった。

四　獣研の「鼻疽研究の頓挫」から、関東軍命令の「鼻疽研究への転進」

満州日日新聞が一九三六年の感染事故を「獣研の鼻疽研究が頓挫」と報道した。顛末がどのような事態に発展していくかを考えてみたい。

関東軍の至上命令「鼻疽と炭疽の研究は馬疫研究処へ移す」

一九三五年に「満州国」大陸科学院が創設されたことから、獣研を満鉄から大陸科学院に移

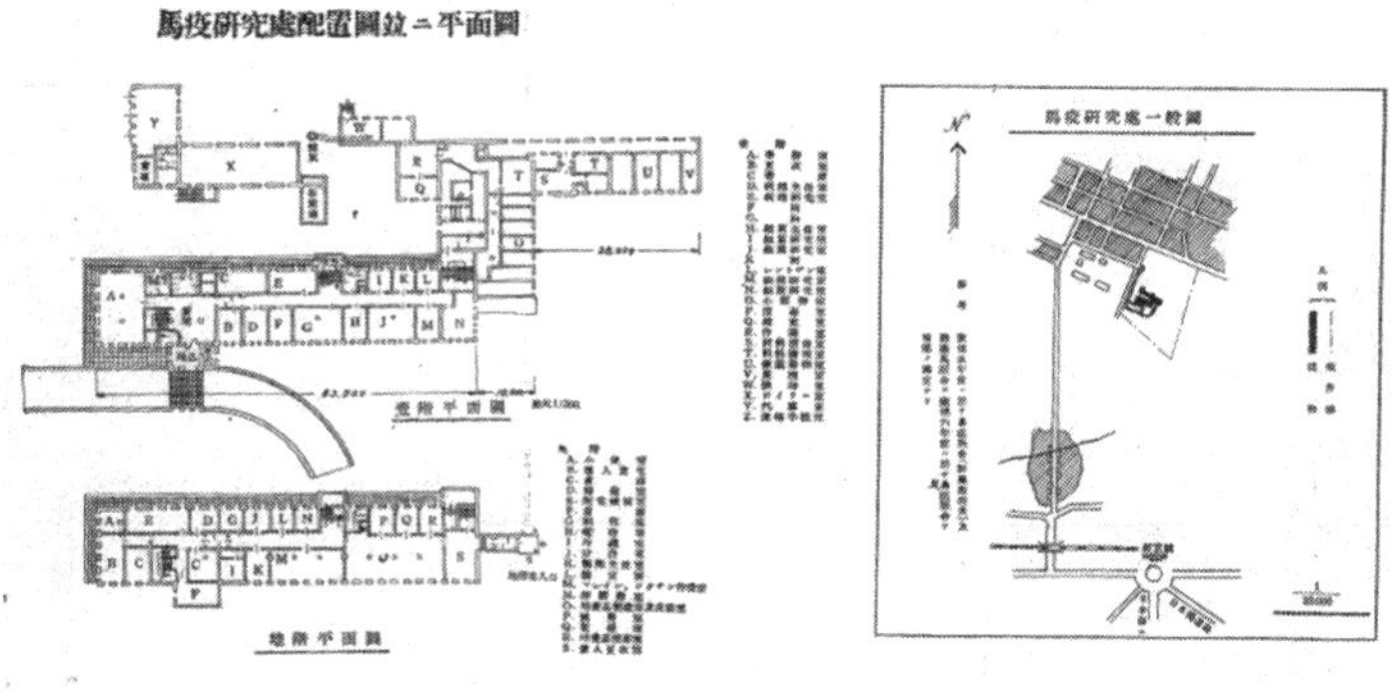

写真５　馬疫研究処の平面図
（出典：アジア歴史資料センター、B05015971500）

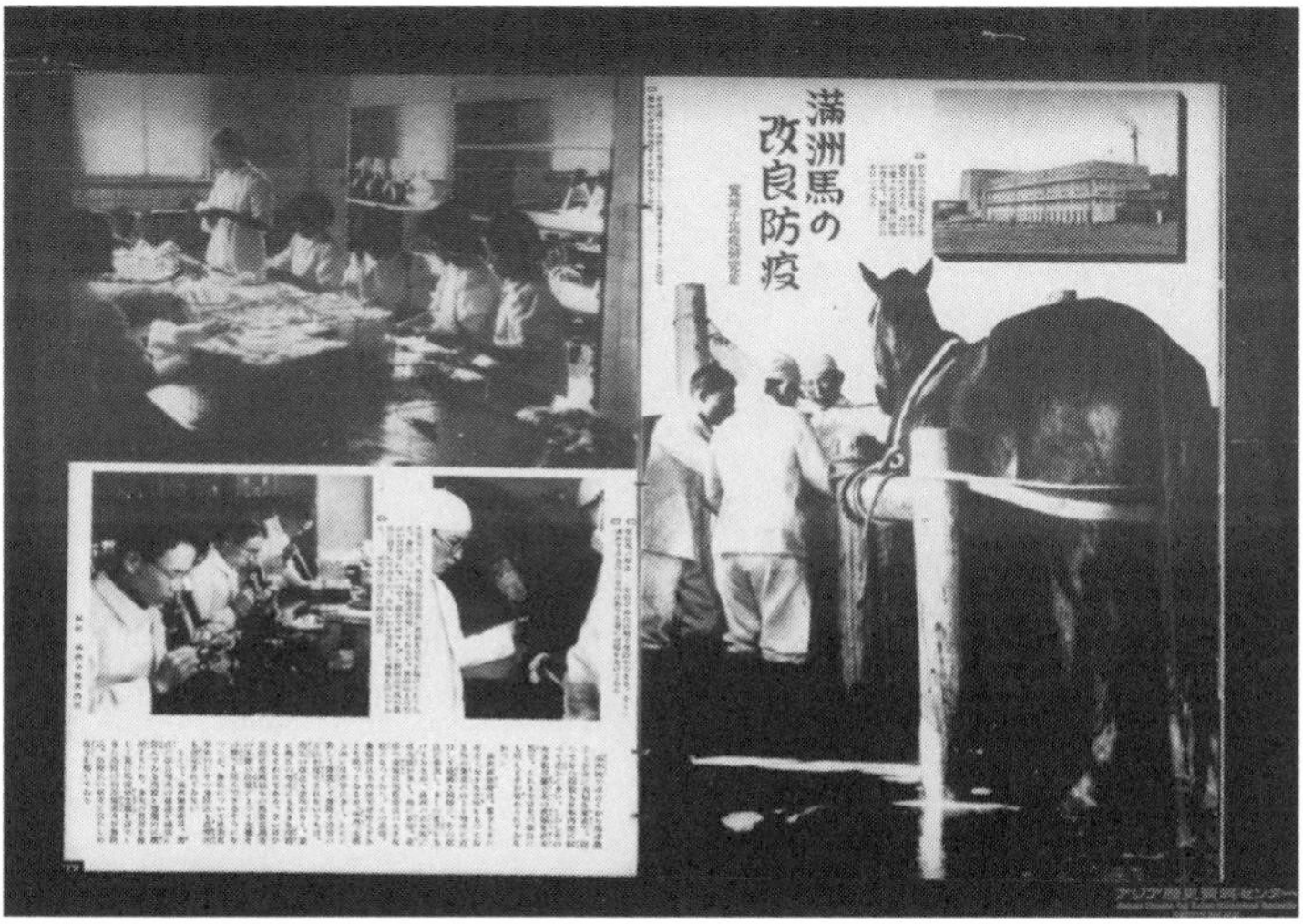

写真６　馬疫研究処の紹介記事(1940年1月22日付　写真週報第152号)
（出典：アジア歴史資料センター、A06031074700）

管する計画がすでに動き出していた。それに並行もしくは便乗して、新設予定の馬疫研究処に獣研の炭疽と鼻疽の研究とワクチン・診断液の製造業務を移譲させる計画も表面化してきた。

一九三六年の二度目のバイオハザード事故によって、獣研の鼻疽研究、すなわち「国防研究」が出発点で失敗しことは紛れもない事実である。しかも関東軍にとっては、この「頓挫」が鼻疽研究を軍事利用したいと目論んだ矢先に起きた想定外の出来事で、関東軍による画策（国防研究）の出鼻を挫かれた失策を意味すると思われる。

しかし、関東軍はこの頓挫の機会を逆手にとり、大陸科学院が創設された機会も巧みに利用して炭疽と鼻疽の研究を獣研から馬疫研究処に有無を言わさず強引に移す戦術に変更したように考えられる。

『続・奉天獣疫研究所の二十年』は、関東軍から圧力があった事実を「昭和十二年七月の日中全面戦争に先立って、満州国は関東軍の要請により大陸科学院創設にあたりその所管としての『馬疫研究処』を新京に開設し、馬における伝染病一切を扱うとの至上命令を出し、獣疫研究所が果たしてきた馬関係部門の割譲がもとめられた」とはっきりと記しており、事実を裏付けている。

実際にバイオハザード事故から一年後の一九三七年二月に「満州国」大陸科学院傘下に馬疫研究処が新設された。そして翌年に新築の研究施設が新京駅北側の寛城子に完成した。しかもその建物は孟家屯へ移転する前の関東軍軍馬防疫廠の西側に隣接していた。

馬疫研究処のキーパーソン・安達誠太郎

安達誠太郎は、馬疫研究処の初代処長に任命されてから六年間、研究処のキーパーソンとして満州において常に重要な役割を演じてきた。最初に撫順戦犯管理所における安達誠太郎の「供述書」（江田憲治・兒嶋俊郎・松村高夫編訳『証言　人体実験』同文館、一九九一）を参照して彼の経歴を整理してみる。

安達誠太郎は、一八八六年、三重県に生まれ、東京帝国大学農学部獣医学科を卒業、陸軍獣医学校教官（陸軍獣医中佐）から「満州国」成立後の一九三二年八月、関東軍臨時病馬収容所の所長になり、翌一九三三年七月、「満州国」国務院軍政部馬政局の設立で第一科長（第三科長・兼任）に転出した。第一科は「競馬に関する事項」、第三科は「馬の防疫、衛生に関する事項」を取り扱っていた。

「経歴」の中途で、馬政局設立の目的と背景に触れてみる。安達が日本に帰国後に記した『ああ満州：国つくり産業開発者の手記』（以下、『安達回顧』と略記）は、「満州事変の結果、馬産の主要を占める軍馬の生産は満州に委嘱する目的で昭和八年八月満州馬政局を創立し馬政二十年計画を立案した。これにより将来、日本の軍馬は満州馬を改良してその供給を仰ぐことに方針を定めた」と述べ、財源を確保するため「まず世界に類例のない国営競馬をハルピン、牡丹江、新京、吉林、撫順、安東、営口、錦州の十カ所で開催しその収益で馬政費にあて馬政建設を実施した」と、馬政局設立時に特別会計が新設された経緯を得々と語っていた。当時の特別会計の競馬は賽馬《さいば》と呼ばれ、「満州国」高級官僚（総務庁次長）の古海忠幸《ふるみただゆき》が「賭博行為を政府自ら計画し満州馬事公会をしてこれを経営せしめた」と、撫順戦犯管理所における供述書の中で競馬特別会計の解説をしていた。

一九三六年二月、安達は「満州国」大陸科学院・馬疫研究処長に就任、この間一九四二年二月まで新京畜産獣医大学教授を兼任した。一九四二年三月、研究処長を退官後、「満州国」の馬事公会理事兼総務部長に転出、「一九四五年八月十五日、日本降伏にいたった」と経歴を述べていた。

大陸科学院馬疫研究処の設立と目的

設立の経緯と目的を知るため、『馬疫研究処要覧』から研究処の沿革を参照した。

「馬政局創立以来同局において防疫永年計画を樹立しこれが防遏対策に腐心の結果、炭疽に対しては最近漸《ようや》くその効果を顕わし従来のごとき爆発的惨害を防止するに至りたるも、実に全馬匹の二十五％乃至《ないし》五十％におよぶ鼻疽の防遏については最も苦慮しあるところにして、とうてい尋常手段を以てその成果を期待し得べきにあらず、究極するところ、予防並《ならびに》治療法の発見を俟《ま》ついあらざれば永久に解決の方途なきものと認む」と、鼻疽対策は「予防と治療法の発見」を待つ以外に抜本的な解決策は非常に困難としている。

先に引用した『安達回顧』も「鼻疽対策は最も困難な問題であって、本病は人にも感染する恐るべき不治の難病であるから世界の文明各国は殺処分によってこれを根絶せられたのであるが、独り満州国においては全馬数二百万万頭の三十％を占める約六十万頭の罹病状況であるから、これを他国のように殺すことは交通、産業の破滅をきたすので、絶対不可能な問題であった。何とかしてその治療法を発見してこれを撲滅することを急がねばならなかった。それで政府は昭和十一年寛城子に馬疫研究処を創立した次第である」と、沿革とほぼ同じ内容が書かれている。その結果、一九三六年二月二八日、馬疫研究処は安達を研究処長に細菌、病理化学、製剤の各研究室を設けて設立された。

五　馬疫研究処は研究機関でなく一〇〇部隊の補完組織

安達誠太郎の撫順戦犯管理所における供述内容

一連の供述書は、先の『証言　人体実験』の二二九～二五九ページに「関東軍一〇〇部隊」として収録されている。引用した供述書の内容で重要と思われる部分は、小河の判断で供述内容を端的に表す見出しを挿入、また必要と思われる部分にコメントを加えた。

安達「自筆供述書」（一九五四年七月三日）

一九三四年の研修会で「炭疽菌の撒布」を提案

在郷将校学習に参加中、私が職務上で犯した犯罪行為

一九三四年一月、私が馬政局第三科長をつとめていたとき、関東軍獣医部長主催のもと長春在住の在郷獣医将校を招集し、同時に、「東北において家畜細菌戦を進める時期と方法について」の研修をおこなった。このとき私は、一九一六年に陸軍獣医学校で学んでいたとき、田川謙吉教官が細菌学の講義中に述べた「家畜細菌戦をおこなうとき、不利な状況にある友軍を時を移さず危険地区から撤退させる有効な措置は、炭疽菌を干し草の上に散布することである」という方法を思い出し、つぎのような意見を提出した――「東北で家畜の細菌戦をおこなうにあたり、もし友軍が一時的に不利な情況に陥ったとき、時期をいっせず撤退させるのに有効な措置は、炭疽菌を鉄道沿線の干し草採集地帯に散布することである」。この意見は各専門家の研究・討論をへて、獣医部長原案と基本的に一致し、これを課題とすることで、総括がおこなわれた。この時期、関東軍がわれわれにこの課題を進めるように命じたのは、彼らにすでに家畜細菌戦をおこなう意図があり、具体的な構想をもっていたことによるものである。この状況下、課題が総括と一致した結果を得れば、正しいと考えられた。私が以前学んだ家畜細菌戦についての脱出方法を東北地区に応用することを提案したことは、事実上、家畜細菌戦の研究を進めたことを意味する。

在郷軍人会の研修で、具体的に細菌戦を進める時期と方法を研修していることから、関東軍獣医部は一九三四年に家畜細菌戦の研究の具体化をおこなっていた事実が裏付けられる。安達自身も研修会で「炭疽菌の撒布」を積極的に提案、家畜の細菌戦研究への関与を認めている。

安達「供述書」(一九五四年七月一〇日)

一〇〇部隊の細菌戦は関東軍参謀部が、技術は獣医部長が指導

Q:自分自身の問題についてどのように考えたか。

A:私は帰って考えてみた。なんども問いだされた一〇〇部隊に細菌を提供した件についてであるが、今私が思いだすのはつぎのことだ——一〇〇部隊の仕事は二つに分かれる。ひとつは馬疫研究処の仕事同様に、炭疽、鼻疽、腺疫、媾疫、そして伝染性貧血の研究および血清の製造である。これらはすべて防疫用のもので、技術的には関東軍獣医部長の指導を受けた。もうひとつの仕事は細菌戦に関するもので、関東軍参謀部第一課の指導を受け、技術的にはこれも獣医部長の指導を仰いでいた。

高橋隆篤と若松有次郎は安達誠太郎と同じ東京帝国大学農学部獣医学科と陸軍獣医学校出身

私はかって二度、一〇〇部隊に赴いたことがある。一回目は設立当初で、当時の部隊長は高

島だった。二度目は一〇〇部隊の記念日だったので行ったのだが、当時の部隊長は若松で、ざっと見て回った。それ以外に、高島部隊長、関東軍獣医部長高橋、若松と話をしたことがあり、この二つの面から私は一〇〇部隊の状況を理解した。そのほかは私の推測だが、間違いないと思う。獣医部長高橋は私の同級生で、いまソ連におり、細菌戦犯として懲役二十五年を言い渡された。若松は私の五年後輩である。

一〇〇部隊の情況はあまりよく知らないが、部隊長一名、副官一名、研究員五、六名、尉官十五から二十名、下士官二、三十名、馬の世話役三百名前後、馬が五百頭から八百頭、土地三十平方メートルから五十平方メートルくらいだったと思う〔原注：数字には誤りがある。別の調査資料によると三十六万平方メートルとある〕。

Q：一〇〇部隊はどうして対外的には獣疫予防部と称したのか。

A：わからない。平素表向きにおこなっていた仕事は、馬疫研究処の仕事と同様防疫のためだった。じつは帝国主義のために家畜細菌戦をおこなうものだったのだが。

Q：いつ一〇〇部隊に行ったのか。

A：一回目は一九三九年か四〇年、孟家屯に新設されたときで、部隊長は高島だった。二回目は一九四四年十月一日で、当時の部隊長は若松だった。

Q：高島が部隊長に在職時、一〇〇部隊に細菌培養の器具、設備は完備していたか。

A：当時、設備は割合完備していた。またひとつ思いだしたが、細菌研究室があり、その下は三つに分かれていた。病理室、化学室、細菌研究室である。そのほかに農事研究室があった。細菌研究室内には孵卵器室、冷蔵庫、培養室、製剤室、小動物室（兎、鼠、「海老鼠」）があり、動物実験室もあった。病理研究室内には、小動物室、解剖室、ボイラーと実験用馬小屋があり、細菌の結果を検査するところであった。化学研究室内にも小動物室、計量室、薬物室があり、実験室は二つあった。それから農事研究室の設備だが（これはのちに聞いたことである）、害虫や昆虫の農作物（高粱、トウモロコシ、白菜、ジャガイモ）に対する害を研究するもので、日本から来た二人の人物がもっぱら研究に従事していると聞いた。これも非公開であった。

Q：これらの研究室の研究員の技術は高度であったか。

A：当時の状況は詳しく知らないが、私は一〇〇部隊の研究者はみな優秀な人材であったと思う。というのは、日本陸軍が招いた獣医はみな各大学から選抜されてきたもので、彼らは細菌研究の権威である。馬疫研究処の人員は彼らよりやや劣った。

Q：技術面で彼らにどのような教育をしたか。

A：私は馬種の研究をしていたので、細菌に関しては素人だった。このため私が彼らに教えることは何もなかった。私が日本の東京帝国大学大学院で三年間勉強したが、馬の改良について専門に研究していた。

Q：前回述べた培養した炭疽菌を一〇〇部隊に渡したこと以外に、そのほかの細菌戦用の細菌をどのくらい一〇〇部隊に渡したか。

Ａ：渡したのはごく少量である。問題は量の多少ではなく菌そのものの強さであるが、私が一〇〇部隊に渡したのは試験管二、三本であった。

Ｑ：鼻疽などの種類の菌はどうか。

Ａ：鼻疽、マレインなども一〇〇部隊に渡したことがある。量は多くなかったが、繁殖はとても速い。腺疫は家畜を流行性感冒に感染させる。この種の菌の感染力は強く、感冒の伝染にすぎないが、軍隊では馬にたいへん有害である。しかし、予防と治療はできる。この種の菌は二百種類以上あり、関東軍は各種腺疫を混ぜ合わせて血清をつくり、注射して各種腺疫を予防していたことがある。この種の細菌も、われわれはかつて一〇〇部隊に提供したことがあるが、量は多くなかった。媾疫は人がかかる梅毒のような梅毒性のものであるが、もともとは病原虫で、これも治療可能で、ドイツの「九一四」を使えばいいのである。これも一〇〇部隊に渡したことがあるが、量は多くなかった。

Ｑ：これら毒力の強い菌株はどのようにして研究に成功したのか。

Ａ：研究の方法は、まず細菌を小動物に注射し、その小動物が死んでから解剖し、細菌を取りだして培養する。細菌は孵卵器と培養器に分けて入れ、どちらで培養された菌が強いか観察する。このように動物の体を通すと、菌そのものの毒素は強化されるのだ。そのほかに温度処理を加える実験もある。

Ｑ：鼠と人で実験できるか。

Ａ：鼠でできる。人間ではやったことはないが、実験しなくてもよくわかる。たとえば同じ梅毒でも、ある国の人間から他国の人間に伝染すればその毒力は強くなる。同じ理屈だ。

問：実験したことはあるのか。

Ａ：人体実験はしたことがない。人体実験はふつうペストやチフスの類におこなう。炭疽菌などはおもに家畜を用いる。人に対する危険性はすくないからである。

安達は〝人体実験はしたことがない〟と即座に否定している。馬疫研究処なら当然の答えだが、いっぽうで〝人体実験はペストやチフスの類でおこなう〟と、聞かれてもいない事柄を明確に答えているのが気になる。もし安達が七三一部隊でペストやチフス菌による人体実験がおこなわれていた事実を知っていたならば、このような回答は簡単に出てくるかもしれないと思われる。

Ｑ：培養した多くの細菌を一〇〇部隊に提供したのち、彼らはどの地域に散布したのか。

Ａ：細菌を渡してから彼らがどうしたのか、私は知らない。まずどの細菌の毒性がもっとも強いか研究したかもしれないし、直接細菌戦に使用したかもしれない。血清をつくった可能性もある。これは私の想像である。

質問者が病原性細菌を野外に散布すれば、すぐに生物兵器として細菌戦に使えると考えていたならばあまりにも素人である。例えば、家畜を対象とする病原性細菌を野外に散布するとしても、実験感染の場合と異なり、毒力判定は野外において細菌の感染力をどのくらい維持できるか、また細菌に暴露される家畜側の条件でどのように感染が成立するかなど検討すべきことは無限にあり、野外で直接の効果予測は一般にかなり困難と思われる。

馬疫研究処長在任の間、一〇〇部隊に炭疽菌を提供

Q：それはおそらく使用したということか、もう一度よく考えてみよ。

A：昨日私は、一〇〇部隊に炭疽菌を提供したのは一九三六年から四二年二月で、私が馬疫研究処長をしていたときであったといった。当時、私の部下がこの種の菌を研究し、一〇〇部隊の並河、高島に渡したが、私に何もいわなかった。若松が一九四三年、一〇〇部隊長になったとき、私はすでに馬事公会で働いていたので、彼らは私に研究について何もいわなかった。しかし、これは大問題であるので、戻ってよく検討したい。もともと東京に西原[2]獣医調査所[3]というのがあり、そこの渡貫という人が炭疽研究の権威で、馬疫研究処は彼を招いた。彼の研究していた細菌の菌力は非常に強く、これから推測すると、研究処の細菌は細菌戦に使用したかもしれない。その毒力が強力だったからである。

供述書（一九五四年八月一六日）

研究材料の提供は関東軍参謀部命令

Q：馬疫研究処は誰の指導を受けていたのか。

A：直接には「満州国」大陸科学院長の指導を受けていた。馬疫研究処が成立した時、関東軍が援助したことがある。それから関東軍は、馬疫研究処に一〇〇部隊へ研究材料を提供するように命じた。私も毎月一、二度関東軍獣医部に行き、直接の指導ではなかったが、会話の中でどのようにせよとの指示を受けたことがある。

Q：関東軍参謀部が下した一〇〇部隊に細菌を提供せよとの命令は、どのようなものだったのか。

A：よく覚えてないが、命令は「関参四第××号」というもので、表題は「炭疽ワクチンと炭疽血清に関して」というものだった。命令の下には参謀長のサインがあり、前には大陸科学院長あてとあった。

Q：馬疫研究処長だったとき、一〇〇部隊に菌株を提供した事実について述べよ。

A：一九三八年から一〇〇部隊に菌株を提供しはじめ、四二年に転勤するまでつづけた。提供した菌株の種類は炭疽、鼻疽、腺疫、媾疫など四種類だった。腺疫と媾疫はただ一度提供しただけだったが、鼻疽と炭疽は毎年おのおの試験管に二、三本は提供した。臨時に、一、二度提供したこともあった。試験管一本一〇グラムくらいあり、三本で三〇グラムくらいだった。じつは問題は量ではなく、菌そのものの毒力の強さにあった。一〇〇部隊は毒力の強い細菌を要望していた。このため私たちが提供したのも毒力の強いものだった。

Q：一〇〇部隊への菌株の提供はどのような手続きを必要として、双方の誰によって受け渡されたのか。

A：一〇〇部隊の細菌研究室主任が馬疫研究処細菌室に赴いてきて、山田主任に要求した。山田重治は細菌を彼に渡してから私に報告した。私は「よろしい」と答えた。一週間後、関東軍は文書で細菌要求の件を事後処理した。一般にはこのようにして提供した。

一〇〇部隊に菌株提供は細菌戦用と認識

Q：一〇〇部隊は細菌戦の研究と準備の目的で設立されたことを知っていたか。

A：知っていた。もし細菌戦の研究と準備のためでなければ、このような秘密の一〇〇部隊を設立させるはずはないからである。

Q：一〇〇部隊に提供した菌株が細菌戦の研究と準備のためのものであることを知っていたのか。

A：一九四一年に一〇〇部隊が秘密部隊となってから、私は細菌戦の研究と準備のためのものであることを知っていた。しかし、関東軍の命令とあれば提供しないわけにはいかなかった。

Q：知っていたのなら、当時どのように考えていたのか。

A：一〇〇部隊が秘密部隊となる以前は、私は何も特別な考えをもっていなかった。秘密部隊が成立してから、馬疫研究処が一〇〇部隊に細菌を提供するのは、完全に関東軍の命令によるものだった。そのとき私は、菌株の提供は細菌戦の研究と準備のためと知っていた。しかし当時、私は日本帝国主義の立場に立っていたので、関東軍の命令に対して服従していた。太平洋戦争において勝利するためには、悪いことでもなさなければならないと考えていた。

Q：一〇〇部隊に何度、何をしに行ったか。

A：二度行ったことがある。一回目は高島獣医大佐が隊長だったときで、当時一〇〇部隊は孟家屯に新舎屋を建て、私は見学に招かれた。二回目は若松隊長のときで、一九四四年十月一日、一〇〇部隊創立記念の日だった。若松隊長は私を解剖廠、細菌研究室、病理研究室などに案内した。

一〇〇部隊にさまざまな便宜をはかる

Q：一〇〇部隊に細菌を提供する以外にどのような援助をしたか。

A：一九三七年から四〇年にかけて、並河部隊と高島部隊がまだ寛城子にいたとき、彼らの設備はまだ不十分だったので、よく馬疫研究処に来て解剖場、培養室、冷蔵庫などを使用していた。

一九三七年から四〇年にかけて、関東軍の命令により、五万から一〇万ccの炭疽ワクチンおよび五〇万から一〇〇万ccの血清を製造し、並河、高島部隊に供給した。

一九三八年から四一年まで、並河、高島部隊がハイラル、洮南、克山などで軍馬を買ったとき、私は関東軍の命により技術員を派遣して鼻疽の検査と炭疽予防注射の仕事を助けた。一九四〇年前後、ガラス器具欠乏のため、細菌培養に必要な硬質ガラスは、一〇〇部隊は金があっても手に入らないという状態だった。そこで私は、彼らに相当量の硬質ガラス器具を提供した。若松が部隊長のとき、私は彼に細菌学者を紹介した。横堀畜産司長、新美畜産獣医大学学長、武富獣医学校校長などである。一九四四年夏、若松は私に顕微鏡の借用を申し出たので、私は阿部衛生研究所長に話して、彼に電子顕微鏡を貸すようにさせた。この顕微鏡は三万倍のもので、細菌研究にはきわめて有用なものだった。

一〇〇部隊に炭疽菌強毒株の提供を継続

Q：馬疫研究処を離れるにあたり、一〇〇部隊に細菌を提供する件について、どのように新美[4]に引き継いだのか。

A：私は新美に、馬疫研究処の研究する炭疽強毒菌は一〇〇部隊に細菌戦用に提供するものでこれまでに毎年一、二回提供してきたので、これからも以前と同様に供給するように話した。

引用した安達の数々の証言内容は、馬疫研究処がどのような意図のもとに新設されたのか、その背景と役割を見事に裏付けている。大陸科学院の研究機関である馬疫研究処は研究目標に「鼻疽の予防法と治療法の研究」を掲げていた。しかし、それは建前であって、実際は軍馬防疫廠（一〇〇部隊）の防疫対策を補完する一部門に過ぎなかった。しかも、関東軍参謀部命令に従って炭疽菌強毒株の提供など細菌戦謀略につながる役割を担っていた。

一九三九年二月、獣研における鼻疽による二度のバイオハザード事故に続いて、馬疫研究処でも同じく鼻疽のバイオハザード事故が発生した。馬疫研究処に勤務してわずか一年目の木幡春夫（二七歳・東京高等農林学校卒）が鼻疽菌に感染・殉職した。この事実は、「科学者もひとりの戦士である」という戦争プロパガンダを、関東軍によってまさに身をもって実践させられた悲惨な結末であった。

六　情勢の切迫で、鼻疽の清浄化対策より「軍馬資源の確保」か？

一九三七年から始まった日中戦争は、日本国内だけでなく「満州国」でも軍馬の動員数がひっ迫してきたと思われる。大瀧真俊は、「中国大陸における軍馬の動員数が満州事変時も約五万頭の動員に留まっていた。しかし日中戦争以降、軍馬の動員数は劇的に増加した。例えば一九四一年に実施された関東軍特種演習だけでも十三万頭が動員された」と、大幅な増加を指摘していた。

決め手を欠いた第十回日満家畜防疫会議における陸軍の鼻疽対策

すでに第二章で取り上げたように、一九三八年十一月に第十回日満家畜防疫会議が陸軍省と農林省の共催で開かれた。陸軍省は今回も初めて「鼻疽の防遏《ぼうあつ》（防疫）対策」の具体的提案を行った。提案理由の説明は「鼻疽防疫に関してすでにたびたび議論してきたが、所期の成果は上げられていない。いま根本的対策を講じなければ鼻疽の制圧は到底期待できない。産業および国防上の憂ふべき事態を醸し出す恐れがある」と並々ならぬ強い口調で始まった。情勢報告では「作戦上から見てソ連の如きは鼻疽の患馬が二十二％以上あったのが、系統的な防疫対策により第一次大戦後十余年でほぼ制圧した」と、苦々しくソ連の鼻疽撲滅の成功例を紹介していた。

次に日中戦争下の現況について「今次事変において多数の支那馬を使用するために臨時軍馬防疫廠を設置し、防疫対策を行ったにもかかわらずすでに鼻疽が二千五百頭発生し（中略）戦力維持の上で重大になりつつある」と日中戦争における軍馬の鼻疽発生頭数に初めてふれていた。さらに馬匹資源は「日本の産業構造からして、この時期に至っても軍馬資源を確保することが急務で鼻疽の防疫対策は馬匹の増殖を図ることと並んで重要」と述べ、最後に防疫と研究機関にふれて「満州国において鼻疽防疫五か年計画をたて、馬疫研究処を創設し防疫と予防法の解決を図ったが未だ成果に見るべきものがない」と満州の鼻疽対策の現状と問題点を指摘するだけであった。結論は「鼻疽の防疫と予防法の根本的対策の確立は一日の猶予も許さない緊急事項」と結んでいた。

この提案理由の説明は、出席者名簿から陸軍兵務局馬政課の若松有次郎・獣医中佐（一九四

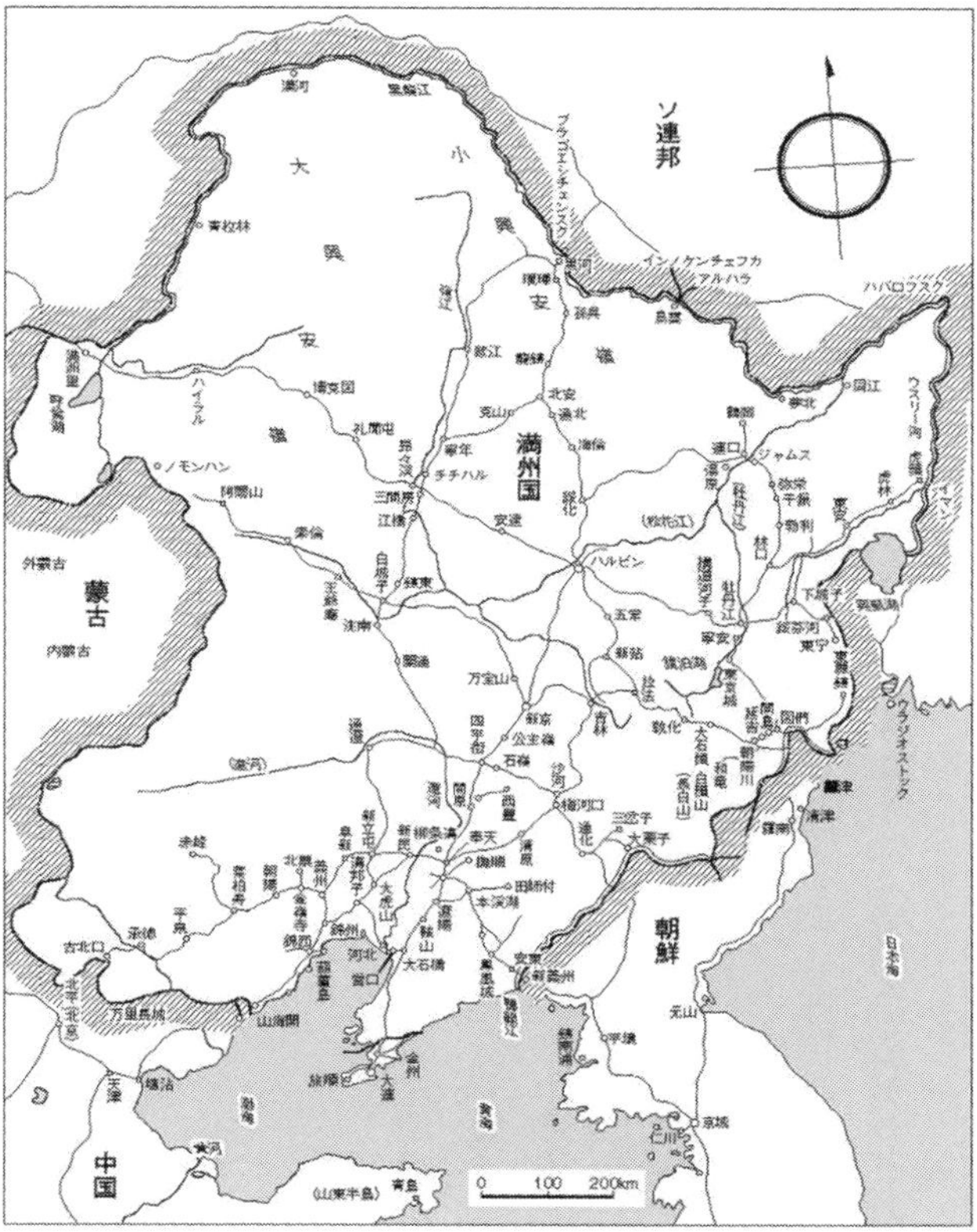

図1　旧満州国全図（『続・回想・奉天獣疫研究所の 20 年』10 ページ）

二年七月から一〇〇部隊長）によって行われていたと思われる。常石敬一の『７３１部隊全史』によれば、若松有次郎はソ連の情報を集め議論する一九三七年一月発足の隣邦軍事委員会のメンバーのひとりであった（アジア歴史資料センター、C01004337600）。この委員会は「ソ聯邦の細菌戦に関する隣邦軍事委員会報告」を提出していた（アジア歴史資料センター、C13021545000）。

満州における鼻疽対策の行きつく先

この会議の結果をうけて「満州国」における鼻疽の防疫と清浄化対策はその後どのように展開したかを追ってみたい。一九三七年十二月に「満州国」は鼻疽予防法を公布していた。これにより満州における今後の鼻疽の防疫対策が強化されたように思われるが、現実はまったく異なっていた。

馬疫研究処長の安達誠太郎は第十回日満家畜防疫会議直後の十二月に開催された学術講演会で、以下のような発言をしている。

「戦時における軍馬の必要数は明記することはできないが、国防上馬匹の需要はますます増加するのにかかわらず、満州国内に拡がる鼻疽が障害となり日本と満州産馬の現況は緊急に増殖の必要にせまられている」「文明国は法律による殺処分で清浄化をしたが、『満州国』には多数の鼻疽馬がいるためもし殺処分をした場合、産業と国防資源の保持ができずこの方式は絶対に不可能である」と苦しい現況を述べていた。そして最後は「鼻疽対策は極めて困難な事業で、究極のところ鼻疽の根絶は『予防と治療法の発見』を待つ外にない」と、鼻疽の清浄化対策と軍馬資源の確保のジレンマで馬疫研究処が掲げた研究目標の実現を願望するだけのどうにもならない胸中を吐露していた。このように満州で鼻疽を根絶する政策は軍馬資源の確保と重なり混迷の度合いを深め、結果として「満州国」の鼻疽撲滅計画は今や完全に行き詰ってしまったと思われる。

注

1 臨床症状がはっきりしないこと。
2 西ヶ原のこと。
3 農林省獣疫調査所。
4 馬疫研究処二代目処長の新美倌太。

参考文献

安達誠太郎「満州に於ける鼻疽対策に就いて」『満州獣医畜産学会雑誌』二〇(四)、四八-五〇頁、一九三八年。
安達誠太郎『ああ満州：国つくり産業開発者の手記』満州回顧集刊行会、七一一-七一三頁、一九六五年。

池内了『科学と戦争』岩波新書、二〇一六年。

江田いづみ「関東軍軍馬防疫廠100部隊像の再構成」『戦争と疾病』本の友社、四一‐七一頁、一九九七年。

江田憲治・兒嶋俊郎・松村高夫編訳『証言　人体実験――七三一部隊とその周辺』同文館、二二九‐二五〇頁、一九九一年。

大瀧真俊「帝国日本の軍馬政策と馬生産・利用・流通の近代化」『日本獣医史学雑誌』五三、三二‐三八頁、二〇一六年。

岡部牧夫・荻野富士夫・吉田裕編『中国侵略の証言者たち――「認罪」の記録を読む』岩波新書、五六頁、二〇一〇年。

小河孝『満州における軍馬の鼻疽と関東軍　奉天獣疫研究所・馬疫研究処・100部隊』文理閣、二〇二一年。

座談会「満州に於ける鼻疽研究の現況竝に鼻疽蔓延の実情」『満州獣医畜産学会雑誌』一七、七三五‐七五五頁、一九三六年。

常石敬一『731部隊全史　石井機関と軍学官産共同体』高文研、二九四頁、二〇二二年。

富岡秀義編『回想・奉天獣疫研究所の20年』奉天獣疫研究所回想誌刊行委員会、一九九三年。

富岡秀義編『続・回想・奉天獣疫研究所の20年』奉天獣疫研究所回想誌刊行委員会、一九九四年。

並河才三「鼻疽の治療竝予防法に関する研究」『満州獣医畜産学会雑誌』一八、四二九‐四五〇頁、一九三六年。

廣重徹『科学の社会史』中央公論、一九七二年。

本庄重男『バイオハザード原論』緑風出版、二〇〇四年。

松野誠也「ノモンハン戦争と石井部隊」『歴史評論』八〇一、七一-八八頁、二〇一七年。

宮内忠雄「第十回日満家畜防疫会議概況」『満州獣医畜産学会雑誌』二〇（四）、二七-四七頁、一九三八年。

持田勇「まうすニ於ける鼻疽感染試験」『日本獣医学雑誌』一四、三六三-三九一頁、一九三五年。

持田勇、故豊島武夫「鼻疽血清反応の統計的観察　主として昭和11・12年に於ける成績に就いて」『満州獣医畜産学会雑誌』二〇、一一-六〇頁、一九三八年。

持田勇・渋谷芳吉・森健一「人体鼻疽血清診断例」『満州獣医畜産学会雑誌』二一（二）、一九三九年。

森村誠一『新版・悪魔の飽食』角川文庫、一九九八年。

山極三郎「殉職せられたる英霊を弔いて鼻疽を語る」『満州獣医畜産学会雑誌』一八、三〇〇-三一四頁、一九三六年。

第四章　一〇〇部隊の実態

小河 孝

江田いづみは、「関東軍軍馬防疫廠については、ハバロフスク裁判で語られた供述・証言やその後の三友一男による回想を越える事実は指摘されておらず、われわれの前には数多くの問題が残されている」と述べていた。

残されている問題の解明の手掛かりの一つとして、三友が『細菌戦の罪』で記述した一〇〇部隊の実態、なかでも関東軍軍馬防疫廠にかかわる部分を日本側史料で裏付けられないか、国立公文書館アジア歴史史料センターにアクセスを試みた。時期は一九三九年のノモンハン事件から一九四一年十二月のアジア太平洋戦争開始までの間、関東軍軍馬防疫廠（一〇〇部隊）の関連史料を検索した結果、以下に示す一件を見つけることができた。

この史料は、陸軍省兵務局馬政課が関東軍軍馬防疫廠に一九三九年七月十日付「獣医材料交付の件」として満州事件費から十七万二千五百円（別途・輸送費二千九百五十円）を交付、八十種類の実験室器材（ツアイス製顕微鏡、高速遠心器、冷蔵庫、孵卵《ふらん》器、肉挽機、その他）を整備する記録であった（アジア歴史史料センター、C01003299100）。

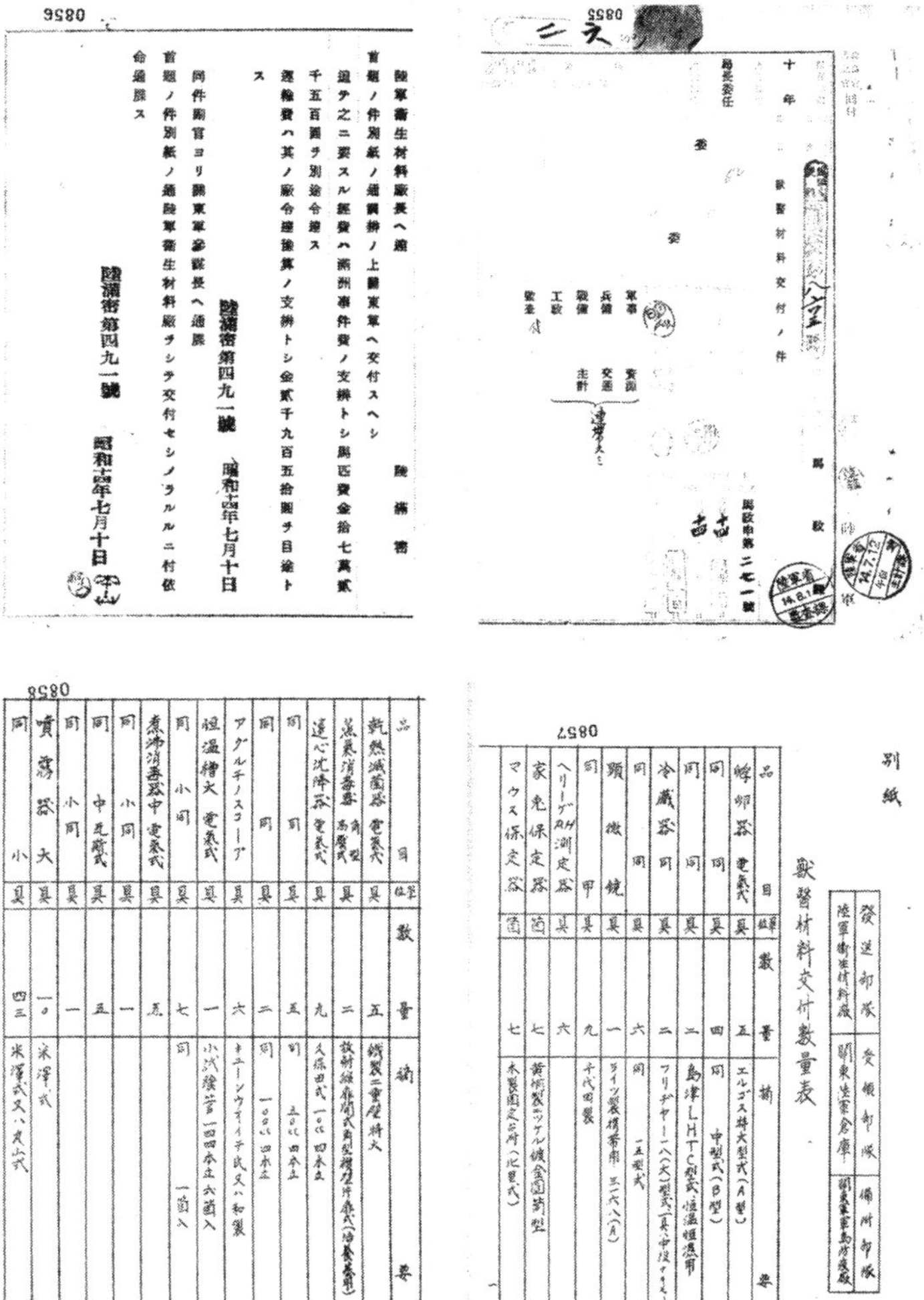

十年　獣医材料交付ノ件

局長委任

馬政

馬政密第二七一號

陸軍衛生材料廠長ヘ通牒　陸満密

首題ノ件別紙ノ通調弁ノ上関東軍ヘ交付スヘシ

追テ之ニ要スル経費ハ満洲事件費ノ支弁トシ馬匹費金拾七萬貳千五百圓ヲ別途令達ス

運輸費ハ其ノ廠令達預算ノ支弁トシ金貳千九百五拾圓ヲ目途トス

陸満密第四九一號　昭和十四年七月十日

同件副官ヨリ関東軍参謀長ヘ通牒

首題ノ件別紙ノ通陸軍衛生材料廠ヲシテ交付セシメラルルニ付依命通牒ス

陸満密第四九一號　昭和十四年七月十日

別紙

獣医材料交付数量表

発送部隊	受領部隊	備附部隊
陸軍衛生材料廠	関東陸軍倉庫	関東軍軍馬防疫廠

品目	単位	数量	摘要
孵卵器 電気式	具	五	エルゴス特大型式(A型)
同 同	具	四	同 中型式(B型)
同 同	具	二	島津LHTC型式 恒温恒湿用
冷蔵器 同	具	二	フリヂヤー一八(大)型式(其ノ中段ナキモノ)
同 同	具	六	同 一五型式
顕微鏡	具	一	ライツ製精密用 三一六八(A)
同 甲	具	九	千代田製
ヘリーゲPH測定器	具	六	
家兎保定器	箇	七	黄銅製ニッケル鍍金固定型
マウス保定器	箇	七	木製固定ネジ(比留式)

品目	単位	数量	摘要
乾熱滅菌器 電気式	具	五	鉄製二重壁特大
蒸気消毒器 高圧式 角型	具	二	放射線森川式角型横置式(附属品共)
遠心沈降器 電気式	具	九	久保田式 一〇〇〇cc 四本立
同	具	五	同 五〇〇cc 四本立
同	具	二	同 一〇〇cc 四本立
アグルチノスコープ	具	六	キユーンウイイチ氏又ハ和製
恒温槽 大 電気式	具	一	小試験管一四四本立 六箇入
同 小	具	七	同 一箇入
煮沸消毒器 中 電気式	具	三	
同 小 同	具	一	
同 中 瓦斯式	具	五	
同 小 同	具	一	
噴霧器 大	具	一〇	米澤式
同 小	具	四三	米澤式又ハ丸山式

写真1　1939年・陸軍省兵務局馬政課から関東軍軍馬防疫廠に送られた研究実験器材（102品・総額172,500円）

引き続き一九四二年七月の若松有次郎・獣医大佐が一〇〇部隊長に就任してから一九四五年八月の敗戦までの約三年間についてもさまざまな方法で情報収集を継続している。

第四章は三友一男の『細菌戦の罪』に記載されている一〇〇部隊の組織と細菌戦謀略の実態に焦点をしぼり、あらためて詳細な検討をおこなった。

一　三友一男の一〇〇部隊の細菌戦謀略の活動

技術雇員となった三友一男

三友一男は一九四一年四月に旧制中学卒業後、十七歳で満州に渡り関東軍軍馬防疫廠の軍属（技術雇員）三十五名の一人として採用された。獣医学、臨床診断、血清診断、細菌学、化学、家畜防疫学などの基礎教育を約一か月間受けた。技術雇員は部隊で主に検疫、実験研究や血清製造の研究員助手（七三一部隊の少年隊員に相当）を務めていた。一九三九年に軍馬防疫廠の新しい建物が新京・孟家屯に完成し、業務の拡大に伴い一九四〇年に第一期生が入隊している。三友は翌年の第二期生であった。

一九四一年四月現在の一〇〇部隊の概略

表2は、三友が『細菌戦の罪』に記述した内容を部隊編成の概略として小河がまとめた。

部隊長　並河才三・獣医大佐	1941年当時の隊員総数は約500名
総務部長　高橋雷次郎・獣医中佐	内訳：獣医将校　約30名
第1部長（検疫）斎藤武夫・獣医少佐	獣医下士官　約20名
第2部長（試験研究）辻嘉一・獣医中佐	陸軍技師・属官　約20名
第1科長（細菌）井田清・陸軍技師	陸軍技手　約20～25名
第2科長（病理）小野豊・陸軍技師	雇員・傭員　約400名
第3科長（臨床）中村良一・獣医中尉	（女子軍属50～60名）
第4科長（化学）宍戸英雄・陸軍技師	
第5科長（植物病理）藤田勝正・陸軍技師	・部隊内に獣医学部下士官教育隊があった
第3部長（血清製造）阿部〇〇・獣医少佐	
第4部長（資材補給）三宅忠雄・獣医大尉	
牡丹江支廠長　小林七郎・獣医少佐	

表2　100部隊の編制（1941年4月）
（出典：三友一男『細菌戦の罪』泰流社, 27-29, 1987年）

一〇〇部隊の隊員総数は約五百名で、総務部は庶務、人事、経理、医務科からなり、五十～六十名が所属していた。

第一部は検疫部門で、軍馬の血清診断、とくに満州各地から送られてくる血液検査材料を用いて主に鼻疽の血清診断を実施していた。部員が三十～四十名。

第二部は試験・研究部門で部員は百五十～二百名、一科から五科にわかれていた。とくに一科は細菌部門で人獣共通感染症の鼻疽菌や炭疽菌を扱っていた。

第三部は血清製造部門で、軍馬の診断と予防・治療に必要な抗血清とワクチン類を製造していたと三友が述べている。しかし、獣研の事業科と異なり抗血清やワクチン類を製造する技術力がどの程度あったのか、第三章で引用した安達の「供述書」に、馬疫研究処から炭疽ワクチンと抗血清を供給されていた事実があり、詳細はわからない。部員が約百名。

第四部は、資材の補給部門で部員が二十～三十名。

牡丹江支廠は、満州の東部に展開する部隊に対する軍馬の防疫と血清診断業務を担当、支廠員が約五十名。

また部隊に約五十～六十名の女子軍属が所属していた。総務部以外の女子軍属は、おそらく実験用器材の滅菌・消毒の準備や実験小動物の飼育業務などに従事していたと思われる。

その他に関東軍獣医部の下士官教育を担当する部隊が併設されていた。

三友一男は第二部一科二十三号室に配属

三友は入隊後一か月の集合研修を終了後、第二部一科（科長・井田清技師）の二十三号室に配属された。三友は、科長の井田技師について「一〇〇部隊の中でも特異な存在であった。昭和十八年、一〇〇部隊に細菌兵器の開発が指令されるまで、細菌謀略に対する実験、研究を企画、指導していた人物がこの人だったのである。井田清技師は北海道大学で応用化学を修めた後、ヨーロッパ、主としてドイツに留学していたが、その時代に細菌戦について関心を抱いたようである。帰国後伝染病研究所に勤務し、結核等の研究を行っていたが、一〇〇部隊が創設された翌年、高級厰員並河中佐によって研究員として迎えられた」と、井田の人物像と経歴を語っていた。

さらに三友は「一ヶ月の教育を受けたぐらいで、目に見えない細菌がそう簡単に扱えるものでない。まして、二十三号室で扱っているのは、一度感染したら死亡率百％と言われている鼻疽菌や炭疽菌である。そこで、非病原性の枯草菌や大腸菌を使って、培養、染色、顕微鏡検査や、動物実験、特殊培養基の製造等、基本的なことから実習をやり直し、細菌の取扱いに一通り馴れてくると、空中や土壌中の細菌を分離し、その性状検査などをやりながら、みっちりと細菌学の勉強をした」

「実験室には、顕微鏡や円心《ママ》（遠心）分離機、孵卵器といった実験用器材が、とくに顕微鏡は最先端のドイツのツァイスやライツ社の機種が揃っており、試薬もメルク社のものであった」「実験用器材、マウスやモルモット等の実験動物や試薬は伝票一枚で必要なだけ供給された」と記している。

この内容から、三友が病原細菌を扱う実験の基本操作の様子や病原細菌を扱うテクニックに次第に慣れていく様子が理解できる。

また、一九三九年七月に陸軍省兵務局が整備した実験器材が、一〇〇部隊の細菌戦につながる最先端の研究と実験に使われている実態が裏付けられた。

危険な鼻疽と炭疽菌を扱う作業のリアルな様子

三友は実験室で鼻疽菌や炭疽菌を扱う作業について、実験室で危険な病原体を実際に扱った者だけが内情を理解できる極めて臨場感に富んだ表現で、以下のように述べていた。

「実験室に入って一ヶ月もたってから、はじめて鼻疽菌を培養基に移植する作業をやることになった。白衣の上に前掛けをつけ、顔の隠れてしまいそうな大きなマスクをし、ゴム手袋をはめるという完全装備であったが、手が震えていたことを今でも憶えている。鼻疽菌、炭疽菌を扱う前後には、消毒を念入りに行うなど、完全予防には万全を期していたが、これらの菌を扱う場合には危険手当がつき、『実験上の事故で死んだ場合、一万円の弔慰金が出る』とも言われていた。奉天の獣疫研究所で、研究員が誤って鼻疽に感染し、数名の死者が出たということを聞いたことがあるが、私の知る限り、一〇〇部隊では一度も実験中の事故は発生していない」

「その頃二十三号室では、井田技師が蒙古から持ち帰った土壌から黴《かび》類や細菌を分離し、これらの中から、特殊な性質をもった菌を探し出そうという試みがなされていた。分離した菌の性状検査を繰り返し行うという仕事を通して、細菌学というものが少しずつ理解できるようになり、自分のやっている仕事の重要性も認識されてきた」

「こうして、毎日の仕事を通じて、私たちが実験室で行っている危険な病原菌に対する挑戦が、満州における軍用動物の防疫に寄与すると共に、そのことが人類の幸福にも貢献しているということが自覚されてくるにつれて、自分のやっている仕事に誇りを感じるようになり、勉強にも、仕事にも一段と熱が入っていった」と、実験室で三友が、「誇り」とか「使命感」を熟成させていく高揚感が、三友の挑戦の内容に異論があるが、率直に表現されていた。

炭疽菌の分離と強毒菌株の作出実験にのめり込む

三友は一九四二年の春先、井田技師が絡むあるエピソードを語っていた。

「昭和十七年春先のこと。暫く姿を見せなかった井田技師が、慌ただしく実験室に入ってきた。彼は何事かと訝《いぶか》っている私の前へ、持ってきた大きな鞄の中から硝子製の水筒と香水の瓶をとり出し、急いで中の液体の細菌学的検査をやるようにと言った。瓶の中には、若干粘稠を帯びた透明な液体が入っていた」

三友は井田技師の指示で、「数頭のモルモットを準備し、皮下と腹腔内に液体の一定量を接種した」「翌朝出勤して、私は昨日液体を接種しておいたモルモットが全部死んでいるのに驚いた。鼻腔や肛門から凝固不全の血液が流れ出していて、解剖してみると脾臓が大きく腫張し、皮下や腹腔内の接種部には膠状の浸潤がみられた」と、記述している。

この死亡したモルモットの臨床症状は、獣医伝染病学の教科書に記載されている炭疽菌感染による典型的な臨床所見である。そして三友はモルモットの血液をスライドガラスに塗抹・染色し、顕微鏡下で観察した。その細菌が連鎖状の桿菌、すなわち炭疽菌と同定している。

さらに三友は「実験室内における対応を、念の為、その後一週間程度をかけて分離した菌の性状、毒性について詳細に調べてみたが、通常の菌の何倍の毒力を持った菌株であることが判明した。炭疽菌の毒力判定は、モルモットに対して、ミクロ単位の炭疽菌を何個接種すると発病するかによってみる。数が少ない程毒力が強いということである。接種する数を、何個と決められるようになるまでには、相当の熟練が必要であった」とまで述べている。

このように、三友の実験室における日常業務は、細菌戦の具体的な準備に結びつく実験と研究に浸る毎日であった。とくに毒力の強い炭疽菌株をいかに選別できるかの実験に強い好奇心をもっていた。

「私の実験室でやったことは、鼻疽菌、炭疽菌の毒力強化であった。病原菌を動物に接種し、発病斃死後分離した菌を、更に次の動物に接種するということを繰り返すと、生体の抵抗に対して強い菌だけが生き残っていくので、このような方法で毒力の強い菌を選別していった」と、強毒菌を分離・選択する具体的な手法を詳細に明かしている。

科学者の危険な「本性」と三友の自己陶酔

池内了は『科学と戦争』で、道を外れる科学者の典型として「科学者は、自然が隠し持つ謎を解き明かすことに無上の喜びを感じるに人間であり、その知的活動はきわめて個人的な好奇心に由来する。一般に科学者は、他の何者かに命令されたり、何かの役に立たせようと考えたり、自分が有名になりたいと望んだり、というような外的な動機とは無縁である。できるなら、ひとり放っておいてもらって、ひたすら数式や理論を追及したり、実験や観察に明け暮れていたいと望んでいる存在なのである」と、科学者の本性について述べている。

三友は科学者ではないが、炭疽菌を分離して、さらに毒性の強い菌株を選別する実験にのめり込み、自己陶酔に浸っていく様子をみると、その心情は危険な科学者の「本性」と同じである。三友が「一〇〇部隊は基礎研究をしていた」と強くこだわり、「細菌戦とは無縁」と主張しても、実像は虚言に過ぎない。次項でそれについて解明を試みる。

三友の詭弁「一〇〇部隊の研究課題は細菌戦の準備でなかった」

三友は一〇〇部隊の鼻疽の防疫対策を強調するあまり、「一〇〇部隊の主要任務はここから出発したものであり、第二部で行われていた研究の主要課題は、この鼻疽の防疫におかれていて、決して巷間で言われているような、細菌戦の準備などではなかった」と、訴えている。

「一体どのような研究が行われていたのか、それを明確に証明するものとして私の手元に、『昭和一九年度、陸軍技術研究会獣医部関係発表事項』なる資料があるので、それを紹介してみよう（○印は発表者）」と、いきなり一〇〇部隊の研究発表一覧を提示した。

三友が提示した資料を表3に添付した。同じ発表の抄録が陸軍獣医団報四一八号にも掲載されている。

三友は、「こうした一連の発表事項を見ても解る通り、研究は何年間にも亘って継続して行われるものが多く、第三回の発表が行われた昭和一九年に於いても、引き続いて同様同規模の研究が行われていた。一九年といえば、一〇〇部隊が本格的に細菌戦の準備を始めた年でもある。これだけの研究は片手間仕事できるようなものでないのは明らかで、この資料によって、

	同	小野　豊
	陸軍技手	荻原　徹
	同	古畑　北雄
	同	佐藤　熊太郎
	同	池田　喜代美
	同	太田　雅幸

6. 伝染性貧血の自然感染法並に同病毒の抵抗力に関する研究

第一報　伝染性貧血の厩内感染機転に関する研究

○	獣医大尉	君塚　久次
	獣医中尉	黄木　寿之

7. 馬流産菌を接種せる改良満牡馬の初期に於ける所変化に就て

イ　(1) ～ (4) の総括

	獣医大佐	若松　有次郎
○	陸軍技師	加藤　久弥
	獣医中尉	財前　旭夫
	陸軍技師	村上　豊
	陸軍技手	大塚　時雄

ロ　(1) 赤血球数、血色素量、赤血球沈降速度並に一般臨床所見

	獣医大佐	若松　有次郎
○	陸軍技手	大塚　時雄

ハ　(2) 細菌学的並に血清学的検査成績

	獣医大佐	若松　有次郎
○	獣医中尉	財前　旭夫

ニ　(3) 病理解剖学的並に病理組織学的所見

○	獣医大佐	若松　有次郎
	陸軍技師	加藤　久弥

ホ　(4) 血漿の化学的諸変化に就て

	獣医大佐	若松　有次郎
○	陸軍技師	村上　豊

8. 狂犬病馬免疫血清に関する研究

	獣医大佐	若松　有次郎
○	獣医大尉	山下　四郎
	獣医中尉	関　重作
	陸軍技手	畑中　徳雄
	陸軍技手	小須田　信男
	嘱託	小川　立春

9. 馬の疥癬症に対する野戦治療法の研究

	獣医中佐	小林　七郎
○	陸軍技師	坂本　只一

10. 辞菜滓に依る飼養試験に就て

	陸軍技師	宍戸　英雄
	獣医中尉	財前　撰
○	陸軍技手	新井　仲市

11. 馬の「ピロプラズマ」症の診断に関する研究

○	陸軍技師	小野　豊
	陸軍技手	紀野　猛
	同	磯田　政恵

12. 長距離鉄道輸送、輸送馬匹の戦力保持に関する研究

○	獣医大尉	宮内　忠男
	陸軍技師	村上　豊
	獣医中尉	杉山　良一
	広島鉄道局幡生鉄道工場鉄道官	寺田　治二
	満州鉄道技術研究所員	山川　出雲
	新京東亜興農製作所所長	幸村　米喜

13. 瓦斯壊疽菌分離法の一新法に就て

○	獣医中尉	松山　広信
	陸軍技手	岡村　守雄

14. 「とりぱのぞーま」感染成立機序に関する実験的研究

○	獣医少尉	佐々木　文存
	陸軍技手	松井　経孝

15. 炭素菌・枯草菌の簡易迅速鑑別法に就て

○	陸軍技手	山口　藤蔵
	雇員	三友　一男

16. 鼻疽に於ける「アレルギー」反応の本態に関する研究（第二報）

	獣医大佐	若松　有次郎
○	獣医少尉	佐々木　文存
	陸軍技手	松井　経孝

（＊○印は発表者）

表3　昭和十九年度、陸軍技術研究会獣医部会発表事項

（三友一男『細菌戦の罪』32 ～ 39 頁をもとに作成）

1. 鼻疽菌菌体成分に関する研究			
1	小試験動物に関する研究		
		獣医大佐	若松　有次郎
	○	獣医少尉	渡辺　守松
		陸軍技手	石橋　作治
		同	堤　久四郎
2	鼻疽菌蛋白質の鼻疽馬及び健康馬に対する毒性試験		
イ	総合考案		
	○	獣医大佐	若松　有次郎
		獣医少尉	渡辺　守松
ロ	(1) 最少致死量並に毒性の差異に就て		
		獣医大佐	若松　有次郎
	○	獣医少尉	渡辺　守松
		陸軍技手	石橋　作治
ハ	(2) 一般臨床所見に就て。特に鼻疽馬における「アレルギー」性症状に就て		
		獣医大佐	若松　有次郎
	○	獣医少尉	佐々木　文存
		同	豊城　英寿
ニ	(3) 血液検査所見に就て		
		獣医大佐	若松　有次郎
		獣医少尉	渡辺　守松
	○	陸軍技手	大塚　時雄
ホ	(4) 血清反応に就て		
		獣医大佐	若松　有次郎
		獣医中佐	中山　富雄
		獣医少尉	佐々木　文存
	○	陸軍技手	山口　藤蔵
		同	小須田信男
ヘ	(5)「マレイン」反応の消長に就て		
		獣医大佐	若松　有次郎
	○	獣医少尉	佐々木　文存
ト	(6) 病理解剖学的及び組織学的所見		
		獣医大佐	若松　有次郎
	○	陸軍技師	加藤　久弥
		獣医少尉	渡辺　守松
		陸軍技手	古畑　北雄
チ	(7) 血漿の化学的所見に就て		
		獣医大佐	若松　有次郎
	○	陸軍技師	村上　豊
		陸軍技手	荻原　徹
リ	(8) 細菌学的検査成績に就て		
		獣医大佐	若松　有次郎
	○	陸軍技師	中本　為治郎
2. 日・満・騾及び驢馬の鼻疽感染上に於ける差異に就て			
イ	(1) ～ (5) の総括		
	○	獣医大佐	若松　有次郎
ロ	(1) 臨床所見及び「マレイン」点眼反応に就て		
		獣医大佐	若松　有次郎
	○	獣医中尉	川西　信彦
ハ	(2) 鼻疽菌接種後に於ける各種血清反応の発現に就て		
		獣医大佐	若松　有次郎
	○	獣医中尉	上田　信男
ニ	(3) 病理解剖的差異に就て		
		獣医大佐	若松　有次郎
	○	獣医少尉	渡辺　守松
ホ	(4) 各臓器の鼻疽菌検索成績に就て		
		獣医大佐	若松　有次郎
	○	陸軍技師	中本　為治郎
		陸軍技手	天野　晋介
ヘ	(5) 血液検査所見に就て		
		獣医大佐	若松　有次郎
		獣医少尉	渡辺　守松
	○	陸軍技手	大塚　時雄
3.「マレイン」点眼反応陽性時の眼瞼結膜の病理組織学的変化			
		獣医大佐	若松　有次郎
	○	獣医中尉	川西　信彦
4. 自然鼻疽類似の変化を惹起せしむべき一新感染法に就て			
		獣医大佐	若松　有次郎
	○	陸軍技手	大塚　時雄
5. 馬伝染性貧血症の治療に関する研究			
		獣医中将	高橋　隆篤
		獣医大佐	若松　有次郎
		獣医中佐	村本　金弥
		獣医少佐	林　昇
	○	同	大屋　正二
		獣医中尉	中村　良一
		同	小笠原　平八
		同	松田　栄穂
		獣医少尉	碓氷　文良
		陸軍技師	宍戸　英雄

『一〇〇部隊は創設以来細菌戦に専念していた』と言われていることが、如実に事実を知らない、虚構のものであるか理解していただけると思う」と、三友なりの結論を述べている。

そこで三友の論理展開にある一〇〇部隊の鼻疽の研究が、誰が、いつ、どこで、何の目的で、どのようにおこなわれているかの視点で考察をしてみたい。

表3の最初にある「鼻疽菌菌体成分に関する研究」と「日・満、騾及び驢馬の感染上に於ける差異に就て」の総合研究の二課題を検討してみたい。

二つとも鼻疽菌の性状と馬属の生体に及ぼす鼻疽菌の病原性（毒力）を解明するための基礎研究である。さらに、それらは、陸軍省が求める「鼻疽の防疫と予防法の抜本対策」を確立するための研究であり、日常的に検査データを収集する地道な業務内容も含まれている。

この二つの研究課題は、内容と進展の具合から結果（成果）が今すぐ細菌戦の具体化につながるようには思えない。しかし、研究内容や進展具合がどうであろうともこの研究課題は、デュアルユース（軍民両用）の可能性を否定できない。そのため常に究極の研究目的と置かれている状況を考えておく必要がある。

軍事研究は、今すぐに成果が期待でなくても数年にわたり、潤沢な研究資金で、継続的に研究ができるシステムを保障するのが特徴である。この定義から一〇〇部隊の研究は、基礎研究であろうと日常的な検査データの蓄積であろうとも軍事研究自体に変わりがない。

仮に獣研の研究者が、自分の企画と研究費で鼻疽菌について研究をする場合、それは純粋の基礎研究で、軍事研究に該当しない。もしその研究費が関東軍から支出されている場合、その委託研究は成果を関東軍が利用することになり、獣研の基礎研究であっても軍事研究に相当する。

結論を言えば、一〇〇部隊が組織として細菌戦の具体的な準備をしていたことは事実であり、細菌戦の準備と無関係に基礎研究を実施していたとする三友の論理構成は到底成立つものではない。紙面の関係で、他の研究課題の問題点の検討は省略する。

本格的な軍事研究開始は一九四一年頃

この「昭和十九年度陸軍技術研究会」は三回目なので、当然第一回は一九四二年にすでに行われていた。それに発表を間に合わせるには、少なくとも一年前の一九四一年（一〇〇部隊が成立した年）から本格的な研究を始めなければ間に合わないと思われる。三友が研究室（実験室）に配属された当時の様子と部隊の組織・人員数などを併せて考えれば、この年から本格的な軍事研究が開始され、やがて細菌戦の具体的準備活動につながっていったと推定できる。

二　若松有次郎隊長による一〇〇部隊の機構改革

三友は、一九四二年七月「一〇〇部隊では、七月に並河才三大佐が陸軍獣医学校の教官として転出し、陸軍兵務局からから若松有次郎大佐が赴任、部隊の機構改革が行われた」「一〇〇部隊における業務も新兵器開発指令に対応し、従来の業務に加え、積極的に細菌戦の準備をすすめることになり、これを担当する部署として、六科が新しく作られた」と記述している。

三友が実験室に配置された時すでに実験機材が整備されていたように、細菌戦の準備はすでに若松の着任以前から始まっている。

「先ず、それまでほとんど使用されていなかった二部庁舎の地階が改造され、大型の孵卵機、蒸気滅菌機、直径一メートル以上もある遠心分離機や大型の肉挽器等が次々と運び込まれ、細菌兵器製造工場へと変貌していった」と、一〇〇部隊が変貌していく様子を具体的に記述している。

一九四二年の「三河《サンガ》夏季演習」（細菌戦の野外実験）

一九四二年夏に第二部一科が実施した「三河夏季演習」について、三友は、「このような野外実験は、『演習』と呼ばれて、夏行われるものを夏季演習、冬に行われるものを冬季演習と称し、このような演習は臨時病馬廠の当時から興安北省のハイラル、三河地区、黒河・北安省・牡丹江省等の全満各地で度々行われていた。こうした演習の目的は、実験室で行えない大規模の実験、防疫や細菌謀略対策用の、実践に即した実験研究を行うことである。演習の中でも、様々な自然条件下に於ける消毒実験は重要な課題であった。零下何十度という極寒地では、通常の消毒薬では役に立たないし、広汎な湿地帯や河川などの消毒には特別な消毒薬や消毒方法が必要だからである。如何なる条件下に於いても、適時有効な対処が出来るよう、常々対策を確立しておかねばならなかった」と、演習の背景や目的と意義を詳細に論じている。

しかし、この演習は敵の細菌戦に備えるために実施しているのでなく、対応を隠れ蓑に自らの細菌戦謀略に備える具体的な準備作戦そのものに他ならない。

河川への鼻疽菌散布は有効か？

三友が実際に実施した鼻疽菌による野外実験の方法は、「予備実験で河に流す鼻疽菌の量を決め、ゴム浮舟を使って河の中央で菌を放流、予め測っておいた下流五十m、百m、五百m、一キロ、二キロといった地点で、菌の流れ着く時間を見計らって河水を採集、培養実験を行うと共に、汚染水を馬に飲ませて感染の有無を調査した」と、野外実験の内容を具体的に記述している。

三友は、この実験結果について、最初に「結果についての正確な記憶はないが」と歯切れの悪い表現から始まり、「一キロ程の下流での鼻疽菌の検出ができなかったし、実験した馬についても、部隊に連れ帰り、数カ月に亘って観察を続けたが、何れも発病には到らなかった。勿論、放流する菌量にもよるであろうが、このような大きな河では、自然の浄化作用もあって、上流での汚染が、下流にとってそれ程大きな脅威にはならない、というのが実験で受けた印象

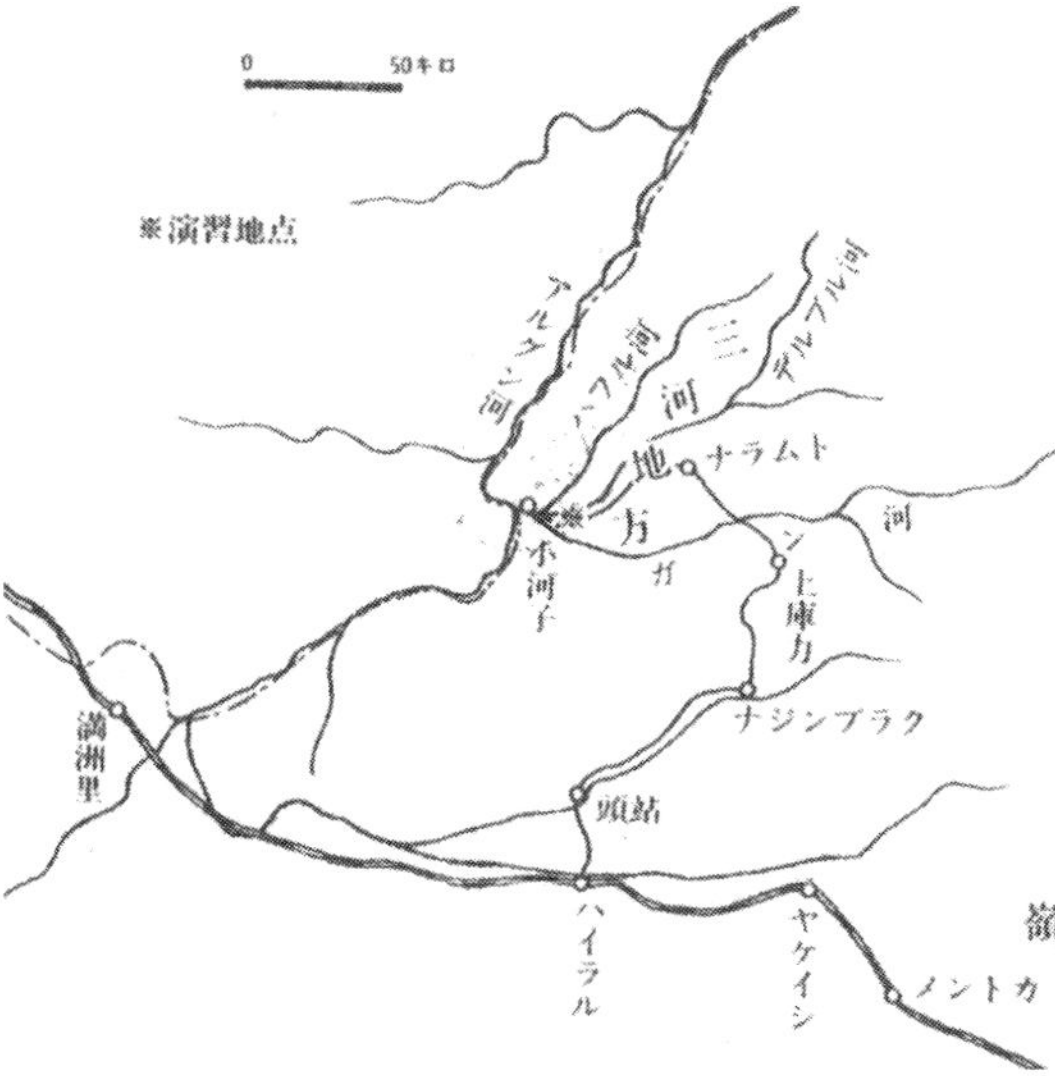

図1　三河地方の地図（『細菌戦の罪』63ページ）

であった」と、鼻疽菌を放流した野外実験で期待するような成果がえられなかったことを率直に語っていた。

この実験は、紫外線など環境に弱い鼻疽菌を河に流すため、また実験に使う菌量と河川の流量にもよるが満足できる結果が得られないこと、とくに実験で採取した河川水を飲ませた実験馬が鼻疽を発症しなかったのも当然である。

この野外実験の企画は、ノモンハン事件の際、七三一部隊がチフス菌などをハルハ川に散布し、細菌戦を初めて実施したと誇大宣伝する石井四郎特有のデモンストレーションと同じような企画で、効果のないことを初めから知っていながら部下にやらせる発想がどこか共通しているように思われる。

深刻な環境汚染を引き起こす炭疽菌の野外実験

さらに三友は、所属の異なる第三班が「炭疽菌を地面に撒布し、一定の条件の下でどの位まで菌が浸透していくか、又汚染された地面からの羊に対する感染力はどうか、土壌中の炭疽菌を死滅させるのにはどのような消毒が有効か等が実験された」と、述べている。

炭疽菌は、通常の栄養型と芽胞型の二つの形態があり、周囲の環境が高温や乾燥状態になると芽胞型として長期間生残する。例えば、干ばつ、洪水、長雨などの後にこの芽胞型が土の表面にあらわれ、泥のなかでも増殖できる。芽胞型は、熱、化学物質、pH、紫外線などに抵抗性で、少なくとも数十年間土壌や皮革などの動物製品などに存在、感染源になる特徴をもっている。

したがって野外における炭疽菌の撒布実験で、芽胞型の炭疽菌が土壌中で簡単に死滅することはなく、またデルブル河畔のような湿地帯は洪水などによって炭疽菌汚染がむしろ拡散する可能性があり、深刻な環境汚染を引き起こす危険性が存在する。

写真２　ハイラル近郊の風景（2010 年 8 月、小河撮影）

この時、汚染された土壌中の炭疽菌について羊に対する感染力を調べる実験を行っている。土壌中の炭疽菌による感染が成立する条件は、一定量の芽胞型菌が羊の経口あるいは傷口から侵入できた場合だけである。その感染量が事前の予備実験でわからなければ、いきなり羊を放牧し野外実験を行っても結果はどうなるか全くわからない。

羊が一定地域内に飼育されている放牧場で実験するならいざ知らず、河川に流した鼻疽菌が拡散してわからなくなる場合と同様に、羊の感染実験は炭疽菌でなく感受性動物（羊）が拡散している状況であり、企画立案者が期待するような実験結果は全く得られない杜撰（ずさん）な実験計画で、失敗は当然と思われる。結果は記載がないのでこれ以上のコメントは控える。

三　第二部六科（細菌戦謀略の実行部隊）の新設

最後に、三友は「一九四四年四月、陸軍獣医学校から山口少佐が六科の科長として着任し、一科の勤務員を中心とした五十名近い人員を以って、正式に新しい科が発足した。科の業務は極秘事項として秘匿されることになり、六科の技術員は、孟家屯の技術員宿舎を出て、部隊近くの清光寮合同宿舎に移された」と述べ、六科の業務が細菌戦謀略に直接関連し、軍事機密扱いになっていく様子を説明していた。

最初の任務は鼻疽菌の生産能力実験

三友は六科の新しい業務内容を以下のように記述していた。

「菌の培養には、七三一部隊で考案された『石井式バット』と呼ばれた、幅二十cm、厚さ五cm程、のステンレス製の平な特殊培養板が使用された。鼻疽菌をこの『石井式バット』に移植し、二十四時間孵卵器に収納した後菌を掻取り、コルベンに集めて秤量し、一枚当たり平均どの位の菌が採集できるかが調べられた。一枚当たり平均採集量が解れば、鼻疽菌一kgを生産するのに必要な培養基の枚数が決まり、それによって、培養基の製造に必要な肉汁、ペプトン、寒天の量が算出できる。実験によるこうしたデーターに基いて、資材の準備、鼻疽菌の培養採集、使用済器材の滅菌、消毒などに要する人員や時間を予想し、実際にその通りかを試してみる『設備生産能力実験』が行われた」

「この時の実験で設備、人員をフル稼働させ、一週間の工程で二回の植え付けを繰り返し、鼻疽菌五kg程を採集した。この時集められた菌体は、殺菌後一科の鳥羽中尉の実験室に送られ、鼻疽菌菌体成分の分析や、鼻疽菌蛋白質の各種研究に利用されている」

ハバロフスク軍事裁判の「ソ連に対する細菌戦の準備行為」認定の根拠

実験室内感染のもっとも危険な病原体である鼻疽菌五kgを一週間で生産できたことは、一〇〇部隊における技術開発能力の「成果」と考えられる。

ところが、この「成果」がハバロフスク軍事裁判の予審尋問で「鼻疽菌を一週間で五kgの生産量を四倍して一ヶ月の生産量とし、さらに十二倍して一年間で二百四十kgの生産能力がある」と調書に記載され、署名をソ連側から強要されたと三友は述べていた。

一〇〇部隊で鼻疽菌や炭疽菌を大量培養した事実が、ハバロフスク軍事裁判で「ソ連に対する細菌戦の準備行為」と認定される結論と結びついていた。

炭疽菌は簡単な実験設備で大量培養が可能

続いて三友は「私の知る限りでは、細菌の生産能力についての実験がなされたのはこの時限りで、炭疽菌について行われたことはない」とさりげなく述べている。実はこの記述は一〇〇部隊の病原細菌製造の技術力を示唆する内容と考えられる。

鼻疽菌の場合は、生産能力実証実験によって大量培養の技術開発に成功し、あとは実験室の日常業務としてこの大量生産システムを軌道に乗せるだけの状況に至ったと考えられる。それ以上の実験が必要でないことは当然の帰結である。

いっぽう「炭疽菌については行われたことはない」という記述は、一〇〇部隊は炭疽菌の大量生産技術力がすでに確立していたことを意味している。なぜなら、炭疽菌は培地での増殖力が旺盛で、細菌を培養する簡単な実験設備さえあれば炭疽菌の増殖は技術的に極めて容易である。相当量の炭疽菌が三河夏季演習で土壌の撒布実験に使われた事実からもそれが裏付けられている。

細菌戦を誇示する「資料室」の存在

三友は、「何かと秘匿されたことの多かった六科の中でも、細菌戦資料室の存在は又特別で、そうした部屋があったということさえ、気がつかなかった者も多かったのではなかろうか」と、一〇〇部隊の細菌戦資料室を見学した内容を以下のように記していた。

> 二部庁舎の地階に、何時も厚いカーテンを下ろし、入り口が厳重に施錠されている一室があった。私は常々、何んの部屋だろうかと不思議に思っていたが、或る日、その謎が解ける日がやってきた。井田技師がどんな目的で私をそこに連れて行ったのか、今もって、明らかでないが、その部屋は、一〇〇部隊が行ってきた一連の細菌戦研究の成果を展示した部屋だったのである。

前にも触れたように、臨時病馬廠の時代から、並河中佐の指揮の下に、夏・冬の演習が行われ、こうした演習は軍馬防疫廠になってからも続けられていた。こうした演習の中、東寧、三河、黒河等では河川を対象にした演習が行われ、白城子、孫呉、ハイラル、三河等の各地では、主として冬季に於ける消毒を目的とした実験が繰り返されていた。又、七三一部隊と合同で、細菌砲弾の発射実験を安達《アンダー》で行ったこともあった。細菌戦資料室には、これらの演習の様子が、写真や、地図や、図解等をもって示されており、炸裂した砲弾の破片等も展示してあった。
この部屋には、こうしたものの他に、万年筆型の注射器、細菌弾発射用小型拳銃、といったような謀略用細菌兵器等も展示されてあったが、それ等より私が意外に思ったのは、満州国に対するスパイ、謀略員、麻薬密輸者等の侵入ルートや、連絡先などが図式化されて掲示してあったことである。このことは、一〇〇部隊、就中《なかんづく》井田技師が、細菌戦の研究に携わっているばかりでなく憲兵隊や特務機関とも深くかかわりを持っていることを物語っているものであった。当時、総務部の調査科や企画科には、何名かの中野学校出身の将校が配属になっていた。
私の入営に際して井田技師は、『君を中野学校に入れようと思っているが、見習士官になったら必ず連絡をとるように』と何度も念を押していたが、これは、一応の細菌学を身につけた私を、将来、謀報、謀略という方面で働かせようと考えていたのであろう。あの時私を資料室に連れて行った意図は、案外その辺にあったのではないかと、現在そんな風に考えている
と、三友をとりまく危険な状況を語っており、一〇〇部隊が細菌戦部隊であることを客観的に示している。

四　牛疫[1]ウイルスの空中散布実験の真相

実験を暗示した三友の記述

三友は、「六科の別のグループでは、牛疫菌[2]の空中撒布実験の準備が進められていた」と記している。その内容は「牛疫に感染させた犢《とく》[3]の肉をミキサーで粉砕し、それをグリセリン溶液で稀釈して、七三一部隊から借りてきた航空機用特殊撒布器に充填する作業が行われていた。（昭和）十九年十一月、七三一部隊の安達特設実験場で、一定の間隔に繋留された多数の牛や羊の群に、七三一部隊の専用機から、前記牛疫菌を撒布する実験が実施されたが、この実験の目的は、平桜別班が購入した家畜や、興安北省に放牧されている家畜の群を、牛疫菌によって汚染させるためのものであった」と記し、この実験以降については「十九年十月に入営したので知る立場になかった」と、述べていた。

三友による牛疫ウイルスの空中散布実験の記述は、戦後ソ連のイワノボ将官収容所から帰国した一九五六年以降に、町田時男・獣医中尉から直接聞いた話をもとに記載したように思われる。

この事実の裏付けが、戦後のGHQ法務局調査資料の「山口本治ファイル」（詳細は第五章を参照）に含まれている「町田時男の一問一答」で初めて明らかになった。以下にその一問一答を示す。

山口本治ファイル（整理番号 17-42）にある町田時男の一問一答

Q：氏名、年齢は？
A：町田時男、二九歳。
Q：満州の関東軍軍馬防疫廠にいたか？
A：はい。
Q：配属は？
A：獣医中尉、一九四四年四月二日から一九四五年八月まで。
Q：組織は何と呼ばれ、どのような任務をもっていたか？
A：関東軍一〇〇部隊で四つの部（総務部と三つの実験部）からなっていた。
Q：どこに所属、特別の任務は何か？
A：第二部三科に配属、炭疽、鼻疽、馬伝染性貧血などの治療に従事していた。
Q：それらの疾病の原因を探るためどのような実験を行ったか？
A：鼻疽の場合は、健康な馬に様々な薬剤を使って治療したが、すべて死んでしまった。病気の程度を調べるために解剖を行い、そして肝臓、胃などの組織[4]や血清などを採取した。炭疽は扱わなかった。それは一科で扱っていた。馬伝染性貧血は薬品を投与したがダメだった。（以

下、省略）
Q：この部は誰が指揮していたか？
A：中山富雄中佐（一九四四年九月の飛行機事故で死亡）。その後、保坂安太郎・獣医中佐に交代。
Q：Harbin Experimental Station[5]と一緒に仕事をしたことはあるか？
A：つながりはない。しかし、ハルビンと関係がある第二部六科が一緒に実験を行なった時に一度だけあった。
Q：その実験内容は何か？
A：牛と羊の小集団に牛疫と羊痘の病原体[6]を飛行機から噴霧した。病気に感染するかどうかを動物で測定した。
Q：実験の結果はどうであったか？
A：十五頭の牛で二頭が病気になった。羊がオオカミに襲われてしまい、実験は継続できず、結果はえられなかった。
Q：実験はいつ行ったか？
A：一九四四年九月。
Q：ハルビンとの仕事は一回だけか？
A：はい。この一回だけ。

Q：この実験に軍馬防疫廠から誰が参加したか？
A：若松有次郎・獣医少将、保坂安太郎・獣医中佐、山口本治・獣医少佐、黄木壽之・獣医大尉、満田・技師、松井・技師、井田・技師、佐々木文存・獣医中尉。
Q：ハルビンからは誰が？
A：司令部の者（石井ではない）と他に二名、名前は知らない。
Q：東京からは誰が？
A：中山中佐ともう一人。
Q：鼻疽治療の実験的な仕事に関して、部と科で一緒に仕事をしたのは誰か？
A：保坂安太郎・獣医中佐、山口本治・獣医少佐、黄木壽之・獣医大尉、金田弘倫・獣医中尉、上田信男・獣医中尉、佐々木文存・獣医中尉、宍戸英雄・技師、小野豊・技師、加藤久彌・技師、豊城・獣医少尉、五島治郎・獣医少尉、満田昌行・技師。
Q：これらの十二名と君が鼻疽の治療に関与していたことは、事実か？
A：はい。
Q：君が言った実験は成功を収めたか？
A：うまくいかなかった。
以下、省略

「久葉昇の手記」粉末牛疫ウイルス開発研究の経緯

いっぽう牛疫ウイルスを風船爆弾に搭載して対米攻撃を計画していた事実が、伴繁雄『陸軍登戸研究所の真実』にある「久葉昇の手記」ですでに明らかになっている。久葉昇・獣医少佐はその経緯を以下のように語っていた。

「獣疫調査所の所属で登戸研究所の嘱託であった川島秀雄技師の推薦で一九四三年四月に陸軍登戸研究所二科七班に着任した。当時の登戸研究所の代表的な研究は、風船（気球）を使い、爆弾、焼夷弾を重点投下するほか、動物に対する謀略として一挙大量殺戮兵器を企画していた」「敵国牛乳の生産に重大な支障を来たせば、敵国民の生活は混乱し、ひいては戦争放棄の方向にむかわせようという謀略を、最終目的として。研究テーマは『風船爆弾搭載牛疫粉末病毒を以ってする対米攻撃』が可能かどうか、であった」「研究内容の想定には、川島技師のほか朝鮮総督府家畜衛生研究所の中村惇治《ママ》［淳治］技師の協力を得た」と、驚くべき事実を記していた。

研究開発のプロセスは、①強毒野外牛疫病毒の分離、継代と毒力検定、②乾燥牛疫病毒の製造、③粉末病毒の実践応用予備試験、④実戦用牛疫野外感染実験（昭和十九年五月）となっていた。その内容を簡単に紹介する。

①　奉天獣疫研究所と連絡をとり、野外強毒株の分離は当時満州・四平街で流行していた牛疫による斃死牛のリンパ節を採取し、牛疫強毒ウイルスを釜山の家畜衛生研究所で中村惇治・

技師が分離・同定した。

②　粉末牛疫病毒（ウイルス）は、牛疫感染牛の顎凹リンパ節を採取し、磨り潰して小麦粉を加え、デシケータ内で真空ポンプを使ってそれを乾燥させ、さらに細分化して粉末をアンプルに密封、製造した。

③　粉末牛疫病毒（ウイルス）の応用予備感染試験は、牛の口腔内にウイルスを噴霧したが感染が成立せず失敗の連続で、最後にウイルスが一mg入ったアンプルと試験牛が一頭だけが残った。最後のウイルスを牛の鼻腔内に噴霧したところ、試験牛は牛疫の典型的な症状を示し死亡し、実験は劇的に成功した。また、この実験期間中に一〇〇メートル離れた場所にいた牛一〇頭も牛疫に感染・斃死、ウイルスが飛散して感染が起ったと考えられた。

④　上記の成果をもとに、実戦用の感染試験を家畜衛生研究所の西にある朝鮮洛東江の三角州を実験地で、粉末牛疫病毒（ウイルス）五〇gを入れた花火用爆破装置を作り、発火地点より風下三十メートルに牛三頭、さらに扇状に広げて残り七頭の牛を配置した。実験当日は北風で風速二、三メートルの微風で、爆破装置が空中で爆発した瞬間に黄色の粉末病毒がすべての牛を包み込んだと記録されている。ウイルスに汚染された牛は、臨床観察の結果、実験後三日目に発熱、七日前後で全頭死亡、感染実験は一回で成功した。

さらに重大なことは、凍結乾燥した牛疫ウイルスがアメリカ本土を攻撃対象にした風船爆弾に搭載される予定になっていた。しかし東条英機陸軍大将の反対で爆弾に搭載されることはなかった事実も暴露されていた。

対米攻撃の中止（昭和一九年九月）

牛疫感染実験が成功し、参謀本部で「牛疫病毒を風船爆弾に積載して実戦に応用するさい、その二十トンを製造して米国の牛を攻撃、これを殲滅する方策について」会議が開かれた。参謀本部から作戦主任参謀、登戸研究所から草場季喜大佐（当時）、陸軍獣医学校・久池井中佐、農林省獣疫調査所・中村哲也所長が出席した。

会議の結論は、実戦に応用することが可能である、ということで意見の一致をみた。その後、参謀と会議出席者との間で種々議論が交わされ、参謀の発言があってしばらく席を立った。一同待機していた。参謀は東条陸軍大将と打ち合わせた後、東条大将の意見として「牛疫病毒を、風船爆弾を用いて、米国内の牛を攻撃、これを殲滅した場合、わが国の稲を収穫期に焼却されるおそれがある」との理由で「粉末病毒の風船爆弾による使用は、これを中止する」との結論が出された。残念ながら実戦に応用することは中止するの止むなきに至ったのである。

登戸研究所が行った牛疫病毒の研究は、満州一〇〇部隊（関東軍場防疫廠）でも行われていた。私は釜山での実験終了後、一〇〇部隊兼務を命ぜられ、その後まもなくハルピン西方の演習場で、軍医部との共同演習の際、仮想牛病毒の散布実験を見学した。

以上のことをまとめると一〇〇部隊が行った牛疫ウイルスを含有する肉汁を航空機から空中撒布し、霧状の肉汁（牛疫ウイルス）を家畜に感染・伝播させることができるか否かを目的とする実験は、家畜に対する低空からの細菌戦の具体的な野外実験であることが容易に理解できる。

しかも、町田時男・獣医大尉の一問一答によれば、実験の参加者は、町田以外に部隊長の若松有次郎・獣医少将、保坂安太郎・獣医中佐、山口本治・獣医少佐の幹部と黄木壽之・獣医大尉、満田（昌行）・技師、松井（経孝）・技師、井田（清）・技師と佐々木文存・獣医中尉の八名で、第二部六科の細菌戦謀略を担当するメンバーが勢ぞろいしていた。隊長の若松有次郎以下、一〇〇部隊をあげて牛疫ウイルスによる細菌戦準備の組織的対応を行っていた事実がこれですべて明らかになった。

注

1　牛疫は古代から世界中に知れわたる牛のペストと呼ばれる急性の致死性感染病で、原因は牛疫ウイルス。家畜は牛以外にめん羊、山羊、豚が感染。一八世紀に世界で二億頭の牛が死亡、その対策が近代獣医学発展の契機となった。一九世紀に牛疫は世界中に広がり、戦前の満州は汚染国。二〇世紀の初めから牛疫ワクチンの開発研究が進展、日本も朝鮮総督府釜山血清製造所を中心に研究が進み、一九二二年、朝鮮半島・中朝国境に免疫地帯（幅二十㎞、長さ千二百㎞）を構築、すべての牛に「蠣崎の不活化ワクチン」を接種した。二一世紀に入り二〇一〇年世界で十年間発生がなかったため、牛疫は世界から撲滅されたことが確認され、二〇一一年六月、ＦＡＯ総会で正式に世界牛疫撲滅宣言が行われた。牛疫の撲滅は世界の動物疾病では最初で、ヒトの天然痘撲滅（一九八〇年）に次ぐ感染症対策の偉大な成果といえる。

2　牛疫の病原体はウイルス。

3　仔牛のこと。

4　薬品名は判読不能。

5　七三一部隊と思われる。

6　いずれも動物のウイルス疾病。

参考文献

池内了『科学と戦争』三-四頁、岩波新書、二〇一六年。

江田いづみ「関東軍軍馬防疫廠１００部隊像の再構成」『戦争と疾病』本の友社、四一-七一頁、一九九七年。

小河孝『満州における軍馬の鼻疽と関東軍　奉天獣疫研究所・馬疫研究処・１００部隊』文理閣、二〇二〇年。

小河孝「留守名簿を手がかりにした１００部隊隊員・関係者などの追跡調査（経過報告）」、『15年戦争と

日本の医学医療研究会誌』二一（一）、二六–三八頁、二〇二〇年。

獣医団要報「昭和十九年度陸軍技術研究会発表事項抄録」『陸軍獣医団報』四一八、一九七–二一五頁、一九四四年。

伴繁雄『陸軍登戸研究所の真実』芙蓉書房出版、九七–一〇五頁、二〇一〇年。

三友一男『細菌戦の罪』泰流社、一九八七年。

山内一也「牛疫根絶への歩みと日本の寄与」、『日本獣医師会雑誌』六三、六四九–六五四頁、二〇一〇年。

第五章

一〇〇部隊の戦争責任を問う——「留守名簿」とGHQ・LSの調査から

小河 孝

写真1　留守名簿の表紙

『留守名簿 関東軍軍馬防疫廠（留守名簿・一〇〇部隊）』は、西山勝夫・滋賀医科大学名誉教授によって国立公文書館が保管する日本側史料から発掘された。そこには一九四五年十二月一日現在の一〇〇部隊に所属する隊員の氏名が記載されていた。留守名簿は陸軍省『留守業務規程』（一九四四年十一月三〇日付）で定められた公文書で、戦地や外地にある部隊に所属する軍人・軍属の氏名、生年月日、兵種官、部隊編入月日、前所属、本籍地、留守家族の続柄、徴集、任官等で構成され、使用目的は家族などに対する恩給、年金などの支給に使うためとされている（写真1、表紙）。

一　『留守名簿・一〇〇部隊』の獣医将校四十名と技師十五名の追跡調査

『留守名簿・一〇〇部隊』にある獣医将校四十名と技師十五名の記録（氏名、生年月日、兵種官、部隊編入月日、前所属、本籍地）は、西山勝夫教授から入手した。

獣医将校と技師五十五名の氏名を用いた情報検索

① 国立国会図書館ホームページのサーチの簡易検索に五十五名の氏名を逐次入力、記事・論文の抽出をおこなった。同姓同名の存在によって膨大な情報がある場合、獣医などのキーワードを入力、再検索で的確な情報をえる工夫をした。そこから学位論文の情報なども入手、さらに詳細検索により該当論文から戦中・戦後の所属先（勤務先）もおおよそ特定できた。

② 第四章表3の「昭和十九年度、陸軍技術研究会獣医部会発表事項」の研究発表者名から先の五十五名に該当しない氏名について①と同じ手法で情報検索を行った。

③ 五十五名のうち戦後大学等に勤務した経歴がある者は、記事・論文だけでなく退官記念本や私費出版などからの情報も重要と考え、本や新聞記事などすべての情報に注意を払った。

④ 情報検索以外に、戦友会関連の『中支那軍馬防疫廠思い出の記録』、『神洞：旧満洲五七三

七部隊戦友会誌』、陸軍獣医部の『紫陽会名簿 会員軍歴簿付』（陸軍獣医部関係者名簿で軍人・軍属二千七百二十五名の住所、職業、軍歴を記載）および『日本獣医学人名辞典』などの情報も参照に用いた。

表4と5に、留守名簿の記録に情報検索と資料の照合で集めた新たなエビデンスを加え、一〇〇部隊の内部構造を分析する獣医将校と技師のデータベースとしてまとめた。

表4の獣医将校四十名の新たな情報の概要は、①東京帝大農学部獣医学科の出身者が五名、博士号の取得者が七名存在した。②戦後の就職先は農水省三名（家畜衛生試験場二名、動物医薬品検査所一名）、地方公務員が六名、国立大学が三名、私立大学一名であった。③製薬会社関係は、京都微研、日生研、東芝製薬、日本医薬に一名ずつ、乳業会社に一名就職していた。博士号の取得が就職先とリンクしていることがうかがわれる。

表5の技師の新たな情報は、北海道帝大出身者が四名、そのうちの三名は農学部畜産二部（獣医学科）以外の卒業で詳細はわからない。いっぽう加藤久彌・技師を含む東京帝大卒の二名は獣医学科出身であった。博士号は調査科で謀略に関連した井田清（伝染病研究所出身）を除く五名が取得、国立大学あるいは試験研究機関に就職していた。なお井田の情報は、『細菌戦の罪』にある三友の記述と帝銀事件の甲斐捜査記録に名前がある以外にまったくみつからなかった。

表４『留守名簿 関東軍軍馬防疫廠』の獣医将校の新たな情報

通番	氏名	生年月日	役種兵種官	戦後の主な勤務先	特記事項（卒業校、学位、その他）
443	安藤敬太郎	1921/7/7 生	豫獣少尉	農水省家畜衛生試験場北海道支場長　麻布大学教授	麻布獣医専門学校卒　獣疫調査所　東邦大・医学博士
444	市川秀蔵	1909/2/10 生	予．獣．中	三重県度会家畜保健衛生所	
445	上田信男	1919/1/16 生	予獣中尉		
446	黄木壽之	1920/9/29 生	現獣中尉	北海道上川共済、ホクレン部長	
447	唐澤邦夫	1910/3/1 生	予獣大尉		
448	川西信彦	1918/8/1 生	現獣中尉		
449	神原昭夫	1915/12/18 生	現獣大尉		中野学校出身（軍歴簿に記載あり）
450	金田弘倫	1917/10/22 生	予獣中尉	微生物化学研究所（京都微研）	
451	粕谷要助	1898/5/1 生	予獣中尉		
452	黒木正雄	1910/1/7 生	予獣中尉	宮崎大学農学部	
453	久保田逸雄	1921/1/10 生	現獣大尉	熊本県畜産課主幹	
454	五島治郎	1913/3/17 生	予獣少尉	岩手大学教授　名古屋大学教授	東京帝大卒　東大・農学博士
455	財前旭夫	1907/3/25 生	予獣大尉	日本生物科学研究所	盛岡高等農林学校卒 東京医大・医学博士
456	佐藤卯三郎	1915/10/17 生	予獣中尉	農水省動物医薬品検査所室長	東京高等農林学校卒 日大・農学博士
457	佐藤　登	1921/3/21 生	予獣少尉		
458	島田博平	1919/1/28 生	予獣大尉		
459	杉山良一	1916/1/25 生	予獣大尉	農業	
460	菅田正徳	1914/6/21 生	予獣少尉		
461	鈴木良次	1912/1/25 生	予獣大尉		
462	関　重作	1916/2/16 生	特志獣中尉	関材木（kk）社長	
463	高宮重吉	1914/1/21 生	現獣中尉	営農　装蹄　人工授精師	
464	豊城英寿	1915/11/4 生	予獣少尉		
465	中島嘉市	1919/6/6 生	現獣中尉	愛知県畜産センター長	
466	中野辰雄	1907/11/28 生	現獣中尉		
467	中島　清	1915/12/1 生	予獣中尉		
468	野本貞夫	1916/11/16 生	現獣大尉	埼玉県畜産試験場長	東京帝大卒　中野学校卒 11 年間ソ連抑留 『幾星霜』私家版
469	林田仲男	1922/1/20 生	豫獣少尉	栃木県宇都宮家畜保健衛生所長	
470	長谷川好道	1913/10/25 生	予獣少尉		
471	平野鉄郎	1911/12/10 生	現獣務少尉		
472	平野愼吉	1911/3/27 生	現獣少佐	スタイル洋装店経営	

通番	氏名	生年月日	役種兵種官	戦後の主な勤務先	特記事項（卒業校、学位、その他）
473	保坂安太郎	1908/9/29 生	現獣中佐	東芝製薬（株）常務取締役	東京帝大卒 麻布獣医大・獣医学博士
474	町田時男	1919/12/24 生	現獣中尉	協同乳業(株)常務	北佐久農業学校卒
475	松山広信	1914/4/23 生	予獣大尉		
476	丸山昇司	1917/9/22 生	予獣中尉	神奈川県横浜家畜保健衛生所長	北佐久農業学校卒
477	松山資郎	1907/5/24 生	予獣中尉	山階鳥類研究所	
478	三井高孟	1915/12/18 生	現獣大尉	三井プロダクション代表	
479	山口本治	1915/1/18 生	現獣少佐	農林省家畜衛生試験場技術連絡科長 新潟大学農学部教授・農学部長	東京帝大卒　東大・農学博士 『馬骨啾啾　随想集』私家版
480	安岡朝嘉	1914/2/19 生	現獣少佐	開業獣医師	
481	山下四郎	1910/2/25 生	特志獣大尉		盛岡高等農林学校卒
482	若松有次郎	1897/2/1 生	現獣少将	日本医薬工場長	東京帝大卒　東大・農学博士

表5 『留守名簿 関東軍軍馬防疫廠』の技師の新たな情報

通番	氏名	生年月日	役種兵種官	戦後の主な勤務先	特記事項（出身校、学位、その他）
282	秋山　信	1898/6/28 生	技師高四	開業獣医師	
283	井田　清	1907/5/8 生	技師高四		北海道帝大卒　伝染病研究所出身
284	小野　豊	1908/4/5 生	技師高四	神戸大学教授	北海道帝大卒　北大・獣医学博士
285	加藤久彌	1911/1/24 生	技師高五	岩手大学農学部教授 岩手大学学長	中支那軍馬防疫廠 東京帝大卒　東北大・農学博士
286	片木六郎	1921/3/9 生	技師五級		
287	坂本只一	1907/8/15 生	技師六等		
288	宍戸英雄	1897/12/6 生	技師高三	山形大学農学部教授	北海道帝大卒 北海道帝大・農学博士
289	庄司正一	1918/8/31 生	技師十一級		
290	成田武四	1913/7/18 生	技師高六	北海道農業試験場	北海道帝大卒　北大・農学博士
291	中本為治郎	1903/3/19 生	技師高五		
292	藤田勝正	1906/10/8 生	技師高四		
293	松井経孝	1916/2/3 生	技師十一級	東京都衛生局	
294	満田昌行	1909/5/27 生	技師高六		
295	村上　豊	1912/8/18 生	技師高六	広島大学教授	東京帝大大学院卒 東大・農学博士
296	和田松治	1893/10/8 生	技師高七		

留守名簿にないが他の資料に名前がある一〇〇部隊・獣医将校の調査結果

留守名簿にないが、「昭和十九年度、陸軍技術研究会獣医部会発表事項」（表３）の課題担当者に名前がある二名の獣医将校（渡辺守松・獣医中尉と佐々木文存・獣医中尉）と、さらに渡辺守松の鼻疽論文に共著名がある鳥羽秋彦・獣医中尉の実像が調査のなかで判明した。

鳥羽秋彦と渡辺守松の二人はいずれも東京帝大農学部獣医学科卒、戦後に東大で農学博士を取得している。鳥羽秋彦が農林省家畜衛生試験場東北支場から東北大学農学部教授へ、渡辺守

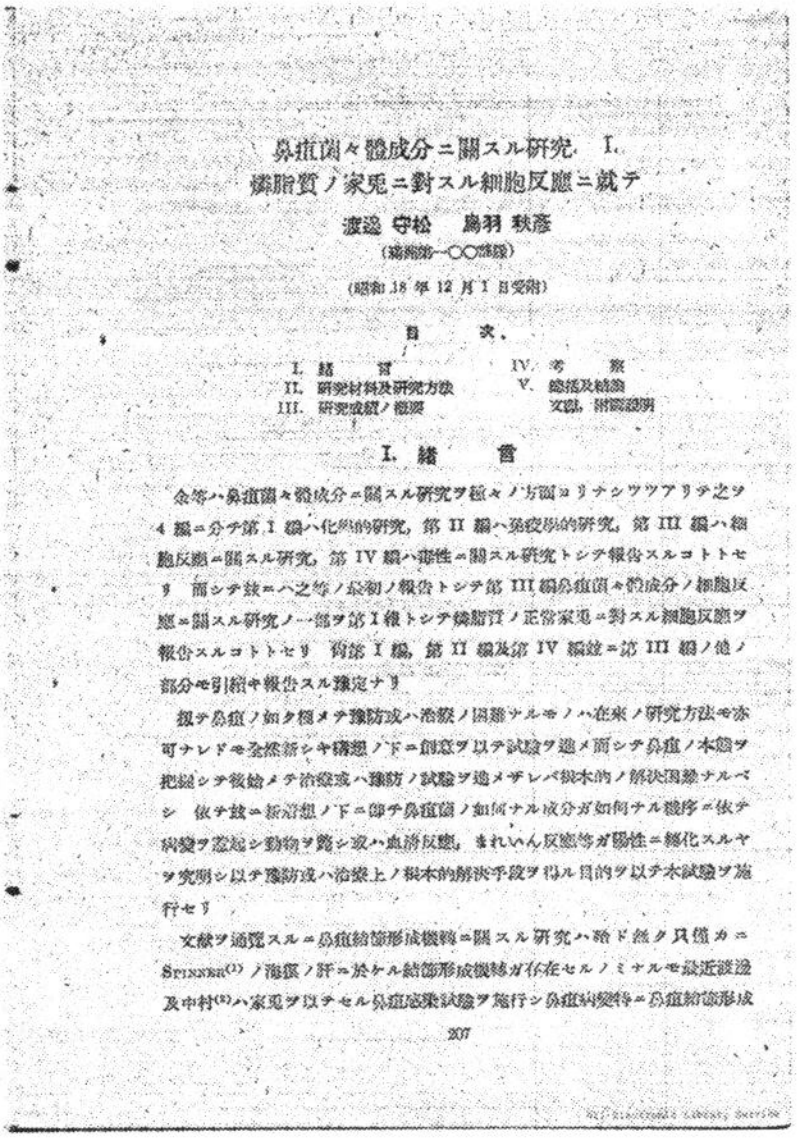

鼻疽菌々體成分ニ關スル研究 I.
燐脂質ノ家兎ニ對スル細胞反應ニ就テ

渡邊 守松　鳥羽 秋彦

（滿洲第一〇〇部隊）

（昭和18年12月1日受附）

目 次

I. 緒 言　IV. 考 察
II. 研究材料及研究方法　V. 總括及結論
III. 研究成績ノ概要　文獻, 附圖説明

I. 緒 言

余等ハ鼻疽菌々體成分ニ關スル研究ヲ種々ノ方面ヨリ行ナヒツツアリテ之ヲ4編ニ分チ第I編ハ化學的研究, 第II編ハ免疫學的研究, 第III編ハ細胞反應ニ關スル研究, 第IV編ハ毒性ニ關スル研究トシテ報告スルコトトセリ 而シテ茲ニハ之等ノ最初ノ報告トシテ第III編鼻疽菌々體成分ノ細胞反應ニ關スル研究ノ一部ヲ第I報トシテ燐脂質ノ正常家兎ニ對スル細胞反應ヲ報告スルコトトセリ 尚第I編, 第II編及第IV編並ニ第III編ノ他ノ部分モ引續キ報告スル豫定ナリ

抑テ鼻疽ノ如ク極メテ豫防或ハ治療ノ困難ナルモノハ在來ノ研究方法モ亦可ナレドモ全然新シキ構想ノ下ニ創意ヲ以テ試驗ヲ進メ而シテ鼻疽ノ本態ヲ把握シテ後始メテ治療或ハ豫防ノ試驗ヲ進メザレバ根本的ノ解決困難ナルベシ 依テ茲ニ新構想ノ下ニ即チ鼻疽菌ノ如何ナル成分ガ如何ナル機序ニ依テ病變ヲ惹起シ動物ヲ斃シ或ハ血清反應, まれいん反應等ガ陽性ニ轉化スルヤヲ究明シ以テ豫防或ハ治療上ノ根本的解決手段ヲ得ル目的ヲ以テ本試驗ヲ施行セリ

文獻ヲ通覽スルニ鼻疽結節形成機轉ニ關スル研究ハ殆ド無ク只僅カニSpinner(1)ノ海猽ノ肝ニ於ケル結節形成機轉ガ存在セルノミナルモ最近渡邊及中村(2)ハ家兎ヲ以テセル鼻疽感染試驗ヲ施行シ鼻疽病變特ニ鼻疽結節形成

207

写真２　日本獸醫學雜誌 6(3), 207-228, 1944

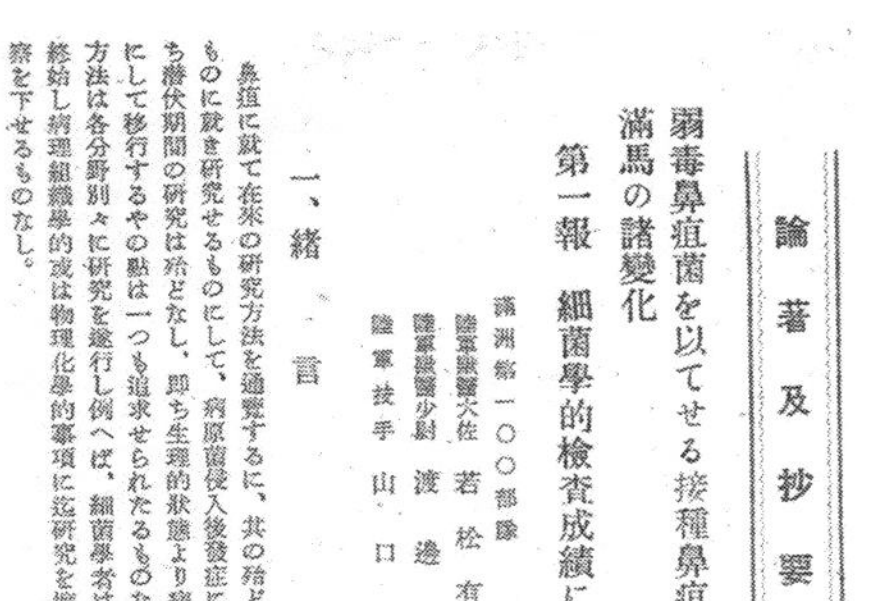

論著及抄要

弱毒鼻疽菌を以てせる接種鼻疽滿馬の諸變化
第一報　細菌學的檢査成績に就て

滿洲第一〇〇部隊
陸軍獸醫大佐　若松有次郎
陸軍獸醫少尉　渡邊守松
陸軍技手　山口藤藏

一、緒言

鼻疽に就て在來の研究方法を通覽するに、其の殆ど全ては發症後のものに就き研究せるものにして、病原菌侵入後發症に至る迄の間、即ち潜伏期間の研究は殆どなし、即ち生理的狀態より病理的狀態に如何にして移行するやの點は一つも追求せられたるものなし、又其の研究方法は各分野別々に研究を遂行し例へば、細菌學者は細菌學的檢索に終始し病理組織學的或は物理化學的事項に迄研究を濱め以て綜合的觀察を下せるものなし。

写真３　陸軍獣医団報　417, 126-136, 1944

松は家畜衛生試験場研究第二部長などを経て外資系製薬会社サルスベリージャパンの顧問におさまっていた。とくに渡辺守松は『日本獣医学人名辞典』に、関東軍軍馬防疫廠所属と記載されていた。また『神洞：旧満洲五七三七部隊戦友会誌』への寄稿文で、一〇〇部隊在籍中に脊椎カリエスを発症、一〇〇部隊の山口本治・獣医少佐が入院先の新京陸軍病院に見舞いに来たことや内地に送還されたことなど個人的な経緯は明らかにしていたが、一〇〇部隊での様子や隊長の若松有次郎と鼻疽の共同研究をしていた経緯などは一切書かれていなかった。

いっぽう鳥羽秋彦は、三友が「鼻疽菌の生産能力実験で鼻疽菌五kgを採取した際に一科の鳥羽中尉の実験室に送った」という記述（第四章）以外に、一〇〇部隊での行動やどのように日本に戻ったかも全くわからない。同様に留守名簿に名前がない佐々木文存・獣医中尉は戦後、微生物科学研究所（京都微研）の社長となり、神戸医大で医学博士を取得していた。

退官記念本から見えてきた一〇〇部隊の追跡調査の突破口

二〇二〇年六月、山口本治・獣医少佐の『随想集 馬骨啾啾』私家版にある「浮き沈み六十年―私の人生劇場―」（新潟大学広報第五十五号）と題する記事の存在を探し当てた。

「第三幕はマッカーサー指令による公職追放が解除され、農林省家畜衛生試験場に拾われて『日本畜牛の結核とツベルクリン反応』のスタンダードを数年かかって確定し、その後農林本省や動物医薬品検査所で多少なりとも日本の家畜衛生行政の中核に参与した事である」

「第二幕は昭和十三年学窓を出て陸軍獣医として満蒙の戦野で『帝国必勝の信念』に燃えていろいろやった処が戦後戦犯容疑者としてGHQ法務部で拷問を交えた峻烈な取り調べを受け、遂に証拠不充分として無罪放免される迄の『カミソリの刃渡り』にも似た人生の激突シーンの数々であろう」

そして「第一幕は台湾澎湖島に生を享け東大獣医学科を出る迄の誰しもが持つ青春の甘酸っぱい憶い出である」

山口本治は自分の半生を人生劇場に例えて吐露、第三幕でGHQによる取り調べがあったことを自ら語っていた。これから述べる「山口本治ファイル」による一〇〇部隊の実態解明の手がかりになる一つのエピソードといえる。

二 「山口本治ファイル」の解読

「留守名簿・一〇〇部隊」の情報入手を契機に国立公文書館の情報検索システムを活用、記事・論文を幅広く検索した結果、一〇〇部隊の概要と実態が少しずつ明らかになってきた。

加藤哲郎教授との共同検討作業は、近藤昭二編『七三一・細菌戦資料集成　CD-ROM版DISC2』（二〇〇三年）と中国で編纂された近藤昭二・王選編『日本生物武器作戦調査資料第六冊（二〇一九年）を用い、戦後GHQ法務局が調査した一〇〇部隊に関する二つの「山口

表6　二つの「山口本治ファイル」の抜粋と比較

2019年整理番号	作成年月日	内　容	作成者名	2003年整理番号
9.3	1946.6.26	紀野猛の尋問報告	John R. Eglsear	
9.4	1946.6.28	山口本治の尋問報告	Joseph F. Sartiano	
9.6	1946.7.22	保坂安太郎の記録	T. Kagoshima	
9.7	1946.7.22/30 1946.8.13	山下四郎の記録 山下四郎の学歴	T. Kagoshima T. Kagoshima	
9.8	1946.8.8	法務局の調査報告（西村・長野県の日付のない手紙）	Joseph F. Sartiano	17-5
9.9	1946.8.23	戦争犯罪の通告（西村武の手紙）	西村武	17-2
9.11	1946.9.14	山口本治、保坂安太郎、若松有次郎、山下四郎の軍歴	L.H. Barnard	
9.17	1946.11.27	山口本治のインタビュー	Taro Shimomura	17-14
9.18	1946.11.29	西村武の経歴	T. Nobori	
9.20	1946.12.3	若松有次郎の尋問報告	John C. Donnell	17-16
9.21	1947.1.24	西村武の尋問報告	Ernest H. Powell	17-19
9.26	1947.3.6	紀野猛の尋問	Joseph F. Sartiano	17-29
9.27	1947.3.11	紀野猛の再尋問	Neal R. Smith	17-32
9.29	1947.3.17	大内守と町田時男のインタビュー	John A. Duffy	17-42
9.30	1947.4.4	法務局の調査報告（総括）	Neal R. Smith	17-50
	1947.4.17	安藤敬太郎の一問一答	不明	17-56
9.31	1947.4.18	G2の指揮下でというウイロビーの指示	Neal R. Smith	17-59
9.39	1947.7.17	「山口本治ファイル」についての覚書	Neal R. Smith	
	不明	関東軍軍馬防疫廠（1944.6-1945.8）〔手書きメモ〕	Neal R. Smith	17-64

本治ファイル」の解読に進展した。

前者の「山口本治ファイル」（整理番号17-1から17-74）は、コピーの文字が潰れ判読不可能の部分が多く、すべてを解読できなかった。しかし後者の「山口本治ファイル」（整理番号9.1から9.39）は、二〇一九年に米国国立公文書館（ＮＡＲＡ）の資料を用いて新たに編集・作成した資料で、コピーが鮮明ですべてを解読することができた。

表6に二つの「山口本治ファイル」の抜粋項目の比較を示した。当初、ＮＡＲＡの資料がほぼ共通に編集されていると思われたが、実際に比較すると二〇〇三年にあるが二〇一九年にない資料、もしくはその逆の場合があった。

具体例をあげれば、二〇〇三年資料にある一九四七年四月一七日付の安藤敬太郎の尋問記録（整理番号17-56）とニール・スミスの手書きメモによる一〇〇部隊編成表（整理番号17-64）は、二〇一九年資料に存在しなかった。逆に二〇一九年資料は西村武の手紙（一九四六年八月二三日）の以前に紀野猛（一九四六年六月二六日）と山口本治（一九四六年六月二八日）の尋問記録などが存在していた。さらに、「山口本治ファイル」の最終総括（法務局の一〇〇部隊調査の結論）と思われる一九四七年七月十七日の「覚書」（整理番号9.39）が編集されていた。

ニール・スミスの手書きメモによる一〇〇部隊編成表（一九四四年七月～一九四五年八月）

この手書きメモ（整理番号17-64）は、おそらくＧＨＱ法務局がＢＣ級戦犯の調査で一〇〇

表7　ニール・スミスの手書きメモ（整理番号 17-64）による 100 部隊編成表（1944 年 7 月～1945 年 8 月）

部隊長		若松有次郎	獣医少将
総務部	部長	山下四郎	獣医大尉
調査科	科長	井田　清	技師
		野本貞夫	獣医大尉
		神原昭夫	獣医大尉
		松井経孝	技師
図書科	科長	井田　清	技師
畜産科	科長	藤田勝正	技師
		黒木正雄	獣医中尉
		市川秀蔵	獣医中尉
補給科	科長	唐澤邦夫	獣医大尉
第 1 部	部長	山口本治（1944 年 7 月～ 1945 年 8 月）	獣医少佐
第 1 科	科長	杉山良一	獣医大尉
第 2 科	科長	小野　豊	技師
		紀野　猛	技手
第 2 部	部長	保坂安太郎（1944 年 7 月～ 1945 年 8 月）	獣医中佐
第 1 科	科長	保坂安太郎	獣医中佐
		井田　清	技師
		満田昌行	技師
		山口藤蔵	技手
		佐々木文存	獣医中尉
第 2 科	科長	小野　豊	技師
		加藤久彌	技師
		紀野　猛	技手
第 3 科	科長	藤田勝正	技師
		池端	技手
第 4 科	科長	宍戸英雄	技師
		村上　豊	技師
第 5 科	科長	上田信男	獣医中尉
		豊城英寿	獣医少尉
		大塚時雄	技手
第 6 科	科長	山口本治（1944 年 3 月～ 7 月）	獣医少佐
	科長	保坂安太郎（1944 年 7 月～ 1945 年 8 月）	獣医中佐
		町田時男	獣医大尉
		川西信彦	獣医大尉
		黄木壽之	獣医大尉
		満田昌行	技師
		佐々木文存	獣医中尉
第 3 部	部長	山口本治（1944 年 7 月～ 1945 年 8 月）	獣医少佐
第 1 科	科長	松山広信	獣医大尉
		秋山　信	技師
		池田	技手
		西村　武	技手
		安藤敬太郎	獣医少尉
第 2 科	科長	財前旭夫	獣医大尉

部隊の概要を掌握するために作成したと思われる。編成表の期間が『留守名簿・一〇〇部隊』（一九四五年十二月一日）と時期的に重なっているため、小河が表7の一覧表の形にまとめ、先の獣医将校と技師五十五名の氏名との照合に用いた。以下、編成表の内容について簡単にコメントする。

総務部調査科は一〇〇部隊の細菌戦謀略を調整する部署で、科長が井田清・技師、部下の野本貞夫・獣医大尉と神原昭夫・獣医大尉が陸軍中野学校出身者であった（表4参照）。他に松井経孝・技師が所属していた。

第一部が検疫と防疫業務、第二部が実験と研究、第三部が血清製造部門である。山口本治・獣医少佐が第二部六科長を四か月間（一九四四年三月～七月）務め、その後第一部と第三部長に異動、二つの部長を兼任した。第二部長は山口本治・獣医少佐から引き継いだ保坂安太郎・獣医中佐が担当、第二部の一科長（鼻疽研究）と六科長も兼務していた。

第二部六科は三友一男が指摘する細菌戦謀略の実行部隊で、町田時男・獣医大尉、川西信彦・獣医大尉、黄木壽之・獣医大尉、佐々木文存・獣医中尉、満田昌行・技師が所属、佐々木文存と満田昌行は一科と六科を兼務していた。第六章でとり上げる加藤久彌・技師は、第二部二科（病理担当）に所属していた。この編成表は、GHQ法務部が調査のためBC級戦犯容疑者のみを選別したのか、留守名簿にある獣医将校四十名と技師十五名の氏名のごく一部しか記載されていなかった。

しかし、戦後GHQ法務局あてに一〇〇部隊による「人体実験の噂」を投書（手紙）で告発した西村武・技手と紀野猛・技手の両名は、氏名と所属部署が記載されていた。このほかに技手の山口藤蔵、池端、大塚時雄、池田の名前があった。

GHQ法務局調査は西村武の手紙から始まったのか？

青木富貴子は、NARAでGHQ法務局のニール・スミス中尉のメモランダムの解読から第三三〇号調査は「西村という人物から始まった」と記している。この第三三〇号調査は「山口本治ファイル」に相当する。西村は一〇〇部隊編成表に名前がある技手の西村武のことで、GHQ法務局に二通の手紙（告発文）を送っていた。**写真1-1**と**写真1-2**に、手紙の内容を分析するため**表6**にある整理番号9.8と9.9の西村武の手紙（原文）二通を示した。

写真1-1の一九四六年八月十三日付けの手紙は「捕虜多数を獣疫の実験に供し解剖せり」と書かれ、いっぽう**写真1-2**の日付のない手紙（封筒に西村・長野県と記載）は「試験ニ供セル細菌ハ鼻疽菌ナリ」となっていた。法務局は二つの手紙にある微妙な表現の違いをどのように認識したのか、調査ファイル17-3にある翻訳の文章で確かめた。前の手紙は動物の伝染病一般を意味する「獣疫」がcattle plague（牛疫）と誤訳されていた。しかし、GHQ司令部に提出された調査資料17-4の翻訳は「infected prisoners of war with glanders」（戦争捕虜に鼻疽を感染させた）と訳されていた。結論を言えば誤訳したが、西村が日付のない手紙に

「試験ニ供セル細菌ハ鼻疽菌ナリ」と記したことが、一〇〇部隊の鼻疽の人体実験を追及するＧＨＱ法務局の出発点になっている。

さらに写真1-1の手紙は、「戦争犯罪人の通告」として山口本治、若松有次郎、保坂の三名を告発していた。写真1-2の手紙は、「再ビ戦争犯罪人ヲ通告ス」として、山口本治、若松有次郎、保坂と松下四郎の四名を告発していた。なお、一〇〇部隊編成表に山下四郎の名前があ

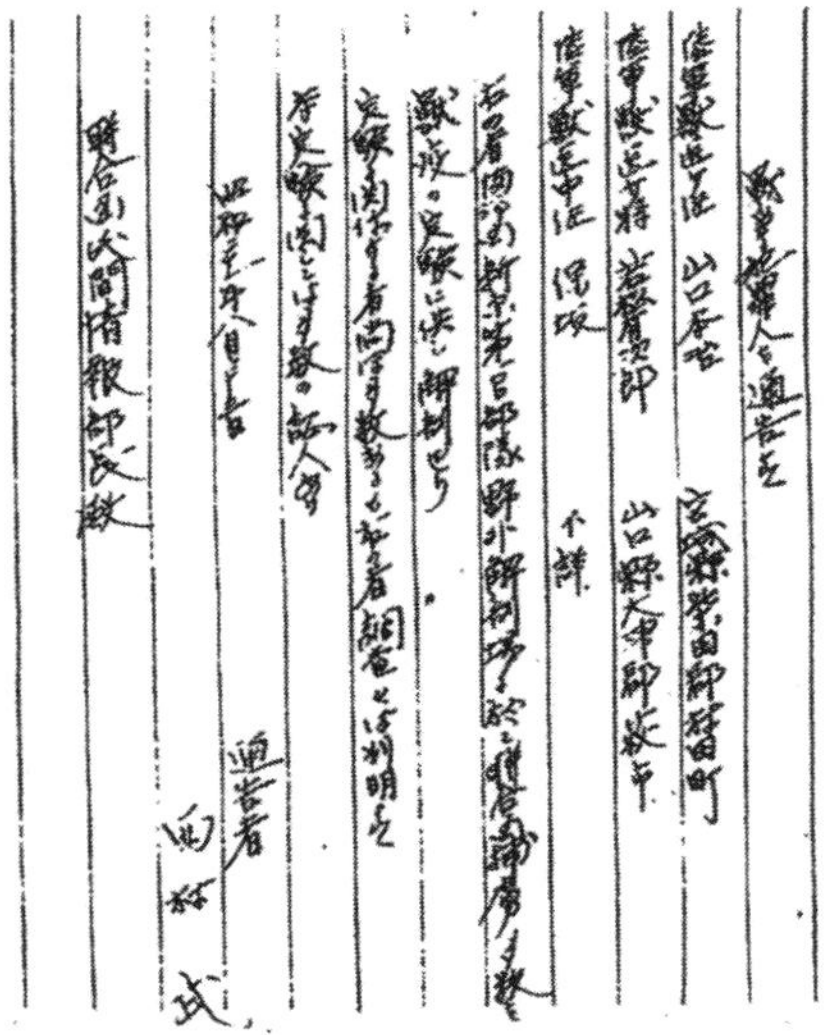
戦争犯罪人ヲ通告ス
陸軍獣医中佐　山口本治
陸軍獣医少将　若松有次郎
陸軍獣医中佐　保坂　不詳
右三名ハ満州新京第一〇〇部隊野外ニ於テ
細菌ノ試験ニ供シ解剖セリ
昭和二十一年八月十三日
通告者　西村武
聯合国民間情報部長殿

写真1-1　西村武の1946年8月13日付けの手紙

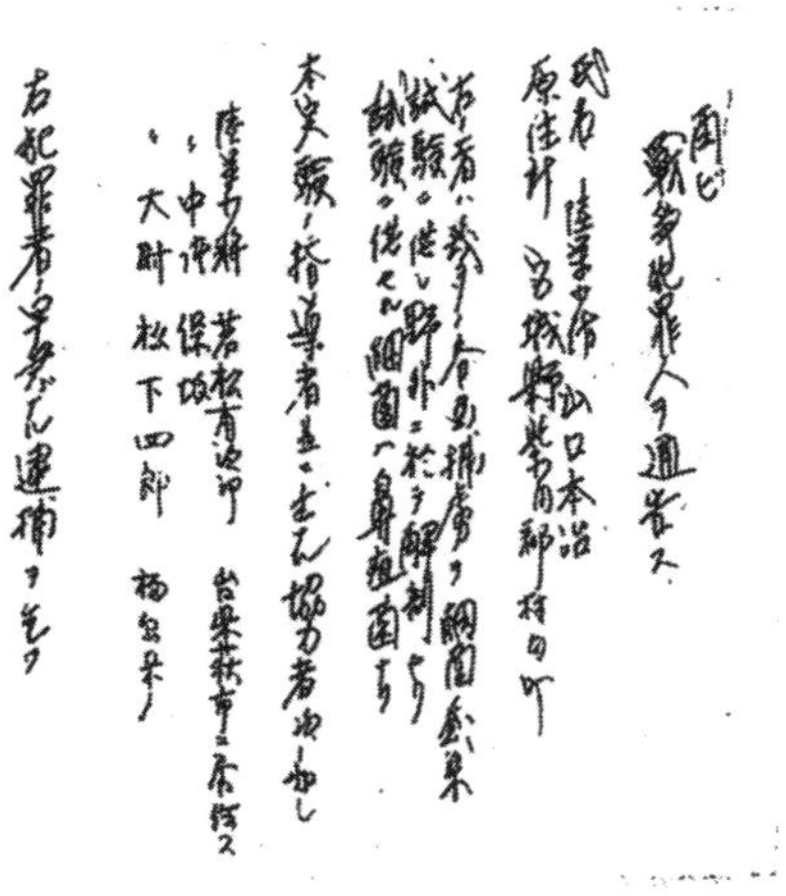
再ビ戦争犯罪人ヲ通告ス
陸軍中佐　山口本治
右者ハ
試験ニ供シ野外ニ於テ解剖セリ
試験ニ供セル細菌ハ鼻疽菌ナリ
本実験ノ指導者並ニ主ナル協力者次ノ如シ
陸軍少将　若松有次郎
〃中佐　保坂
〃大尉　松下四郎
右犯罪者ヲ

写真1-2　日付のない手紙（封筒に西村・長野県と記載）

るため松下は山下の間違いと思われる。

西村武の手紙以前に紀野猛の手紙（一九四六年二月十日付）が存在

常石敬一編訳『標的・イシイ』は、紀野猛の最初の尋問（一九四六年六月二六日）の前に紀野猛の手紙（一九四六年二月十日）が存在することを取り上げていた。しかし、この手紙は二つの「山口本治ファイル」のどこにも見当たらなかった。中国側で編纂された資料をすべて解読した結果、手紙の存在と経緯がニール・スミスの調査報告（総括）（整理番号9.30）の中に概略以下のように記載されていた。

「一九四六年二月十日、宮崎県児湯郡高鍋町の紀野猛と名乗る人物から直接法務局に手紙が来た。山口県萩市の何人かの人間が中国・新京の孟家屯の試験場で連合軍捕虜を人間モルモットとして使用、責任者として若松有次郎、山下四郎、保坂安太郎、山口本治の名前をあげていた。この手紙と翻訳文は法務局のCriminal Registry DivisionにJA 19-242ファイルとして保管されている」

紀野猛の手紙のコピーが手元にないため内容の詳しい検討ができないが、西村武の「日付のない手紙」が戦犯として告発した同一人物の四名が紀野猛の手紙にも記載されていた事実が明らかになった。

三　先行著書を参考にした尋問記録の解読

(一) 紀野猛の最初の尋問（一九四六年六月二六日、整理番号9.3）

常石敬一、西里扶甬子と青木富貴子は著書で紀野の尋問報告の要点をとりあげていた。紀野は一九三八年六月から一九四〇年二月まで関東軍軍馬防疫廠に軍属として勤務、徴兵のため軍馬防疫廠を離れたが一九四三年四月に復帰した。尋問で「戦争捕虜に鼻疽を感染させ解剖したことの噂を聞いた。それは戦争捕虜であったか苦力《クーリー》だったかは知らない」と噂を強調していた。尋問記録を解読したが、資料の添付は省略した。

(二) 山口本治の最初の尋問（一九四六年六月二六日、整理番号9.4）

山口本治の尋問は、西村武の「日付のない手紙」（山口本治の住所を記載）と紀野猛の手紙で告発されたことから早期に実現した。山口本治は福島県の第八八軍政部の一〇号室で真実を述べると宣誓の後、尋問を受けた。関東軍軍馬防疫廠に勤務、鼻疽の治療試験をしていたことを認めた。しかし、戦争捕虜やヒトが伝染病で死んだことは聞いてないと否定した。一〇〇部隊の組織について、第一部は検疫と防疫業務、第二部は実験と研究、第三部は血清の製造部門と供述した。「西村武について」の問いに「西村は第三部の部下、同じく獣医で血清を製造していた」と答え、西村との間で確執があったことも語っていた。

資料一　山口本治の尋問報告（一九四六年六月二八日、整理番号9.4）

山口本治は福島県の第八八軍政部一〇号室で真実を述べると宣誓の後、

Q：氏名、年齢、住所と宗教は？

A：山口本治、三二歳、宮城県村田町、仏教、既婚、子ども二人。

Q：陸軍にいつ入隊したか？

A：一九三八年四月二〇日、千葉県習志野の第一六騎兵連隊に見習い将校として。

Q：そこでの任務は？

A：獣医師。

（中略）

Q：そこからどこへ移動したか？

A：東京の陸軍獣医学校で少尉として一九三八年十二月二〇日まで馬疾病の教程を受けた。そこから一九四〇年八月一〇日までの間、獣医部隊として姫路第一〇騎兵連隊に転属、部隊は満州のジャムスに移動。その後大尉に昇格。ジャムスに一九四二年三月までいた。そこから東京の陸軍獣医学校へ病理学専攻の甲種学生でもどった。教程終了後、一九四四年三月に新京の関東軍軍馬防疫廠に獣医師として派遣された。

Q：戦争捕虜について何かしたことはあるか？
A：ない。
Q：新京でどのような実験業務を行っていたか？
A：サルファピリジン、(判読困難)、シアン化銅、馬血清を使い鼻疽の治療実験をおこなった。
Q：それらの血清は感染性あるいは有毒か？
A：すべての血清は有効性があり、馬だけに用いられた。
Q：血清を他の動物に試みたか？
A：はい。モルモットと家兎に。
Q：もし君がそれらの血清をヒトに用いたらどのようなことが起こるか？
A：私はそのようなことをやったことがない。誰かがヒトにやったようなことを聞いたことはない。
Q：実験について他の将校や知り合いと議論を交わすことはあったか？
A：若松有次郎少将は司令官でそれはない。保坂安太郎中佐が実験室の管理を引き受けるまで私はそこで働いていた。しかし、私は戦争捕虜あるいはヒトが伝染病や有害な疾病に感染したことは聞いてない。
Q：山下四郎はだれか？
A：彼は若松少将の補佐官で総務担当。福島県白河の軍馬補充部にいる。あまり経験がないようである。

Q：西村を知っているか？

A：はい、彼は長野県に住んでいる。三十三歳位、同じく獣医である。第三部で血清を製造していた。第一部は検疫と防疫業務、第二部は実験・研究部、第三部は血清製造部門。西村は軍属で〝気分屋〟、私が第三部に異動した時、働いていた。われわれは口論になることがあった。西村は数本のブドウ糖の瓶と食糧を盗み、上官の私は彼を叱責した。

Q：君が実験・研究部にいた時、治療のために戦争捕虜あるいは実験で死人が運ばれたことはあったか？

A：決してありません。

Q：君と同じ分野の他の将校によって伝染性の血清がヒトに投与されたことはないと宣誓して署名をするか？

A：動物以外に伝染性の血清を投与したことはない。

(三) 山口本治の再尋問(一九四六年十一月四日)

最初の尋問後、西村武の手紙で再度の名指された山口は、一九四六年十一月四日、法務局の新潟事務所で再尋問を受けた。資料を示さないが、下村太郎の報告(一九四六年十一月二七日、整理番号 9.17)に、以下のようにまとめられている。

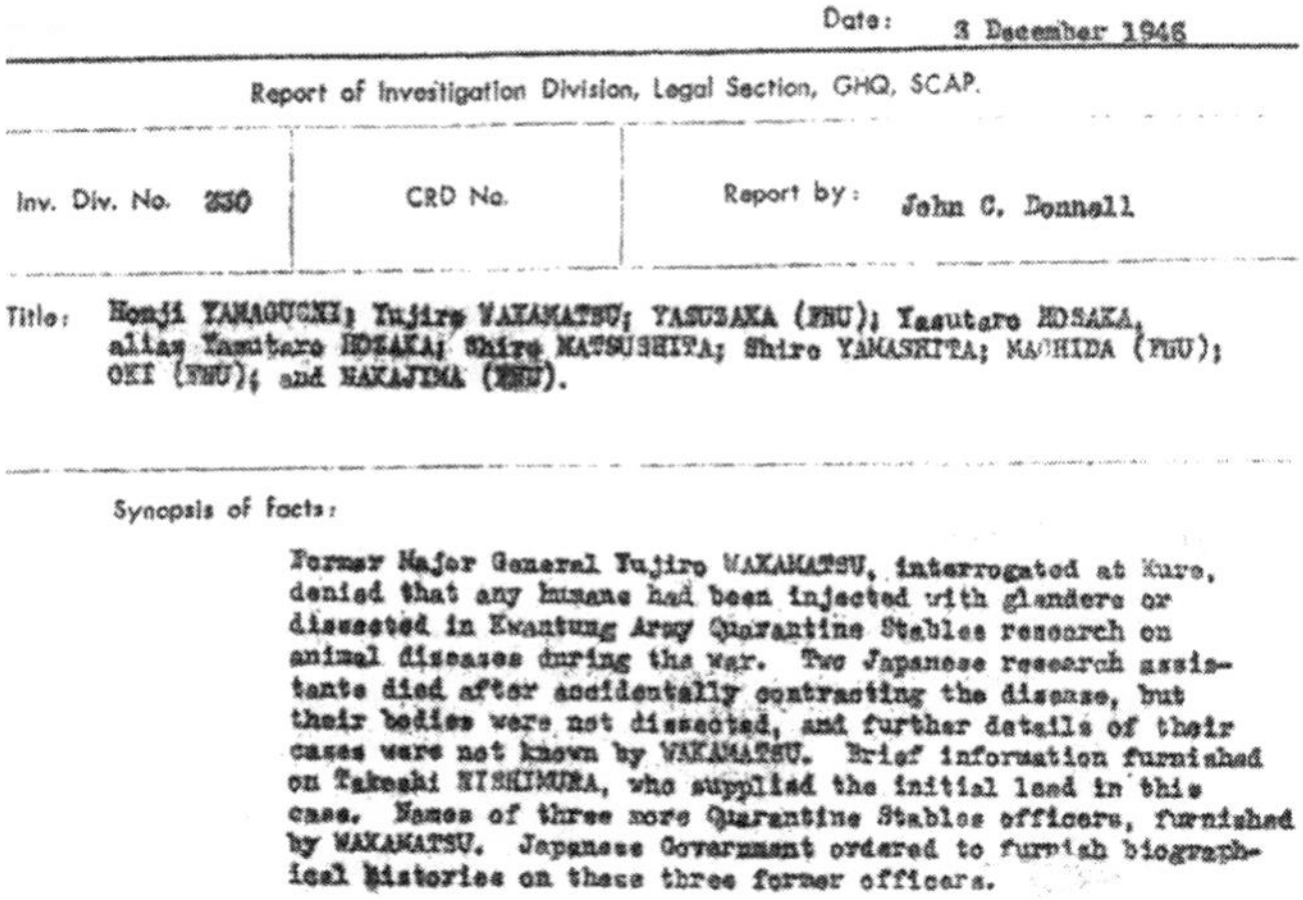

Date: 3 December 1946

Report of Investigation Division, Legal Section, GHQ, SCAP.

Inv. Div. No. 230	CRD No.	Report by: John C. Donnell

Title: Honji YAMAGUCHI; Yujiro WAKAMATSU; YASUZAKA (FNU); Yasutaro HOSAKA, alias Yasutaro HOZAKA; Shiro MATSUSHITA; Shiro YAMASHITA; MACHIDA (FNU); OKI (FNU); and NAKAJIMA (FNU).

Synopsis of facts:

Former Major General Yujiro WAKAMATSU, interrogated at Kure, denied that any humans had been injected with glanders or dissected in Kwantung Army Quarantine Stables research on animal diseases during the war. Two Japanese research assistants died after accidentally contracting the disease, but their bodies were not dissected, and further details of their cases were not known by WAKAMATSU. Brief information furnished on Takeshi NISHIMURA, who supplied the initial lead in this case. Names of three more Quarantine Stables officers, furnished by WAKAMATSU. Japanese Government ordered to furnish biographical histories on these three former officers.

写真３　1946年12月３日付ＧＨＱ法務局の若松有次郎調査報告の概要（整理番号9.20）

「牛疫が満州で何年も流行していた。軍馬防疫廠へ着任まもなく、牛疫は一九四四年四月を除いて流行状態が悪化していた。軍馬防疫廠は、病牛の隔離と周辺のワクチン接種を行うよう出張所を設ける指導をしている。牛疫はヒトに感染しない。まして病牛の肉を食べた時でも同じである。ヒトの実験感染を否定、軍馬防疫廠にいる間に戦争捕虜は見たことはないと語っていた。そして一〇〇部隊の獣医将校と技師の氏名を列挙した（省略）。」

（四）若松有次郎の尋問報告

一〇〇部隊の隊長であった若松有次郎・獣医少将にふれる。「山口本治ファイル」にある若松有次郎の尋問報告（一九四六年十二月三日、整理番号9.20）の記載は、若松に事前の宣誓書を求めず、内実は尋問とは程遠い簡単な事情聴取としか考えられない杜撰な調査を裏書きしていた。資料二に尋問報告を引用した。

資料二　GHQ法務局の若松有次郎の尋問報告（一九四六年十二月三日、整理番号9.20）

「若松有次郎は一九四六年十月二八日、呉警察署で尋問された。宣誓陳述書は取らなかった。
若松は軍馬防疫廠でヒトの実験接種を行っていたことを否定した。
若松有次郎、五〇歳、山口県萩市に居住。獣医師で無職。軍馬防疫廠は、関東軍の軍馬の致命的な疾病である鼻疽と炭疽の治療と予防の研究を行っていた。各種の予防接種、特にピリジンと感染馬の膿をイヌ、モルモットおよび家兎に接種した。さらにラバと馬の実験は戦争末期に開始された。慢性鼻疽として治療しない動物は二～三年間生存する。急性状態になった動物はわずか一～二カ月の命だった。ピリジンは馬の治療で有効性が認められた。感染した膿を接種した動物の状態は、陽性でも陰性でもなく何の効力はなかった。

若松は、この研究で戦争捕虜、中国人あるいは日本人に接種やヒトを解剖したことはないと断言した。数えきれない多数の満州の放牧馬が鼻疽に感染して死んでいる事実は軍馬防疫廠では常識だった。しかし、詳しく知らないと主張した。二名の研究従事者が仕事で扱っている疾病の感染事故で死んだ。その一人は、奉天の研究所で、もう一人は新京で働いていた。遺体は解剖あるいは死後の実験に供されなかったと断言し、彼らの名前、病気の期間あるいは症例の詳細については何も知らなかった。

若松は、ハルビンの石井部隊で行われていたかもしれない鼻疽あるいは他の動物疾病の研究についていては何も知らない。若松に指揮された獣医部隊と対比される石井部隊は医学グループの組織であった。部隊間で研究報告の横のつながりはなかった。すべての研究結果は上級司令部に伝達され、石井部隊によって行われた動物疾病の情報はなにも受け取らなかった。（後略）」

（五）西村武に対する尋問

西村武の手紙が法務局に届いてから約五カ月後の一九四七年一月二四日、はじめての尋問が法務局の仙台事務所で行われた。

資料三　西村武の尋問報告（一九四七年一月二四日、整理番号9.21）

Q：氏名、年齢、生まれた場所と現住所は？
A：西村武、三四歳、日本、東北帝国大学医学部防疫研究室。
Q：これまで日本陸軍にいたか？
A：いいえ、軍属として関わってきた。
Q：何の資格で従事してきたか？
A：私は獣医師だった。
Q：どこの大学を卒業したか？

A：一九三五年、東京獣医学校で、獣医資格をもっている。
Q：満州の関東軍軍馬防疫廠に所属していたか？
A：はい。一九三五年八月から一九四五年八月まで。私は満州から朝鮮に行き、その後日本に送還された。
Q：満州にいる間、戦争捕虜を見たことがあるか？
A：はい。一九四五年に戦争捕虜を見かけた。数人かは中国人で、他はわからない。
Q：戦争捕虜を見たのはどこか？
A：満州の長春[2]です。
Q：戦争捕虜で病気の者を見たことがあるか？
A：病気かどうかはわからないが、弱っていて疲れているように見えた。
Q：そのような状況になった原因は何だと思う？
A：私は食物の不足と生活条件が悪いのだと思う。
Q：その時、満洲では、牛疫が流行していたか？
A：はい。牛疫はごく普通の病気でした。
Q：牛疫がもっとも重大な病気だったのは何年頃か？
A：何年かは言えない。しかし、いつでも重大な病気であった。
Q：君は検疫・防疫部門で働いていたか？

Ａ：いいえ、実験・研究室で働いていました。
Ｑ：ハルビンの研究所で働いたか？
Ａ：いいえ、そのようなことはありません。
Ｑ：ハルビンの研究所の担当者は誰か？
Ａ：いいえ、知りません。
Ｑ：戦争捕虜を用いた実験を見たことはあるか？
Ａ：ハルビンの研究所はヒトを用いた実験を行っていることを私の友人から聞いた。同様に、私のところでもヒトの実験が行われていることを私の友人から聞いた。
Ｑ：君が従事していたのはどちらの研究所か？
Ａ：第一、第二、第三グループに人が割り当てられている。ヒトの実験は第二グループが行っていた。私は第三グループに割り当てられていた。[3]
Ｑ：第二グループは誰が責任者か？
Ａ：山口本治が最初の責任者だった。しかし保坂安太郎中佐に交代した。
Ｑ：山口の階級は？
Ａ：少佐です。
Ｑ：現在、山口の居所を知っているか？
Ａ：彼は宮城県のある場所に住んでいる。しかし、正確な住所は知らない。

Q：実験を実施したのは山口や保坂だという証言を知っているか？
A：はい。紀野猛です。この人物はある日、ヒトで実験が行われたのを実際に見たと言っていた。大内守というもう一人の人物は実験の写真を見たと言っていた。
Q：大内の住居はどこか？
A：長野県上水内郡津和村。
Q：彼らが行った実験はどんな種類か知っているか？
A：発病した馬から採取した細菌を含む溶液をヒトに接種、そしてヒトの食物にそれらの細菌を混入させた場合もあることを聞いた。この実験は鼻疽として知られている疾病を次々に引き起こした。私はその経過についてはあまり確かなことは知らない。この疾病は接触感染しやすく、かつその治療法がない。
Q：これらの実験はどのくらいの期間行われたか？
A：約六か月間と思う。
Q：これらの実験に何人ぐらいのヒトが使われたか知っているか？
A：約二十人位が使われたと聞いていた。このことは重大な秘密であった。私はこの実験場所に入ることはできなかった。
Q：これらの実験を山口や保坂が誰の命令で行ったか？
A：若松有次郎少将です。

Q：若松の住居はどこか？

A：山口県萩市上原町、藤田方。

Q：犠牲者の写真を見たか？

A：いいえ、しかし友人の大内は写真を見たと話してくれた。

Q：このウイルス[4]の犠牲者はすべて中国人か？

A：数人は中国人で、そのほかは西洋人であった。

Q：ウイルスを注入された結果として死者がいたか？

A：注入されたあるいは菌が含まれる食物を食べたほとんどすべてのヒトは死んだと聞いた。死亡原因、病気の状態と範囲を知るために死後解剖を行った。最初は病人を殺したかもしれない、あるいはウイルスが病人を殺すまで待って解剖を行ったのかもしれない。これはすべて秘密であり、詳細は全く知らない、しかし友人の紀野はそれについてすべてわかっている。

Q：その他の残虐行為を知っているか？

A：彼らは同様の実験を行っている可能性がある。しかしそれについては確信がない。ハルビンでは同じような実験が行われていたことを聞いた。

Q：君の研究室ではどんな実験が行われていたか？

A：われわれは鼻疽の治療法の改善を試み、そして病気の原因を究明することを行っていた。

Q：紀野は、山口と保坂が実験をおこなっているのを実際にみたことを君に言ったのか？

A：彼は死体解剖が行われたと言ったが、しかし解剖をした人物の名前には言及しなかった。
Q：大内が写真のようなものと言ったのはなにか？
A：大内は写真が剖検後の死体だと言った。
Q：君はこの尋問で供述したことを伝聞証拠として出廷し陳述するつもりはあるか？
A：はい。私は裁判に出廷し、これらの不法な実験について知っていることを述べます。
Q：紀野と大内の階級は何か？
A：彼らは軍に所属する軍属です。
（中略）
Q：君自身が不法な実験に携わっていなかったことは絶対に確かか？
A：私は不法な実験に携わっていません。
Q：他に何か言うことはあるか？
A：以下の名前の将校と技師が第二グループのメンバーです。
町田時男・大尉、黄木寿之・大尉、中島嘉市・大尉、金田弘倫・大尉、佐々木文存・中尉、安藤敬太郎・中尉、宍戸・技師、井田清・技師、加藤久彌・技師、村上豊・技師、満田昌行・技師、松井・技師。

供述の要点を以下のようにまとめた。

①　戦争捕虜を用いた実験を見たかの問いに、紀野から聞いたと答えた。

②　ヒトの実験が行われたのは第二部、最初の責任者は山口本治少佐、後に保坂安太郎中佐と交代した。[5]

③　実験内容は、発病した馬から採材した細菌をヒトに接種もしくは食物に混入し食べさせたと聞いた。実験は鼻疽の症状を引き起こした。約六か月間行われ、二十人位のヒト（中国人と西洋人）が使われたと聞いた。

④　死亡原因と病態を知るために死後解剖をどのように実施したかは秘密で詳細は知らない。しかし友人の紀野はすべてわかっていると述べている。

⑤　若松有次郎少将が実験を山口や保坂に命令した。最後に西村は「実験に加わったことはない」と述べ、関与が疑われる第二部の将校と技師の名前をあげた。

(六)　紀野猛に対する二度にわたる再尋問

資料四と資料五に尋問の記録を示した。

資料四　法務局の紀野猛の尋問調査報告（一九四七年三月六日、整理番号9.26）

事実の大要：紀野猛は実験への関与を否定した。しかし若松の下で第2部が実施した秘密実験の結果、十三名の死亡は若松に責任がある。さらに山口がこの実験を手助けしたと述べている。
紀野猛は、一九四七年三月五日、福岡の法務局事務所で真実を述べると宣誓の後、
Q：氏名、年齢と住所は？
A：紀野猛、二九歳、（住所省略）
Q：現在の職業は？
A：獣医師。
（中略）
Q：鼻疽病を感染させた戦争捕虜のこと、実験で解剖が行われたことを聞いたか？
A：私はそのような類の実験が行われていた噂を聞いた。しかし戦争捕虜あるいは苦力かどうかは知らない。
Q：君が聞いた噂は正確には何だったのか？
A：およそ十三人のヒトが病気を接種されたことを別の人が言っているのを聞いた。しかし、かれらが解剖されたことは聞かなかった。私がそれを聞いたのは一九四五年一月頃だった。
Q：実験の結果として何人が死んだか？
A：全員が実験で死んだ。
Q：それらの実験に誰が責任をもっていたか？
A：若松有次郎少将。

Q：君は実験を手伝ったか？
A：いいえ。
Q：若松のそばにいて実験を手伝ったのは誰か？
A：山口が若松を補佐したと聞いた。
Q：この噂は誰から聞いたか？
A：これらの実験は部隊内でたくさんの会話が飛び交っていた。
Q：これらの実験は何から成り立っていたのか？
A：私はわからない。すべてのものが秘密にされていた。そのため高級将校だけがそれらを知っていた。
Q：それらの実験について、君は好奇心を持たなかったのか？
A：はい。しかし、われわれには尋ねることが許されなかった。
（中略）
Q：軍馬防疫廠にいる期間、実験に加わったことはあるか？
A：はい。馬だけです。
Q：それらの実験について述べよ。
A：鼻疽の研究に馬の解剖が要求された。
Q：ヒトの類の実験を見たあるいは参加したか？

A：一切ありません。
Q：西村武を知っているか？
A：はい。私の仲の良い友人です。
Q：君がいくつかの実験を目撃したと西村は言っているが、真実か？
A：西村はたぶん私の名前を他人と間違えていると思う。
Q：西村が君を非難し、嘘をいっていると思うか？
A：私は西村が嘘を言うタイプのようには思わない。しかし彼が隊内の噂を誤解している可能性はある。
Q：西村が実験を目撃したとしてなぜ君の名前を口にしているのか？
A：ある日私は西村に話したことを思いだした。それは防疫廠の近くを通り過ぎて行く「ズダ袋」の中にヒトの死体を見て、私が考えていたことを彼は誤解した。そのために、彼は私がたぶん実験に加わっていたと考えている。
Q：隊内で実験を目撃していたと言及した君の名前を聞いたことはあるか？
A：一切ない。
Q：若松によるヒトで行われた実験を君は目撃したのか？
A：いいえ。私は階級が下の軍属であり、高級将校の仕事を見ることや働くことは許可されてない。

Q：部隊にいる間に死体や生きている戦争捕虜を見たか？

A：何も見たことはない。

Q：ロシアや中国の労務者はどうか？

A：中国の労務者はたくさんいた。しかしロシアの労務者は見たことがない。

Q：君は保坂中佐が鼻疽を接種し解剖を行った人物を知っていると考えるか？

A：はい。保坂は知っているはずです。何故なら彼は若松のために働いていた。秘密実験を行った実験部門があった。そして部隊長と直接結びついている人物だけが実験を許可されていた。だから彼らはそのような実験を行うことができる。

Q：他に誰がそれらの実験について知っているか？

A：ある日、三友と言う軍属[6]が私に言った。ヒトの解剖に加わった。しかし重要な機密事項なのでそれについて他言しないようにと私に警告した。

Q：三友の直接の上司は誰だったか？

A：山口少佐です。

Q：三友がヒトの解剖の詳細についてなにか言ったか？

A：それ以上は何もありません。

資料五　法務局の調査報告　紀野猛の再尋問（一九四七年三月十一日、整理番号 9.27）

一九四七年一月二四日付けのN. H. Powellの尋問報告で、関東軍軍馬防疫廠で戦争捕虜の実験を目撃したとする西村武の尋問記録のなかで名前があがった紀野猛の未解明の部分を一九四七年三月十一日に問いただした。

Q：氏名、年齢、住所と職業を述べよ。

A：紀野猛、二九歳、宮崎県児湯郡高鍋町、獣医師。

（中略）

Q：関東軍（軍馬防疫廠）はどんな類の実験を行っていたか？

A：主要な仕事は主に動物です。私は対日戦勝記念日の前にヒトを実験する研究室があったことを聞いた。しかし私のような階級の低い者はそのような部門に入ることは許されていないのでそれが本当かどうかわからない。一九三八年六月、私は獣医として満州・新京の関東軍に入り、軍馬防疫廠に所属した。馬の解剖の仕事に従事し、死亡の原因を研究した。私はその一連の仕事の専門職であった。

Q：軍馬防疫廠にいる間にヒトを用いる実験を見たか？

A：いいえ。実際にヒトを用いる実験は見たことはない。しかし、仕事をしていたある日、まぎれもなくヒトの死体を運ぶ担架を目撃した。私は、それは馬としてはあまりにも小さいし、他の動物としてはあまりにも大きいのでヒトではないかと感じた。私は他人を通じてたくさんの噂を聞いた。実験が行われていたことに関連する人たちのリストを提出（保坂中佐、山口本治少佐、松井経孝特別軍属、中島嘉市大尉、吉川哲特別軍属）

　私はこれらの噂を三友と言う名前の軍属から聞いた。三友は、上記のことを話した人間と一緒に働いており、このことは誰にも言うなと命じられた。

Q：なぜ三友は君に話して、実験のことを告げたのか？　君に命令した時、「なにもしてない」ことではなかったのか？

A：何が行われているかを知りたいという好奇心で、私より階級が下位であった三友に尋ねた。[7] 三友は下位の人間なので、〝君は実験で誰かを殺したのか〟と尋ねたらそうだと言った。

Q：三友は殺人について君に何か他のことも言ったか？

A：三友が事件について話すなと命令されていたことは知っている。また、彼が他に何を言うか話すかどうかで、一連の重大な混乱に巻き込まれると思われるので、彼に詳しく尋ねなかった。

Q：他の事件を同じように思いだせるか？

A：複数の人間が実験に関係した命令のせいでそれ以後、起きていたことについて何かを知ろうと思わなかった。

Q：実験の情報をもっているとして名前をあげられる人物について、何か教えてもらえないか？

A：彼らと直接結びついている吉川哲が、それらの実験により関係したと言うことができると思う。

Q：吉川はどのような類の仕事をしていたか？
A：私は知らない。
Q：吉川はヒトで実験をした研究室と関係していたことを、どのような出来事から知ったのか？
A：私は彼とよく話していたので、吉川がその班で働いていたことから当然知っている。
Q：君の仕事について話をしたか？
A：いいえ。いつも他のことについて話をしていた。
Q：君が述べた他の人物についてはどう考えるか？
A：私は他の人物については言えない。なぜなら彼らは階級が上位で話したことがないので。
Q：松井は階級が上位か？
A：はい。
Q：君が軍馬防疫廠にいる間に起こった何か異常な出来事を知っているか？
A：ある日、中島大尉、吉川哲と二、三人が私の仕事場と彼らが働いている場所との間に遮蔽物を持ってきた。そしてある種の実験を行った。彼らが働いているところの近くで、彼らは馬ではあまりにも小さく、他の動物ではあまりにも大きいくすんだ色の乳房を持っていた。私の考えではそれはヒトのものであった。彼らが実験を行っている場所には写真撮影者がいた。
Q：君が話したヒトは、戦争捕虜か民間人かそして国籍は？
A：私は実験を見たわけではない、しかしロシア人と思う。

Q：なぜロシア人と考えたのか？
A：日本とロシアは戦争状態で、彼らはロシアの戦争捕虜と思う。
Q：それらの事件はいつ起こったか？
A：一九四五年と思う。
Q：一九四五年、ロシアと日本が戦争状態だったことは知らなかった。
A：満州にはたくさんのロシア人がいたことは事実であり、たぶん憲兵隊に捕らえられた人たちを使った。しかしロシアと日本は戦争状態ではなかった。
Q：鼻疽を接種された戦争捕虜について聞いたことはあるか？　そして実験で解剖をしたか？
A：はい。私はその結果について噂を聞いた。しかし本当かどうかは知らない。私はまた実験に供されているヒトに食料を守衛所に運ぶのを見ている。
Q：君が聞いた噂は何だったのか？
A：私はこれらの噂が真実かわからない、しかし私は彼らが捕虜に何か食料を運び、そして捕虜にある種の液体を接種したことを聞いた。
Q：実験の結果として何人のヒトが死んだか？
A：私は実験の結果、約十二名の捕虜が死んだと聞いた。
Q：以前、君は階級が下位の人間であるから何が行われているかアクセスする方法がないと私に言ったが、どうしてすべてのことを知っているのか？

A：噂が広がることは事実である。私はなにか聞くとすぐに注意して聞いて結果を解明することが好きだった。
Q：これらの実験に責任をもっている人間はだれか？　君がすでに名前を挙げた者以外か？
A：若松有次郎は部隊の直接の司令官で、そのために責任がある人物と思う。
（中略）
Q：軍馬防疫廠の管理体制はどのように設置されていたか？
A：三つの部があり、第一部はすべての動物を管理していた。第二部は研究部門、第三部は血清製造部門、他に司令本部があった。若松有次郎は部隊長、山口は第一部の責任者、保坂は第二部の責任者、山口は第三部の責任者を兼務しており、山下は司令部を管理していた。
Q：研究部門は他に誰が働いていたか？
A：研究部門には六つの科があった。最初の五つは思いだせないが、第六科は山口が責任者で秘密の仕事をしていた。
Q：君の意見では、ヒトの研究を行ったのは研究部第六科だったのか？
A：噂によればそうである。
Q：第六科では山口の他に誰が働いていたか知っているか？
A：先に名前を挙げた特殊軍属の松井経孝、吉川哲です。
Q：三友は現時点でどこかで生存しているか知っているか？

Ａ：知らない。しかし東京のどこかで生きていると思う。

紀野の尋問の要点をまとめると以下のようになる。

① 紀野猛は、西村武を「仲の良い友人」と関係を具体的に述べている。

② 一九四五年一月頃、十三人のヒトが病気を接種された噂を聞いたが、解剖されたとは聞かなかった。責任者は若松有次郎で山口本治が補佐したと聞いている。

③ ある日、三友という軍属[8]が、ヒトの解剖に加わり、機密事項だから他言しないように警告されている。三友の上司は山口本治。

④ 山口本治と保坂安太郎の外に実験に関与した人物として松井経孝、中島嘉市と吉川哲の名前をあげている。その噂は、三友から聞いたと述べ、さらに三友が殺人に関与したことを口止めされている。

⑤ 実験の結果、十二名あるいは十三人の戦争捕虜が死んだ噂を供述、若松有次郎の責任を明確にしている。

（七）安藤敬太郎と町田時男に対する尋問

法務局は告発の手紙で名前のあがった保坂（安太郎）と山下四郎の居住や経歴調査（整理番号9.6と9.7）を行ったが、正式な尋問は全く実施しなかった。他方、町田時男・獣医大尉（第二部六科）と安藤敬太郎・獣医少尉（第三部一科）の尋問が一九四七年三月と四月に実現した。

資料六　法務局調査資料の町田時男の一問一答（一九四七年三月十七日、整理番号 17-42）

（牛疫の空中散布実験の部分は第三章でとりあげたので省略）

Q：この疾病[9]が最もひどかったのは何年で年のいつ頃であったか？
A：私がいた以前あるいはいた頃、鼻疽は顕著に増えも減りもしなかった。
Q：囚人を使うための戦争捕虜収容所、あるいは通常の警備詰所が軍馬防疫廠にあったか？
A：警備詰所に戦争捕虜収容所があったことは聞いた。
Q：戦争捕虜を見たか？
A：いいえ。
Q：軍馬防疫廠で、牛疫が関係するどんな実験がヒトで行われていたか？
A：牛疫が関係するヒトの実験は行われていない。
Q：それは絶対か？
A：はい。確かです。
Q：知らないうちにこれらの実験を行うことができないか？
A：起こったことを全て知っているとは言えないが、そのような実験が行われていたとは考えていない。

Q：鼻疽の実験がヒトで行われていたか？
A：私の知る限りではない。
Q：君が関東軍に来た数か月後に戦争捕虜で死んだロマの死体が実験室で解剖が行われたことを知らないか？
A：戦争捕虜が解剖されたことは聞いたことがない。
Q：西村武を知っているか？
A：はい。
Q：西村は同じ科で働いていたか？
A：いいえ。
Q：もし鼻疽がヒトに接種されたらどんな反応を示すか？
A：どのような反応かは知らない。
Q：関東軍に何人の戦争捕虜がいたのか聞いたことはあるか？
A：何人かは知らない。二つ監房があった。
Q：戦争の終わりに軍馬防疫廠を占領した兵士はどこの国か？
A：知らない。
Q：なぜか？
A：八月十五日にはそこ[10]を離れていた。

Q：どこに行ったのか？
A：朝鮮の首都の京城。
Q：戦争捕虜は、戦争の終結で誰に任されたか？
A：知らない。
Q：戦争の終結後、警備詰所にいた捕虜は開放されなかったか？
A：知らない。
Q：戦争捕虜に鼻疽の実験を行ったことについて何も知らないと言うのか？
A：このようなことについては何も知らない。
Q：馬のような動物を剖検するときどのように切開するか？
A：最初に前肢を切除し、その次に左後肢を切除する。切断は肋骨から始め、股を含む腹部中央に沿って切開を続け、その後に腹部を十字切開し、試験に用いる腸を露呈させる。次に頭部を切開し、脳を調べる。
Q：健康な馬に鼻疽を接種した場合、どのくらい生存するか？
A：ごく少数の馬は死亡する。残りは何が原因を探るため殺している。
Q：鼻疽に感染してどのくらい生きているか[11]？
A：私が読んだものによれば約一週間。
Q：鼻疽に感染した者を見たか？

Ａ：いいえ。
Ｑ：部隊で鼻疽のために死んだ者はいなかったか？
Ａ：いない。
Ｑ：知り得たすべての研究はどこに報告したか？
Ａ：関東軍司令部に伝えた。
Ｑ：君と山口がヒトで鼻疽の実験感染を承諾していないことは秘密を守るためか？
Ａ：違う。われわれが秘密保持と言った唯一の実験は、ハルビンに出張し家畜の群[12]に噴霧した場合だけである。
Ｑ：誰が秘密保持を命じたか？
Ａ：若松少将。
Ｑ：若松が秘密保持を望む理由は何か？
Ａ：細菌戦略のためである。
Ｑ：他に言いたいことはあるか？
Ａ：ありません。

資料七　ＧＨＱ法務局調査資料の安藤敬太郎の一問一答（整理番号 17-56）

（一九四七年四月十七日、東京、明治ビルディング八九四号室、質問者名は記載がない）

Q：氏名、年齢、住所、職業？
A：安藤敬太郎、二七歳、東京都中野区鷺宮1120、農林省技官。
Q：専門学校で何を学んだか？
A：獣医学、麻布獣医専門学校、一九四〇年卒業。
Q：関東軍軍馬防疫廠のどこで何をしていたか？
A：私は第二部六科にいた。
Q：六科の上司は？
A：山口本治少佐。
Q：第二部で何の類の仕事が行われていたか？
A：鼻疽の研究。
Q：この部はそれらの研究にヒトを使っていたか？
A：はい。
Q：それらの実験に誰がかかわっていたか？
A：山口、黄木、松井、町田、井田です。
Q：彼らが実験をしていたことをどうしてわかるのか？
A：彼らは全員第二部六科で働いていた。
Q：どのような実験が行われていたか？

A：彼らが実験で人間モルモットを使っていたことしか知らない。
Q：囚人の国籍は？
A：ロシア人ないし中国人と思う。
Q：実験がいつ行われていたか？
A：一九四四年から四五年の間。
Q：他に実験を知っていたのは誰か？
A：部隊長の若松有次郎と第二部長の保坂安太郎中佐。
Q：実験を命令したのは誰か？
A：関東軍司令部。
Q：その時の関東軍の部隊長は誰か？
A：（注　不鮮明で名前がよくわからない）。
Q：金田弘倫を知っているか？
A：はい。
Q：彼の配置はどこか？
A：第二部一科にいた。

安藤敬太郎の一問一答は人体実験を示唆する微妙な表現が随所に存在していた。例えば、

①　第二部は鼻疽の研究を行っていたことから、「そこ（第二部）で研究にヒトを使っていたか?」と問われ、「はい」と肯定した。
②　さらに「実験に誰がかかわっていたか?」と問われ、自分の名前は出さずに「山口、黄木、松井、町田、井田」と答えた。理由として「彼らは六科で働いていたから」と自分を棚上げにした回答をおこなった。
③　実験内容を訊かれると「人間モルモットを使っていたことしか知らない」と微妙な言い回しの回答をおこなった。

以上の内容を総合的に判断すると安藤敬太郎の供述は人体実験を示唆しているようにも思われる。

いっぽう町田時男は、鼻疽の治療試験に従事したが戦争捕虜を見たことは否定した。しかし「警備詰所に戦争捕虜収容所があったことを聞いた」と述べ、鼻疽の実験がヒトで行われていたか?　の問いに、「私の知る限りではない」とこちらも微妙な供述をおこなった。

西村武と紀野猛の供述の特徴

西村武と紀野猛の供述は、人体実験や解剖に関わる内容を目撃した具体的事実がなく、すべて友人や部隊内の噂から成立していた。噂は恐らく部隊全体に広がっていたように思われる。それでも一〇〇部隊における山口本治と若松有次郎の組織的役割を指摘、さらに人体実験の関与が疑われる獣医将校などの名前を具体的にあげていた。

とくに紀野猛は再尋問のなかで、三友一男から聞いた噂として山口本治、保坂安太郎の外に実験に関わった人物として新たに松井経孝、中島嘉市、吉川哲の名前をあげた。とくに松井は総務部調査科所属で謀略との関わりが疑われる。さらに紀野は三友が殺人に関与したことを口止めされていた。これら一連の事実は人体実験の焦点を絞り込む上でたいへん重要と思われる。

西村と紀野による部隊において人体実験が行われていたとする告発は、噂による間接証拠であるが、町田と安藤の供述によって一定の裏付けができたようにも考えられる。

山口本治と若松有次郎に対する尋問の特徴

山口本治や若松有次郎は、戦争捕虜に対する人体実験や解剖が行なわれたという噂を根拠にした質問に対して、いとも簡単に否定、追及を逃れていた。具体的な状況証拠で追及すべき法務局の調査が決め手を欠いていたことは歪めない。

とくに山口本治は、供述で「軍馬防疫廠（一〇〇部隊）は牛（家畜）のワクチン接種業務[13]を実施した」と、部隊にまったく無関係の牛疫を巧みに利用した戯言（すり替え論法）を放言していた。このような山口本治の狡猾な供述を考えると、法務局が獣疫を牛疫と誤訳したことも影響しているように思われる。

さらに、若松有次郎の尋問報告を読むと、尋問時に事前の宣誓書を求めず、内実は尋問とは程遠い簡単な事情聴取としか考えられない調査内容であった。しかも、調査は一回限りであったことも大いに疑問が残る。

山口本治と若松有次郎がGHQ法務局の尋問で鼻疽の人体実験疑惑の追及から逃れることができたのは、町田時男や安藤敬太郎を除く彼らの同僚や部下たち（保坂安太郎、山下四郎、井田清、黄木壽之、松井経孝、中島嘉市と第六科の川西信彦、満田昌彦、佐々木文存）の追跡調査が十分に行われなかったこと、さらに法務局が町田時男や安藤敬太郎の尋問直後にその内容を精査せず、二人の再尋問を実行できなかったことも大きく影響していると思われる。

「山口本治ファイル」の覚書（一九四七年七月七日、整理番号 9.39）の結論

一九四六年に始まり一九四七年の中頃まで取り組んだGHQ法務局の一〇〇部隊関連の調査が不完全燃焼の結末に至った背景について考えてみたい。

「山口本治ファイル」の最終部分にあるニール・スミスによる「法務局の調査報告（総括）」、「G2の指揮下でというウイロビーの指示」そして「山口本治ファイルについての覚書」と続く一連の報告は、GHQ調査をめぐる状況変化の経緯を表している。

加藤教授が「GHQによる七三一部隊の免責の第一段階から第二段階へ」と『「飽食した悪魔」の戦後』（花伝社、二〇一七年）で指摘するように、一九四六年から四七年にかけての資本主義アメリカと社会主義ソ連の対立と東西冷戦が影を落とす戦後情勢に関連して「石井四郎

と七三一部隊関係者をG2が囲い込み、国際検察局もGHQ法務局も戦犯調査を妨害され、訴追が難しくなった」影響が、そのまま一〇〇部隊調査にも反映していた。

最後に、ニール・スミスの覚書の三二〇一ページの中段に「紀野と西村の両人が面接と会話のやり取りで示唆した申し立ては伝聞証拠の域を出ず、そして両告発人のいずれかの所有物に決定的な証拠がないことが判明した」という記述がある。おそらくこれが調査の最終的な結論になったと思われる。

注

1 鼻疽。
2 新京。
3 グループは第一、第二、第三部をさす。
4 ウイルスと記載されているが、たぶん鼻疽を念頭に質問している。鼻疽は細菌性疾病。
5 正確には第二部六科。
6 ハバロフスク軍事裁判被告・三友一男。
7 紀野は技手、三友は雇員。
8 ハバロフスク軍事裁判の被告・三友一男。
9 鼻疽。
10 新京。

11　馬あるいはヒトの感染について質問しているのかわからない。
12　牛疫と羊痘を。
13　牛疫ワクチン接種は本来「満州国」家畜防疫所の業務。

参考文献

青木富貴子『七三一　石井四郎と細菌戦部隊の闇を暴く』新潮社、二五七―二六二頁、二〇〇五年。

小河孝「留守名簿を手がかりにした100部隊隊員・関係者などの追跡調査（経過報告）」『15年戦争と日本の医学医療研究会会誌』二一（一）、二六―三八頁、二〇二〇年。

小河孝「中国で編集された『日本生物武器作戦調査資料』（二〇一九）を用いた100部隊における細菌戦活動の解析」『戦争と医学』二二、一三―二七頁、二〇二二年。

加藤哲郎『「飽食した悪魔」の戦後』花伝社、一九二頁、二〇一七年。

近藤昭二『731部隊・細菌戦資料集成　CD-ROM版』柏書房、二〇〇三年。

近藤昭二・王選編『日本生物武器作戦調査資料』第六冊、社会科学文献出版社、二〇一九年。

旧満洲五七三七部隊戦友会神洞会編『神洞：旧満洲第五七三七部隊戦友会誌』、旧満洲第五七三七部隊戦友会、一九九一年。

常石敬一『標的・イシイ』大月書店、三八四頁、一九八四年。

西里扶甬子訳『七三一の生物兵器とアメリカバイオテロの系譜』、かもがわ出版、二〇〇三年。

西山勝夫［『留守名簿　関東軍防疫給水部』、『留守名簿（支那）北支那防疫給水部・甲第1855部隊』、『留

守名簿（南方）南方軍防疫給水部・岡第9420部隊』、『中支那防疫給水部及び南支那防疫給水部に関連する部隊の留守名簿』、『留守名簿　関東軍軍馬防疫廠』から抽出できた軍医将校、技師、技術将校、嘱託、薬剤将校、看護婦、獣医将校等」『15年戦争と日本の医学医療研究会会誌』一九（二）、四一―四五頁、二〇一九年。

西山勝夫編『留守名簿　関東軍軍馬防疫廠』不二出版、二〇一九年。

日本獣医学人名辞典編集委員会『日本獣医学人名辞典』日本獣医史学会、二〇〇七年。

日本陸軍獣医部史編集委員会『日本陸軍獣医部史』紫陽会、二〇〇〇年。

野本貞夫・野本泰子『幾星霜』私家版、一九九六年。
（ホ）会編『中支那軍馬防疫廠の思い出の記録』（ホ）会、一九九〇年。
三友一男『細菌戦の罪』泰流社、一九八七年。

山口本治『馬骨啾啾　随想集』私家版、一九八〇年。

山田朗「帝銀事件と日本の秘密戦」新日本出版社、二〇二〇年。

第六章　元岩手大学学長・加藤久弥の一〇〇部隊体験

加藤哲郎

一　一〇〇部隊――七三一部隊の姉妹部隊

七三一部隊人体実験・細菌戦国家賠償請求訴訟での事実認定

二一世紀に入って、第二次世界大戦期の日本軍による細菌戦・人体実験について、最大の被害者である中国の人々が声をあげはじめた。

もともと中国でも、関東軍防疫給水部＝七三一部隊の本部があった中華人民共和国黒竜江省ハルビン市平房区には、一九八五年に日本帝国主義の侵略遺産跡地として、「侵華日軍第七三一細菌部隊罪証陳列館」が開設された。二〇一五年には抗日戦争勝利七〇周年を記念して全面拡張・改築が行われた。「侵華日軍第七三一部隊罪証陳列館」と改称して、実験用ボイラー室、死体焼却炉、実験用ネズミ飼育室、凍傷実験室、細菌爆弾工場等々の遺跡の他、中国側の集めた多くの遺品・物証・文書資料が展示された。そこから中国側の編纂した多数の資料集・研究書も刊行されており、日本での細菌戦・人体実験研究の中国語訳もすすめられている。

ヨーロッパの東西冷戦が崩壊し、中国の改革開放政策の始まったころ、一九九五年に中国側の被害者から日本に対して、国家賠償請求の訴訟が提起された。松村高夫・矢野久編著『裁判と歴史学』（現代書館、二〇〇七年）などに詳しいが、憲兵隊等から七三一部隊に「特移扱」で送られ「マルタ」として人体実験に遭った中国人被害者・遺族に対して、一九九九年の東京地方裁判所判決では、七三一部隊が「細菌兵器の大量生産、実戦での使用を目的にしていたもので、『丸太』と称する捕虜に対する人体実験もされた。一九四五年八月、証拠隠滅のため施設が徹底的に破壊された」ことが事実として認定された。

また、一九九七年に、中国人細菌戦被害者一八〇名が原告となって、細菌戦についての国家賠償請求訴訟が起こされた。七三一部隊などが一九四〇年から一九四二年にかけて浙江省および湖南省で、飛行機からペストに感染したノミの爆弾をばらまいたり、コレラ菌を井戸に投入したりする細菌戦を実行し、多数の死者が出たこと、そしてこれらがジュネーブ議定書（一九二五年、一九二八年発効）に違反する行為だったという原告側主張に対し、東京地方裁判所は、二〇〇二年八月、七三一部隊等の旧帝国陸軍防疫給水部が、生物兵器に関する開発のための研究及び同兵器の製造を行い、中国各地で細菌兵器の実戦使用（細菌戦）を実行した事実を認定した。

すなわち判決は、「七三一部隊は陸軍中央の指令に基づき、一九四〇年の浙江省の衢（ク）

州、寧波、一九四一年の湖南省の常徳に、ペスト菌を感染させたノミを空中散布し、一九四二年に浙江省江山でコレラ菌を井戸や食物に混入させる等して細菌戦を実施した。ペスト菌の伝播で被害地は八箇所に増え、細菌戦での死者数も約一万人いる」と認定した。さらに判決は、細菌戦が一九〇七年のハーグ陸戦条約などで禁止されていたと認めた。

しかしながら、人体実験についても細菌戦についても、原告側の日本政府への請求（謝罪と賠償）に関しては全面的に棄却した。[1] また、こうした人体実験・細菌戦被害の告発は、ほとんどが関東軍防疫給水部＝七三一部隊の実行行為に対してのものとされ、同時に設立された関東軍軍馬防疫廠＝一〇〇部隊が、とりたてて取りあげられることは少なかった。

ハバロフスク裁判三友一男証言、江田いづみの研究、アジ歴一〇〇部隊資料

一九四九年末の旧ソ連ハバロフスク裁判で、関東軍獣医部長・高橋隆篤中将および一〇〇部隊の平桜全作獣医中尉、三友一男軍曹が証言し、七三一部隊による安達野外実験場での細菌戦事件に一〇〇部隊も関わっていたことが認定された。[2] 旧ソ連の抑留戦犯の一部は中国に送られたので、そこでも安達誠太郎、鈴木元之らいくつかの証言が現れた。[3] しかし一〇〇部隊の追及は、あくまで七三一部隊の戦争犯罪の末端での共犯者扱いであった。

一九四九年に建国した中華人民共和国では、中央人民政府衛生部の指示により、東北人民政府衛生部による七三一部隊の調査が始まった。そのさい、七三一部隊の安達野外実験のほか、

長安の一〇〇部隊についても、『長春新報』一九五〇年二月一四日、『東北日報』一九五〇年二月一六日等に、詳細な被害記事が出たという。

　朝鮮戦争中に米国が朝鮮及び中国で細菌を使ったのではないかと疑われ、世界平和評議会系の細菌戦に関する事実調査の国際科学委員会（ＩＳＣ）の調査が行われた。これに呼応した中国側の歴史的調査では、一九五二年一一月三〇日の「『七三一』及び『一〇〇』細菌部隊の罪悪活動の調査に関する報告」のなかで、一九四〇年に寧波、四一年の常徳での七三一部隊によるペストノミ撒布のほか、「第七三一部隊と第一〇〇部隊は一九四二年にソ連国境地帯を偵察し、細菌戦別働隊をソ連国境付近に派遣して活動させた。第一〇〇部隊は鼻疽菌でソ連国境近くテレブル河を汚染した」と報告された[4]。

　日本では、一九八一年の森村誠一のベストセラー『悪魔の飽食』で、一〇〇部隊が「悪魔の姉妹・一〇〇（いちまるまる）」として取りあげられた。以後、主として三友一男のハバロフスク裁判公判記録及び三友の帰国後の回想『細菌戦の罪――イワノボ将官収容所虜囚記』（泰流社、一九八七年）に依拠してではあるが、一〇〇部隊の人体実験を含む炭疽菌・鼻疽菌作りが取りあげられてきた。

　森村誠一とその調査協力者・下里正樹と同じ頃に、ジャーナリスト高杉晋吾は、『七三一部隊　細菌戦の医師を追え』（徳間書店、一九八二年）で、一〇〇部隊隊長若松有次郎が戦後の百日咳ワクチン製造に七三一部隊長だった北野政次と共に関わってきた史実を発掘した。高杉

図表 「100 部隊略史」

1931 年	11 月 8 月 8 日	関東軍臨時病馬収容所設立 小野紀道所長（安達誠太郎）
1932 年	8 月 8 日	安達誠太郎所長就任（『帝国陸軍編成総覧』、安達誠太郎）
1933 年	 8 月	関東臨時病馬廠設立、並河才三廠長（三友一男） 高橋隆篤所長就任（安達誠太郎）
1933 年～ 35 年		関東軍臨時病馬収容所は関東軍臨時病馬廠と改称（安達誠太郎）
1935 年	8 月	並河才三廠長就任（安達誠太郎）
1936 年	8 月 1 日	関東軍軍馬防疫廠設立、高島一雄廠長就任（『帝国陸軍編制総覧』）
1937 年	8 月 1 日	牡丹江海林に支廠を置く（三友一男）
1938 年		孟家屯の新庁舎建設開始（三友一男）
1939 年		孟家屯の新庁舎へ移転（三友一男）
1940 年	3 月 9 日	並河才三廠長就任（『帝国陸軍編制総覧』）
1941 年	 9 月ごろ	部隊通称名が第 100 部隊となる（三友一男） 関東軍司令官梅津大将より細菌戦の準備を命じられる 100 部隊長に鼻疽菌等の大量生産を命じる（高橋隆篤）
1942 年	7 月 1 日 7 ～ 8 月	若松有次郎廠長就任（『帝国陸軍編制総覧』） 北興安省三河付近デルブル河にて夏期演習（高橋隆篤、平桜全作、三友一男）
1943 年	12 月	部隊第二部に細菌戦準備のため第六科を設置（高橋隆篤）
1944 年	6 月	北興安省への特別派遣隊を編成、対ソ細菌謀略を目的とする調査（高橋隆篤、平桜全作）
1945 年	夏	北興安省住民から大量の家畜を購入、対ソ開戦時に感染・放出する計画（高橋隆篤、平桜全作）

は、『にっぽんのアウシュユウィッツを追って』（教育史料出版会、一九八四年）では、一〇〇部隊獣医中尉としてハバロフスク裁判の被告だった平桜全作が青森県で存命中なのをみつけ、インタビュー記録を残した。[5]

中国では、一九九〇年代から日本側とも共同した細菌戦被害調査・研究が進み、例えば江田いづみによる「関東軍軍馬防疫廠――一〇〇部隊像の再構成」（松村高夫編『戦争と疫病』所収）が一〇〇部隊を主題的に論じた。江田の論文には、上図のような一〇〇部隊の略史が付されていた（（　）内は証言者）。[6]

二〇世紀末にインターネット上に開設された国立公文書館アジア歴史資料センター（アジア歴）では、一〇〇部隊隊長・若松有次郎少将によって申告された、一九四五年敗戦時の「関東軍軍馬防疫廠略歴」が公開された。この「略歴」には、一九四五年八月敗戦時の復員の問題も書かれており、一五年戦争と日本の医学医療研究会 編『NO MORE 731日本軍細菌戦部隊――医学者・医師たちの良心をかけた究明』（文理閣、二〇一五年）に収録された刈田啓史郎「一〇〇部隊について」でも紹介された。[7]

中国側でも、国家賠償請求訴訟の中国側の原告代表である王選が、二〇〇六年の日本の医学・医療研究会第一八回記念講演「細菌作戦と被害調査」において、浙江省金華に「爛脚（らんきゃく）村」と呼ばれる地域があり、そこで一九四三年に日本軍の攻撃によって足の潰瘍である「爛脚病」が流行った。これが炭疽菌に近いもので、七三一部隊・一〇〇部隊が関係するのではないかという問題提起がなされていた。[8]

二　中国における一〇〇部隊研究の展開

長春市「偽満皇宮博物院科学研究センター」の調査から

二〇一九年に中国社会科学文献出版社から刊行された近藤昭二・王選編『日本生物武器作戦調査資料』第六冊には、占領期にＧＨＱ・ＬＳ（法務局）が、山口本治ら一〇〇部隊関係者を尋問するなどしてその戦争犯罪を追及しようとした記録が詳しく収録され、本書での小河孝教授による一〇〇部隊解明の土台となっている（本書第五章）。

そのもとになったのは、中国長春市に設けられた「偽満皇宮博物院科学研究センター」の研究員たちによる、関東軍軍馬防疫廠＝一〇〇部隊についての本格的な調査であり、中国現地ばかりでなく、日本・米国・ロシアをはじめとした関係国から新たに本格的に資料と証言が集められた。

二〇一八年九月二二日のウェブ上の新聞「人民網」に、中国での一〇〇部隊研究に関する大きな記事「中国侵略旧日本軍の細菌戦第一〇〇部隊の秘密に迫る」が掲載された。関東軍が「広東軍」になっているようなミスもあるが、現代中国における一〇〇部隊研究の到達点を示すものとして、貴重である。やや長くなるが、詳しく見てみよう。

冒頭で同記事は、「中国侵略旧日本軍第一〇〇部隊（以下、第一〇〇部隊）は神秘的で耳馴染みのない番号である。旧日本軍の中国侵略期間、「防疫」を名目としたこの謎の部隊は各種の致死性の細菌を研究し、細菌兵器を製造し、無数の人々の命を奪い、動植物を実験品として東北地区全域、さらには全国に細菌戦の脅威を与えた。今では恐ろしい細菌戦は歴史となり、日本侵略者の歴史の真相を隠そうとする企図が明るみになっている。我々は侵略者の当時の残忍な犯罪行為を訴えるとともに、このような脅威がある中で奮闘し続けた同胞にも留意する必要がある。彼らは第一〇〇部隊が与えた苦しみを経験し、抗戦勝利のために戦い続けた」と、抗日戦争の中での一〇〇部隊の役割を明らかにする歴史的意義を説く。

当時の中国民衆は知り得なかったが、「細菌戦の悪魔」関係資料は焼却・隠蔽された

記事によると、一〇〇部隊の記録は、敗戦時に焼却・隠蔽された。

一九四五年八月、長春西郊外の孟家屯付近にある謎に包まれた中庭で、多くの旧日本軍兵士が写真、実験記録、一連の関連資料を焼却処分した。彼らが燃やす資料の中には、長年にわたって秘密にされていた恐ろしい事実が隠されていた。

一九四九年一二月、旧ソ連による細菌戦裁判が行われ、長期にわたり隠されてきた第一〇〇部隊の真実が明らかになった。戦犯の高橋隆篤、平桜全作、三友一男らの自供によると、中国侵略旧日本軍第一〇〇部隊は細菌戦の準備をしていた。

偽満皇宮博物院科学研究センターの劉龍主任によると、日本による中国侵略戦争中、騎兵は重要な兵種で、大量の獣医が怪我や病気の軍馬の治療と防疫をする必要があり、そのための獣医部隊が結成された。しかし、侵略戦争の拡大に伴い、日本の侵略者に致死性兵器が必要になり、彼らは細菌兵器の研究と細菌戦の発動を考え始めた。こうして、悪名高い七三一部隊が誕生した。同時に第一〇〇部隊という「悪魔」もひっそりと罪悪に手を染め始めた。

偽満皇宮博物院の趙士見研究員は、関連史料から第一〇〇部隊の前身は一九三一年一一月に広東軍（関東軍）に設立された臨時病馬収容所だったことを知った。一九三三年二月、広東軍司令部は臨時病馬収容所に広東軍臨時病馬防疫施設に改編し、施設を奉天（現在の瀋陽）から新京（現在の長春）に移すよう命じた。一九三六年四月二三日、広東軍の板垣征四郎参謀長は陸軍省に『満州の兵備充実に関する意見書』を上申し、広東軍臨時病馬施設を怪我や病気の軍馬の治療、防疫、細菌戦対策の研究を行う「広東軍獣防疫施設」（設立時の正式名称は広東軍軍馬防疫廠）に改編することを提起した。

一九三六年八月一日、広東軍軍馬防疫廠が設立した。これは旧日本軍第一〇〇部隊の正式な設立を意味する。

七三一部隊と一〇〇部隊は「悪魔の兄弟」だった

さらに中国側記事は、一〇〇部隊が七三一部隊と同様に、獣医たちによる国家的な細菌戦準備の研究だったことを指摘する。

馬などの動物の防疫という名目はすぐに引き剥がされた。一九三七年、「関参一発第一八七七号」命令文書が発行され、広東軍の植田謙吉司令官は日本の杉山元陸軍大臣に「軍用細菌研究従事者命令文書」報告の提出を命じ、高島一雄らを軍用細菌研究に従事させた。

これにより、第一〇〇部隊が主張していた防疫研究は、組織的な国家軍用細菌研究へと変わっていった。趙士見氏は、「これは第一〇〇部隊が国の組織犯罪に手を染め始めたことを意味する」と話す。

第一〇〇部隊が存在した期間、「魔の手」は多方面に伸びた。第一〇〇部隊は巨大な細菌戦部隊で、本部、分工場、軍団獣医部隊の三つの部分からなり、うち本部は総務部、教育部、業務第一、第二、第三、第四部で構成され、大連や牡丹江などに支部を設置した。「軍団獣医部隊」は第一〇〇部隊と一線部隊が合わさって設立された特殊な細菌部隊で、旧日本軍第二〇軍の二六三一部隊や第一一軍の二六三〇部隊などがある。

日本の侵略者が細菌兵器の極秘研究と細菌戦の準備を進める中、党の指導下で東北地区抗日武装の闘争も続いていた。第一〇〇部隊の設立と同時期、吉林通化や撫松などの東北の多くの地域では、東北抗聯第一軍、第二軍などの武装力が中国侵略旧日本軍を攻撃していた。抗聯部隊は戦闘を続けながら拡大し、東北の住民らも日本侵略者の残忍な統治への抵抗に加わった。このような状況は気違いじみた侵略者を刺激し、殺傷力のより高い細菌兵器で対抗しようと企てるようになった。

中国侵略旧日本軍七三一部隊は、細菌の人体実験などの恐ろしい犯罪行為で知られている。第一〇〇部隊は七三一部隊の「悪魔兄弟」として、七三一部隊に劣らないほどの恐ろしい行為をしていたことが研究でわかった。

中国側の研究による一〇〇部隊の細菌戦・人体実験

記事によると、中国側は、ハバロフスク裁判記録や米国占領軍法務局（ＧＨＱ・ＬＳ）記録を集めたほか、独自に中国側の被害や証言を集めていた。

第一〇〇部隊の残忍な犯罪行為が燃え尽きることはない。吉林省博物院の元党委員会書記・副院長の趙聆実氏は一九八〇年代から第一〇〇部隊に関する研究を行なっている。当時の経験者のもとを何度も訪れ、趙聆実氏ら専門家はこの部隊が犯罪行為を隠そうとしていたことを明らかにした。

趙聆実氏によると、第一〇〇部隊は旧日本軍の命令を受け、動植物に細菌戦を行う細菌兵器を早急に研究、製造するため、部隊本部および各支隊を結成して研究開発に取り組んだ。動植物向け細菌戦の細菌について、彼らは研究を繰り返し、最終的にマレイン、炭疽菌、牛痘菌、ペスト菌、白皮症などを主な細菌兵器にした。

趙聆実氏は、第一〇〇部隊は防疫目的ではなく、細菌の培養と製造のために大量の動物を実験に使用したと話した。当時、第一〇〇部隊は約二〇棟、一万平方メートルの小屋にネズミや馬をはじめとする大量の動物を飼育していた。戦後の調査によると、第一〇〇部隊は当時、ネズミ、ウサギ、馬などの実験用動物を年間数万頭（匹）繁殖させ、実験用の馬の多くが中国の庶民から奪ったものだと推測される。

研究を進めるにつれ、専門家は第一〇〇部隊がもっと恐ろしい人体実験を行っていたことを知った。日本の敗戦後、第一〇〇部隊遺跡付近の一部の住民は真相を知った。趙聆実氏によると、一九四九年春、一部の村民が第一〇〇部隊遺跡付近に肥料用の馬の骨を掘りに行った際に多くの人骨を発見した。また、巨大な遺体埋葬所も発見し、その惨状は表現できないほどだったという。〔中略〕

細菌戦は旧日本軍が中国侵略戦争を発動する重要な手段だった。劉龍氏ら専門家によると、発見された資料から、第一〇〇部隊は海拉爾などで野外細菌実験を行い、ノモンハン事件で旧ソ連軍にペストやコレラなどの伝染力の高いウイルスの液体や細菌弾を投下する任務にも参加したことがわかった。東北の一部地域で当時発生したペストも、第一〇〇部隊と関係していることが証明されている。

侵略者が東北の地を踏みつけ、罪のない庶民や日本侵略者に抵抗した戦士らが細菌戦の犠牲になった。このような苦難と驚異がある中、中国の女性と子供も負けずに抵抗した。楊靖宇、曹亜範、魏拯民、周保中、趙尚志ら抗日の名将と無数の抗日戦士、勇士は不朽の抗争、偉大な犠牲を払って日本侵略者に立ち向かい、最終的に壊滅させた。

「残酷な過去を永遠に記憶」するために「偽満皇宮博物院」内に一〇〇部隊の特別展示

「中国網日本語版（チャイナネット）」二〇一八年九月二二日の記事は、長春市の援助を得た中国側の一〇〇部隊調査が研究員たちの手で進み、日本の国際法違反としての七三一部隊・一〇〇部隊の細菌戦・人体事件を証明しようとしていることを示している。つまり、南京事件や従軍慰安婦問題、七三一部隊と同様に、関東軍軍馬防疫廠一〇〇部隊の問題が東アジアにおける歴史認識の一つの焦点に浮上してくるであろうことを、示唆している。

一九二五年、三七カ国の代表が『窒息性ガス、毒性ガス又はこれらに類するガス及び細菌学的手段の戦争における使用の禁止』(ジュネーブ毒ガス議定書)に調印した。日本も調印したが、日本侵略者は戦争でその約束を破った。

劉龍氏は、「日本は侵略戦争で細菌兵器を研究し大量に使用し、大量の住民を死傷させただけでなく、被害者に巨大な心の傷を与え、自然環境も破壊した」と話した。当時、第一〇〇部隊が投下した細菌兵器は多くの人と動物に感染し死亡させただけでなく、川や草原、森林も汚染した。敗戦前、慌てながらも日本侵略者は実験場にいるウイルスに感染した動物を逃がし、罪のない庶民に害を与えた。

残念なことに、残忍な侵略者はしかるべき懲罰を受けていない。偽満皇宮博物院の彭超研究員によると、一九四五年、第一〇〇部隊は九四〇人前後の部隊だったが、裁判にかけられたのはごくわずかだった。彭超氏は研究で、第一〇〇部隊の多くの人が戦後に日本に戻り、うち一部の人は第一〇〇部隊が人体実験を行ったことを暴露したが、多くの人がその時期の歴史を隠すことを選んだことを知った。中には、帰国後に日本獣医界の著名人になった人もいる。第一〇〇部隊長官の高島一雄、併河〔並河〕才三、若松有次郎らは帰国後に裁判にかけられないどころか、平穏な生活を送った。(…)

幸い、たくましい抗日武装力と群衆は細菌兵器に打ちのめされなかった。「このような奮闘精神と民族精神は私たちが悪魔に勝利するのに欠かせない力」と劉龍氏は話す。恐ろしい細菌戦を前に、たくましい中国の軍民は屈することなく長期にわたる苦しい戦いを続け、巨大な努力と犠牲を払って最終的に勝利を収めた。

歴史の真相は永遠に埋もれない。一九五〇年代、長春市は第一〇〇部隊の犯罪行為を調査し、写真などの資料を撮影した。一九五〇年発行の『長春新報』は、第一〇〇部隊の行為を証明する複数の写真を掲載。第一〇〇部隊で働いた人、自分の経験をもとにこの「悪魔の部隊」の真相を明らかにする人もいた。

長春市は当時の屈辱をしっかり記憶するため、第一〇〇部隊遺跡に遺跡園を建設した。偽満皇宮博物院では、研究員らで構成されるテーマ研究チームが一連の研究成果を上げている。一部の文献資料と当時の実物を今年冬に展示する計画。

偽満皇宮博物院の趙継敏院長は、「私たちは知られざる当時の様子、非人道的な行為を明らかにするために国内外の専門家や学者と共同で研究を進め、多くの史料と実物を探している。今後は展示のデジタル化などを通して、より多くの人に日本侵略者の細菌戦が世界の人々に与えた影響を知ってもらいたい」と述べた。

趙聆実氏は、「私たちが第一〇〇部隊の犯罪行為を研究するのは、当時の細菌戦が及ぼした影響、日本侵略者が残した永遠に拭えない歴史の汚点を銘記してもらうため。歴史をかがみとし、より多くの人がその歴史を知り、平和を愛し、私たちの民族精神と奮闘精神を受け継ぎ、悲劇を繰り返さないことを望む」と話した。[9]

三　「一〇〇部隊・加藤久弥」についての探求開始

中国側から提起された岩手大学学長・加藤久弥の一〇〇部隊歴

二〇一九年六月一一日に東京で行われた、長春「偽満皇宮博物館」副院長・趙継敏さんらの「一〇〇部隊報告会」で、戦後の岩手大学農学部長・学長をつとめた「加藤久弥」氏が、関東軍軍馬防疫廠（新京一〇〇部隊）「留守名簿」にあり、幹部の一人だったという中国側調査情報がもたらされた。同博物館が進めてきた一〇〇部隊研究・展示の一環である。

日本側は、「一五年戦争と日本の医学医療研究会」（戦医研）と「全国保険医団体連合会」（保団連）が招いたもので、私（加藤哲郎）も戦医研・西山勝夫教授に誘われて出席した。そこで、趙副院長報告の「残された課題」のなかに、中国側による一〇〇部隊「留守名簿」の検討のなかで、「加藤久弥という一〇〇部隊出身の獣医学者が戦後岩手大学の学長になった」という話があった。

　私はその頃、関東軍防疫給水部＝七三一部隊に在籍した岩手県出身者約八〇名を、七三一部隊の「留守名簿」にもとづき、研究を開始していた。岩手県盛岡市で七三一部隊を研究する高橋龍児氏の書物『〝関東軍防疫給水部〟の不都合な真実』中では、平房の少年兵だった故・鎌田信雄が「今の岩手医大の学長を努めたある医者も細菌学の研究に来ていた。チフス・コレラ・赤痢などの研究では日本でも屈指の人だ」[10]と証言していた。

　このことを念頭において、私は、岩手大学学長・加藤久弥ではなく、岩手医大学長・三田定則の経歴を追いかけていた。三田は、東大法医学教授を退官後、一九三六―四一年に台北帝大医学部長・学長を勤め、一九四二年に岩手医専校長、戦後岩手医大の学長になっていた。石井四郎のいう「大東亜医学」との関わりが気になった。

　そこで、趙副院長にも「岩手大学」ではなく「岩手医大学長・三田定則」のまちがいではないか」と質問したが、ハルビンの七三一部隊に関係する医師ではなく、長春（旧新京）一〇〇部隊の獣医学者で、「岩手大学で農学部長から学長になった加藤久弥」とのことだった。中国側趙副院長一行と日本側西山勝夫教授・近藤昭二氏らから、元岩手大学学長・加藤久弥について詳しく調べてほしいと頼まれた。そこから「加藤久弥」についての探求が始まった。

一〇〇部隊「留守名簿」に入っていた加藤久弥の記録

加藤久弥（一九一一―二〇〇二年）については、国会図書館・日本獣医学会・岩手大学等のホームページを調べ、岩手県立図書館等からも資料を入手して、中国側の「加藤久弥」情報が間違いないものと確認した。

まずは西山教授から、関東軍軍馬防疫廠「留守名簿」中の「加藤久弥」の項を入手した。そこには確かに「明治四四年一月二四日生　加藤久彌」の名前が入っていた。

写真　「留守名簿」

次に、国会図書館のデータベース・NDLサーチで、加藤久弥の獣医学関係の論文を調べた。一九四三年の『陸軍獣医団報』四〇四号に「傳染性貧血病毒の性狀に關する研究（其二）傳染性貧血馬血清の限外顯微鏡的觀察　並河才三　外一名」を書いているので、陸軍獣医だろうという見当はついた。ただし研究業績は、一九五四年東北大学提出の農学博士論文「放線状菌No.二一二株の抗菌性物質に関する研究」をはじめ、戦後の発表論文が多く、それだけでは一〇〇部隊との関係は特定できなかった。

岩手大学の大学史は、同大学図書館のリポジトリーに、「学びの銀河物語」（二〇〇九年）として掲載されている。そこには、「第五代学長・加藤久彌」の功績が大きく出ている。加藤は、いわゆる大学紛争後の大学改革において、岩手大学の総合大学化を進めた功労者とされる。

着任して間もない［第四代］植村学長が［一九七四年］四月一三日に急逝された。それでも、植村学長の『思い』は、次の第五代加藤久弥学長へと受け継がれました。加藤学長は、植村学長の下で進められていた学部創設検討委員会の議論を引き継ぎ、教養部がまとめた案を含む各学部の案の検討を進めました。そして、七月、学部創設検討委員会が答申した『岩手大学の研究・教育改革と学部創設についての基本構想』が評議会決定となったのです。

これは、いわゆる教養部改革のことで、それが人文社会科学部の創設に結実した。[11] 加藤久彌は、もともと盛岡高等農林専門学校を中心母体の一つとした岩手大学を、人文社会科学を含む総合大学にした功績によって、一九八五年には岩手県の「県勢功労者」に選ばれた。そこには写真入りで、以下の略歴と表彰理由が書かれていた。地域の著名人である。[12]

加藤久弥氏　盛岡市川目町一六―三　昭和一二年東京帝国大農学部卒。岩手大農学部教授、農学部長を経て四九年同学長、五四年に県総合計画審議会長、七四歳。岩手大学長と

して人文社会科学部の創設をはじめ工学部、教育学部の学科増設など教育環境の整備拡充に尽力し、岩手大の総合大学としての発展に貢献した。

岩手の著名人としての経歴に「陸軍技師」歴を記載

そこで、岩手県立図書館所蔵の地元紙『岩手日報』ほかを調べると、履歴に従軍歴はあっても、関東軍防疫給水部＝一〇〇部隊所属を記したものはなかった。岩手日報社の刊行する『岩手人名大鑑』などに、二〇〇二年に亡くなるまで、ほぼ毎年記載されていた。

初出と思われる一九六五年版には、「東京都出身、岩手県在籍　昭和一二東大農　岩大教授　農学博士　日本細菌学会・獣医学会・獣医公衆衛生学会各評議員　昭二二・九　盛岡農専講師、昭二三・三　同教授、昭和二五・四　岩大助教授、昭二九・六同教授、昭三〇・七同評議員」とあり、家族情報・住所と共に「趣味　写真・園芸」とある。ここには軍歴はなく、一〇〇部隊の痕跡はみられない。

しかし一九七六年版では、「昭三九　在外研究員、昭四六岩手大農学部長、昭四九同大学長」の経歴が加わったほか、学歴「昭一二　東京帝国大農学部獣医学科」卒後に「福岡県庁勤務、昭一四　陸軍技師」が加えられている。岩手大学学長就任後で、もはや戦時の「陸軍技師」の軍歴は問われないと考えたのだろうか。趣味も「園芸（シャボテン、多肉植物）」とされている。

以後、一九八六年版から一九九六年版では「昭一四陸軍技師」歴はそのままだが、「昭和二〇復員」「昭二〇日本獣医師会研究所技師、日本生物科学研究所員」が、盛岡農専・岩手大学赴任までの経歴の空白を埋めていた。文部省や岩手県の審議会委員を勤め、「昭五七勲二等旭日重光章受賞、昭六〇県勢功労表彰」など地方「名士」としての記録が加わる。

二〇〇二年五月二六日、九一歳での病没時は、死亡記事で元岩手大学学長としての教育歴が讃えられた。[13] 生前、軍歴が問題になった形跡はない。

岩手県には、一九九三年に「七三一部隊岩手展」を実施した高橋龍児氏ら元教員らの人々がいる。七三一部隊の少年兵として貴重な人体実験証言を残して全国的にも知られる鎌田信雄は、同県花巻市の出身である。そして、加藤久弥の敗戦・帰国後職を得た盛岡高等農林学校は、宮沢賢治の出身校であるばかりでなく、家畜学・獣医学の名門教育機関で、並河才三ら一〇〇部隊の幹部も輩出していた。また、「南部馬」をはじめとする名馬の産地で、日中戦争期「戦地から生還した、たった一頭の軍馬」として知られる勝山号を江刺から輩出するなど、軍馬の産地としても著名であった（本書第二章）。

併行して調べた台湾帝国大学医学部の初代学部長で一九三八〜四一年の学長だった法医学者・三田定則は、「植民地医学」「大東亜医学」の一角にいたという意味では石井四郎らとつながるが、七三一部隊との直接のつながりは見いだせなかった。鎌田信雄の証言から、台北帝大から満洲国への出張の記録があれば手がかりになると思えたが、戦後の岩手医大学長の記録以外はみつからなかった。

念のためにアジア歴史資料センターで検索すると、「加藤久彌」は、鹿児島県の同姓同名の別人以外にみつからなかった。

四　退官記念本「一獣医学者の回想」に一〇〇部隊勤務を明記

岩手大学農学部図書館に眠っていた軍馬防疫廠時代の記録

しかし、決定的な証拠がみつかった。岩手大学農学部図書館にある加藤久弥先生退官記念事業会編『ユリノキの木かげの学び舎――家畜微生物学教室の三十余年』（一九八一年五月）を、盛岡の高橋龍児氏を通して入手したところ、加藤久弥本人が「一獣医学徒の回想」という、詳しい自伝風記録を残していた。いわゆる退官記念本で、通常は大学の同僚・教え子や学会の親しい仲間内にのみ少部数で流布する。そこで安心してか、加藤久弥は、「陸軍技師」時代についても、詳しく触れていた[14]。

教え子たちが、「はじめに」で、刊行の目的を述べている。

加藤久弥先生は昨年六月をもって任期満了により三選に及ぶ学長の任を辞され、永年にわたる岩手大学での生活に終止符を打たれました。

先生は昭和一二年東京帝国大学をご卒業、戦後昭和二二年盛岡農林専門学校に来任され、家畜微生物学講座をご担当、抗生物質・リステリア・マイコプラズマなどに多大の研究業績をあげられ、国内外より高い評価を受ける一方、通算約三五年の間に卓越した学識と明朗活達な人格をもって、多くの有為の人材を養成されました。

この間、岩手大学教授、同農学部長を経て昭和四九年から同大学々長の重責を担われ母校の発展につくされました。また、日本獣医学会・日本細菌学会・日本畜産学会など関係諸学会の役員、文部省調査会委員、農林関係各種審議会の委員として活躍され、日本の獣医学および畜産学の進展に幾多の寄与をなされました。

敬愛する先生が大学を去られましたことは誠に残念でありますが、幸い先生にはますますご健勝であられますので、今後も後進に対して一層のご指導を下さることを祈ってやみません。ここに私共は、先生のご功績を記念し感謝の意を表すため、記念事業の一つとして、先生のご経歴・玉稿に加え、教室卒業生の寄稿文などを併せて、一書としてまとめることに致しました。

この小冊子が同時に青春の記念碑として、永く先生と皆様を結ぶきずなとなることを祈念するものであります。刊行にあたりご協力くださいました各位に対し厚く御礼申し上げます。

昭和五十六年二月　　加藤久弥先生退官記念事業会幹事

大きな写真と「略歴」「業績リスト」もあり、一九三九年中支那軍軍馬防疫廠（上海）から一九四二～四五年の関東軍軍馬防疫廠（新京）ほかの軍属＝技師歴も詳しく書き残していた。細菌戦や人体実験、ハルビン七三一部隊との関係には触れていないが、一〇〇部隊の病理研究室（二部二課、主任小野豊博士）で馬鼻疽の研究に携わったという。その頃の研究成果を戦後『盛岡農林専門学校学術報告』二六号（一九五〇年）に発表したとも述べていた。

「一獣医学徒の回想」は、功なり名遂げての回想録で、教え子・後輩たちへの自慢話、教訓談にもなっている。東大農学部獣医学科での学生時代、農林省獣疫調査所（戦後の農林省家畜衛生試験場）での研究生生活、近藤正一教授に頼まれた微生物学の独文論文の翻訳が『中央獣医会雑誌』に発表されたこと、防疫獣医としての福岡県庁への就職と検疫の仕事などが、「大学はでたけれど」といわれた就職難の時代背景と共に淡々と語られる。

陸軍技師時代の回想に上海、新京（現長春）時代の記憶を記録

部外者を読者に想定していない稀覯本中の貴重な証言なので、「陸軍技師時代」は、長文でも引用する意味があるだろう。中支那軍馬防疫廠（第一六四三部隊）と関東軍軍馬防疫廠（一〇〇部隊）勤務の体験が、率直に語られている。

加藤久弥　写真

加藤久弥　略歴

1911年1月24日	東京に生まれる
1933年3月31日	第二高等学校理科乙類卒業
1937年3月31日	東京帝国大学農学部獣医学科卒業
1937年12月18日	福岡県防疫獣医
1939年6月29日	陸軍技師、中支那軍馬防疫廠附
1942年8月12日	関東軍軍馬防疫廠々員
1945年10月16日	復員、退官
1945年12月1日	日本獣医師会研究所研究員、研究部細菌科・検査科主任、兼日本生物科学研究所員
1947年9月30日	盛岡農林専門学校講師
1949年12月31日	盛岡農林専門学校教授
1950年4月1日	岩手大学助教授
1954年2月19日	東北大学より農学博士の学位を受ける
1954年6月1日	岩手大学教授
1955年4月1日	岩手大学評議員
1961年9月25日	獣医師免許審議会委員
1964年9月1日	文部省在外研究員としてアメリカ、西ドイツに出張
1971年4月1日	岩手大学農学部長
1974年6月5日	岩手大学学長
1975年6月	文部省獣医学教育の改善に関する調査会委員
1980年6月4日	任期満了退官

出所：加藤久弥先生退官記念事業会編『ユリノキの木かげの学び舎——家畜微生物学教室の三十余年』1981年

戦争が拡大してゆくにつれて、中国大陸において軍用に使われる馬、犬、鳩等の動物が増加し、その衛生が重要となり、各方面軍に軍馬防疫廠（以下防疫廠と略）が急設された。それぞれの地域における家畜伝染病の調査・研究と必要な診断液・予防液・免疫血清の製造が任務とされ、要員は廠長以下少数の軍人と、大多数の軍属（技師、技手、雇員、傭人）によって組織された。

私は陸軍検疫所の嘱託をした経験があるので適任と思われたのであろうか、県庁の上司と農林省の間、農林省と陸軍省の間でそれぞれ協議された結果であろうが、畜産主任官から、陸軍技師になって上海へ行かないかということになった。あまり希望もしなかった（結婚して半年あまりしかたっていなかった）が、いずれ召集ということも考えられる日常状況であったので応募することになった。

この防疫廠は上海に本廠を置き、支廠を南京、九江、武昌に、出張所を漢口（後に当陽にも）に出していて、技師は上海に二名、各支廠に一名を配属した。十四年の七月初め、私が上海に赴任するとそれを待っていたかのように、五人の技師の配置が定められた。私は一番若いので、「君は若いしからだも丈夫そうだから一番奥地に行ってもらう」ということで武昌配属となった。二、三日して同行して赴任する農学校出の技手諸君と、揚子江一に古くてのろいという貨物船に乗って上海を出航した。漢口まで十一日かかっての船旅であったが、南京虫に毎夜食われて腕が曲らない程脹れ上り、まず南京虫に免疫になるという関門を通った。途中寄港する町の兵姑酒保から、ビール二ダース箱をいくつも買込んで飲むことが十一日間の日課みたいなものであった。

仕事は鼻疽を中心とする検疫であることに変りはなかったが、今度は内地に帰る馬の乗船地検疫である。乗船地検疫は三十六時間以内に完了しなければならない忙しい仕事であった。乗船地に集結した軍馬の消毒、マレイン点眼、採血を行い、血清は凝集反応、補体結合反応を行う。補体は飼育しているモルモットから採血し、そのつど検定を行うなど型通りの仕事である。

勿論、市内は停電状態であるが、防疫廠は自家発電をしているけれども、フラン器などは石油灯熱源のものを使っていた。これはエーテルの膨張を利用したレギュレーターで温度をコントロールするようになっており、これをうまく制御するのは大変熟練を要した。後に盛岡農専に着任した時、細菌実験室の戸棚に同じ型の石油ランプがあったから、電気のフラン器の無い時代に先人が苦労して使ったのだなあと思ったことである。

武昌支廠に着任して部隊長に挨拶（軍隊用語では申告という）すると「技師は腹が出来ているか？　腹をつくるために岳州に行ってこい」と命令されて、上海から一緒に行った技手諸君と五人ほどで岳州に出張した。その時は岳州からも乗船地検疫をして帰る部隊があったので、支廠から先遣隊が出ていたのである。岳州は武昌と廣東（広州）を結ぶ粤漢線という鉄道が通っているが、途中二か所の鉄橋が落ちていて、徒歩連絡をしたりで一泊行程であった。岳州の南の方には、今日観光地として名高い桂林というところがある。

岳州はびょうぼうたる大湖、洞庭湖の畔りにあり、中学校の漢文で習った岳陽楼之記で名高い岳陽楼が湖畔に建っていて感激した。市街はすべて瓦れき山となっていて、住める家とてなく、戦争というものの実感をひしひしと味わった。

加藤久弥回想中での「戦争というものの実感」は、これだけである。

中支那軍馬防疫廠（栄一六四三部隊）での研究と研究仲間

加藤久弥は、武昌から上海に戻って、病理実験室主任となり、病理解剖も担当した。

さて、武昌では鼻疽の検疫のかたわら、馬の伝染性貧血やトリパノゾーマ病などの馬についていくらかの実験をやったりしているうちに、上海に戻ることになった。

上海本廠に新たに病理の実験室をつくることになり、私がその主任になることになったのである。本廠長は市岡中佐（後大佐）〔市岡朝祐、第一四方面獣医部長、戦後は帯広畜産大〕で北大獣医出身の病理学者である。私が大学で解剖専攻であったので、「健体解剖をやった者が病理解剖をやるのに適している」という部隊長の買いかぶりの結果ではなかろうか。大学では前にも述べた通り、不勉強であったし、その任にあらざることは充分自覚している。併し、解剖とか組織標本を作って鏡検することなどは一通りやっているので、頑張って期待に応えなければと思った。

上海では間もなく、日曜外出の時に北四川路上で、旧制高校の同級生太田〔俊夫〕君と奇遇したことも幸いであった。彼は東大医学部血清病理学教室出身で、上海自然科学研究所病理学研究室に勤務し、兼ねて私と同じく陸軍技師であった。夕暮時に異郷の地で正に奇遇と言わねばならない。

さて、委されて研究室をつくるとなると仲々の大仕事であったが、自然科学研究所を見習って、ずいぶんぜいたくな備品を揃えたつもりである。上海は東洋一の貿易港であったから、ドイツの有名なメーカーのエージェントがあり、理化学器械や試薬類の在庫も豊富であった。

実験設備の調達は一通りの陸軍獣医部の備品の他に、カルロウイツやシュミット商会などに出かけて、たどたどしいドイツ語や英語と手ぶり身まねでいろいろな器材を仕入れた。しかし設備が出来ても、これを動かす人間が素人ではしかたがない。幸い市岡部隊長は軍人というより学者肌の人で、病理学を専攻されたから、殆んど毎日のように午後は実験室に来て指導された。

上海自然科学研究所での細菌学研究

加藤久弥は、上海では上海自然科学研究所にも通って研究したという。もともと一九三一年に外務省主導で設立された日中共同研究施設であったが、日中戦争の泥沼化のなかで、興亜省、さらに大東亜省管轄と、日本軍の研究施設とされた。加藤久弥の通った時期には、七三一部隊の石井四郎も毎年訪れていたが、他方で社会衛生学の小宮義孝（東大社会医学研究会設立、戦後国立予防衛生研究所長）や中国人所員陶晶孫（衛生学者兼作家）のように、秘かに中国の抗日戦争に協力する科学者もいた。加藤久弥には、そうした研究所の影は見えず、そもそも中国人所員や雇員がいたこと自体、眼中になかったようだ[15]。

自然科学研究所は、義和団事件の賠償金を元に日本政府が東亜同文書院とともに設立したもので、フランス租界にあった。規模は東大の医科研と同じ位だが、医学関係の蔵書は東洋一と言われた。

ここの病理学研究室の長は、水野礼司博士で、その下に前述の太田君や、魚の病理をやっている四竈《しかま》〔安正〕君が居た。この人は東大農学部水産学科を卒業したばかりであったが、上海自然科学研究所に魚の病理をやる人として採用されて来たのである。今日、獣医学界では魚病学の重要性が説かれているけれども、昭和一四年頃にこのことに気付いた人が果した《ママ》何人いるであろうか。あらためて水野博士の先見に敬意を払わざるをえない。

世の中で、人との出会いは誠に奇縁と言うほかない。私が後年盛岡で、大洋漁業の養鱒場で鱒の敗血症死の病原検索を頼まれた時、参考書として入手した本が四竈博士の魚病学であったが、著者の略歴によると彼は東海区水産試験場長であった。恐らく魚病に関する第一人者となっていたことであろう。

また太田君が戦後静岡県衛生課長の時に、わが獣医学科から同県に多くの卒業生が就職したのも、この時の縁がもとになっていると思う。

さて、私の研究室は若い将校と技手、雇員の五人位で、馬のズルラ病（トリパノゾーマ病）を中心に、仮性皮疽などを研究した。

細菌学研究室には、元盛岡高農教官の竹原〔好兵〕技師や北研の添川〔正夫〕博士が居られ、ズルラや仮性皮疽の化学療法の件を行なっていたが、病理はそれの共同研究として参加した。両研究室は緊密な連携のもとに仕事を遂行したので、先輩せき学の方がたの教えを得るところが大きかった。

ここでの研究生活で、始めて学問することの自覚というものがあった。戦時中にも拘わらず、東京の学会に始めて発表する為に、内地出張をさせて頂いた市岡部隊長のご好意は終生忘れられないことである。

一〇〇部隊第二部で馬鼻疽の研究、少年兵への教育も

直接一〇〇部隊勤務に該当する箇所は、次の通りである。新京（現長春）一〇〇部隊では、一九四三年一二月創設の関東軍軍馬防疫廠第二部六科が細菌戦準備・実行に特化した部署になるが、加藤久弥はもともと第二部二科で馬鼻疽の研究に関わったというだけで、六科との関わりは述べていない。六科に関わったどうかは今後の調査課題となる。ただし加藤自身は一〇〇部隊内で「幹部候補生教育」にもたずさわったという。若手下級幹部であった。

さて、上海生活二年余で十七年八月に新京（現長春）の関東軍軍馬防疫廠に転勤した。ここは陸軍技師だけでも大佐相当官を筆頭に十四人も居て大きな部隊であり、召集されてきた獣医学界のそうそうたる学者が大勢いた。ここでも私は病理研究室（主任小野豊博士）に所属して、終戦を迎えるまで研究に従事した。研究の主流は馬鼻疽の予防・治療であり、細菌、生化学の研究室との協同がなされたが、その他に重要なものとして、慢性あるいは軽症の伝染性貧血馬の使役試験などに参加した。また私を主任として、馬流産菌症の感染・発症機序を究明する総合研究を細菌、生化学、臨床の協力を得て実施した。実験は終了したが、成果のとりまとめ中に終戦となり、発表することが出来なかったが、私の担当した部分の概要を盛岡農林専門学校学術報告二六号に掲載した。この研究では満州医大病理の稗田〔憲太郎〕教授のご指導をいただくなど、よい研究環境と指導書に恵まれて、

存分に仕事をやれたと思う。

以上のように、陸軍技師時代は私にとって、獣医学というものを学問する機会を得た時であり、苛酷な戦争状況の中で、思えば分に過ぎたものであった。

この回想は、これまでの日本での数少ない一〇〇部隊研究の基礎資料、ハバロフスク裁判での高橋隆篤獣医中将・平桜全作獣医中尉・三友一男軍曹の陳述、三友一男の回想『細菌戦の罪』（秦流社、一九八七年）、高杉晋吾『七三一部隊　細菌戦の医師を追え　今も続く恐怖の人体実験』（徳間書店、一九八二年）中での平桜全作インタビュー、それに学問的に信頼できる江田いづみ論文等を参照すると、ほぼ正確に事実を述べている。隠蔽したものはあるにしても、改竄したり誇張したものではないと判断できる。

戦後は日本獣医学会研究所で「山口氏」と軍獣医学器材の払下げ・分配も

もう一つ重要なのは、この加藤久弥の回想が、戦後日本の獣医学の再建に関わる重要な事実をも証言していることである。

終戦、復員で荒廃の極に達した東京に帰って間もなく、縁あって日本獣医師会研究所に勤めることになった。曾つて獣疫調査所でお世話になった近藤正一博士が所長であり、人縁の浅からぬことを実感として思った。獣医師会も研究所も再再戦火に焼かれて、武蔵境の日本獣医専門学校（現日獣大）の校舎に入っていた。学校は閉校されていた。

ここでは細菌と腺疫血清の製造や、狂犬病ワクチンの製造がおこなわれたが、戦争直後のことであり、これと言って目立った活動はなかったし、出来なかったというのが実情であろう。併し、近藤先生は、「将来有為の人材を温存するのが私の使命だ」と口癖のように言われていて、乏しい財源をやりくりしながら、嘱託など、あの手この手を尽くして人を集められた。ここでは、病理の新見〔大四郎〕博士（故人）、三浦〔四郎〕博士（北大名誉教授）、小堀〔進〕博士（日大農獣医学部長）等と同僚ということで知己を得たし、家畜衛生試験場も近いので、何かと便宜を得、石井〔進〕博士（後場長）や鳥羽〔秋彦〕博士（後東北大、農工大教授）のお世話になった。

また、釜山の家畜衛生試験場から中村淳治〔稕治〕博士が帰国され、立川に比較病理学研究所を設立された。これはいずれ日本獣医師会研究所を改組した統合される方針であろうか、間もなく日本生物科学研究所と名称を変えた。（中略）

その頃の日本獣医師会の一番大きな仕事は、旧陸軍の獣医資材を復員する獣医師（軍人、軍属）が開業できるように頒布することであった。一セット十八円で一応当座の開業用に間に合ったようである。研究所では、前記のようにわずかな量であるが血清やワクチンを製造したが、経費は主に本部にたよったものであろう。日生研を研究所らしく設備するにはまだほど遠いものであったが、二十一年頃、旧陸軍獣医学校（那須と川渡）、旧陸軍検疫所（字品）の実験、研究器材が日本獣医師会に払い下げられた。私は山口氏と共に、二十一年二―三月約二か月間似島検疫所に滞在して、実験器材のすべてを東京に持ち帰った。

東大農学部獣医学教室の卒業生ネットワークで岩手大学獣医畜産科へ就職

ここで重要なのは、一つは、敗戦・帰国後に戦後一〇〇部隊と七三一部隊出身者が重要な役割を果たす「日本生物科学研究所」との関係が述べられていることである。日本生物科学研究所（日生研）は、本書第五章で小河孝教授が示す旧一〇〇部隊員財前旭夫予獣大尉らの戦後の就職先であり、第一章で述べたように、七三一部隊大連支部（旧満鉄大連衛生研究所）の倉内喜久雄らも合流して、戦後占領期の伝染病対策・ワクチン製造に重要な役割を果たした。七三一部隊・一〇〇部隊の医学者・薬学者・獣医学者の戦後のスムーズな就職先で、占領期・朝鮮戦争期には、GHQや厚生省・農林省ときわめて近い関係にあった。その後、家畜用ワクチンを中心に業界をリードし、今日まで続く「ワクチン村」の原型となる。[15]

陸軍獣医学校の研究資料・器材が、戦後日本獣医師会に払い下げられた経緯も、述べられていた。加藤久弥は敗戦後に帰国し、日本獣医師会研究所で「旧陸軍の獣医資材を復員する獣医師（軍人・軍属）が開業できるように頒布する」仕事にたずさわった。その際の仲間が「山口氏」で、これは、本書の第五章に詳しい「山口本治」のことであろう。端的に言って、軍需物資の払下げ、再利用である。

戦後日本の獣医学は、旧軍軍馬防疫廠の器材・人材を土台に再出発し、軍馬中心から家畜中心に切り替え、犬猫など愛玩動物市場を拡大して発展することになった。

加藤久弥は、一九四七年九月に盛岡農林専門学校獣医畜産科に着任したが、それは、東大農学部の同級生だった五島治郎教授に呼ばれたものであった。岩手大学の同僚となった五島は、一九五三年に名古屋大学農学部家畜生理学教室教授に転じるが、彼自身、一〇〇部隊の「獣医少尉」であったことが、小河教授の調査と昭和二八年厚生省留守業務部作成「関東軍軍馬防疫廠行動概見表」によって確認できた。

この「概見表」では、佐官級以上の最高幹部は若松有次郎少将、保坂安太郎中佐、山口本治少佐の三人のみで、加藤久弥は技師とはいえ、若松と同じテーマで研究・報告していた。加藤久弥は、若松少将・山口本治少佐・五島治郎少尉らの東京帝大農学部卒業生グループの中にいた。戦後の就職も、東大農学部獣医学科のネットワークの所産であった。

五　獣医学者としての「業績」にはみるべきものはない

陸軍技師時代の加藤久弥の獣医学研究

加藤久弥は、抗生物質の研究等で新制岩手大学農学部家畜微生物学教室を率い、学部長・学長をつとめた。岩手県の名士として晩年まで活躍し、叙勲を受け、二〇〇二年に没した。しかし、その獣医学者としての業績がどのようなものであったかは、別個に検討されなければならない。

三友一男が帰国後に『細菌戦の罪』中で紹介する「昭和一九年度　陸軍技術研究会獣医部関係発表事項」(一四七頁表3を参照)中では、「加藤久弥・陸軍技師」は、若松有次郎隊長・獣医大佐らと組んで、「鼻疽菌蛋白質の鼻疽馬及び健康馬に対する毒性試験」に加わり「病理解剖学的及び組織学的所見」、「馬流産菌を接種せる改良満牡馬の初期における諸変化について」等三本の報告者として出てくる。[16]

三友によれば、一〇〇部隊における細菌戦兵器製造の特殊部署である第二部第六科が一九四三年中には新設され、四四年四月に山口本治少佐が陸軍獣医学校から第六科科長として就任、約五〇人で鼻疽菌の生産実験、牛疫菌の空中散布実験、それに七三一部隊と合同の安達での野外実験が行われた。[17]しかしそこには、加藤久弥の名前はなかった。

加藤久弥の公開された「研究業績」中に、人体実験や一〇〇部隊第二部第六科所属の痕跡が残されていないかと、国会図書館や岩手大学農学部図書館で彼の初期の論文を集めてみたが、専門的なもので、社会科学者には判断できない。

加藤久弥の初期の論文を、獣医学博士である小河孝教授に目を通して貰うと、以下のようなコメントであった。

加藤久弥が陸軍技師として発表した論文についてのコメント（小河　孝）

一、「馬パラチフス菌感染初期に於ける牡馬の生体反応に関する研究」加藤久弥

岩手大学盛岡農林専門学校学術報告、第二十六号、一三〇－一四一頁、一九五〇年

加藤久弥は、論文の緒言で「一九四四年五月～九月の間、改良満牡馬により本実験を行った」とだけ記載している。実際は一〇〇部隊第二部二科（病理）に所属していた時、「私を主任として、馬流産菌症の感染・発症機序を究明する総合研究を細菌・生化学、臨床の協力を得て実施した。実験は終了したが、成果のとりまとめ中に終戦となり、発表することができなかったが、私の担当した部分の概要を盛岡農林専門学校学術報告二六号に掲載した（『ユリノキの木かげの学び舎――家畜微生物学教室の三十余年』八ページ）と明確な背景があり、論文では戦前の経緯について沈黙をしていた。

内容は、実験に牡馬十四頭を使用、馬流産菌を静脈内接種、接種後の経過時間で実験馬を殺処分・剖検して生体反応をみた成績である。結論は、牡馬に特有の所見はなく、馬パラチフス菌が生殖器で定着増殖すると思われるなどと記載されていた。

二、「馬トリパノゾーマ症病理解剖学的研究（第一報）」陸軍技師　加藤久弥、他三名

陸軍獣医団報、三九三号、三七九－四〇一頁、一九四二年

馬における自然感染四例と人工感染四十八例の病理解剖の肉眼的所見を一覧表にまとめた成

績。編集委員のコメントは、「すでに獣医学校から発表されている内容の追試に過ぎず、肉眼所見だけでなく病理組織学的所見も必要である」と厳しく指摘されていた。

三、「伝染性貧血馬骨髄の形態学的研究」陸軍技師　加藤久弥、他二名

陸軍獣医団報、四〇四号、二八一―二九二頁、一九四三年

編集委員から「伝染性貧血の骨髄液に注目した点は評価できるが、血球の分類について未だ正確な基準が確立されていない現状では、例えば赤血球の分類で直径を明示してないなどすべて定義が曖昧である」と手厳しく指摘されていた。

以上の結果から、陸軍技師・加藤久弥の研究はいずれも発展途上にあったと思われる。

六　加藤久弥の内省なき回想、漂白された記憶、戦争責任の無自覚

米軍GHQ・LS（法務局）記録中にも幹部に「加藤」名の記録

以上により、中国側調査、「留守名簿」の信憑性が確認され、『陸軍獣医団報』三九〇、三九三、三九四号（一九四二～四三年）及び『盛岡農林専門学校学術報告』二六号（一九五〇年）の加藤久弥の論文は、軍馬防疫廠第一〇〇部隊勤務時代のものと特定できた。

また、三友一男『細菌戦の罪』に収録された「昭和一九年度、陸軍技術研究会獣医部関係発

表事項」から、加藤久弥の一〇〇部隊での鼻疽研究が、当時の若松有次郎隊長との共同研究で、若松の側近であったことがわかった。江田いづみらの研究では、若松少将の前任者「並河才三」隊長が、加藤が後に赴任する「盛岡農林専門学校」出身である。しかし加藤久弥の、直接細菌戦につながる二部六科所属までは確認できなかった。

ただし、近藤昭二編『七三一部隊・細菌戦資料集成』中のGHQ・LS（法務局）一〇〇部隊調査資料中に、一〇〇部隊幹部の名前として「Civilian equivalent to Major (FNU) KATO」（「少佐相当軍属技師　ファーストネーム不明　加藤」）とあるのが、「加藤久弥」である可能性は高い。そこには若松有次郎隊長以下約二〇名の氏名が挙げられているが、「加藤」については姓のみである。つまり、米軍にも細菌戦に関わった一〇〇部隊幹部の一人としてノミネートされていたが、ファーストネームがわからず「加藤」姓のみなので、GHQの追及を逃れたのかもしれない（近藤昭二・王選編『日本生物武器作戦調査資料』第六冊にも収録[18]）。

その「少佐相当」が本当であれば佐官級で、一〇〇部隊の中では高位の職階に属し、戦争責任が追及されれば当然訊問され、公職追放される可能性もある地位であった。一〇〇部隊内で「幹部候補生教育」にたずさわった、日本獣医学会研究所で「山口（本治?）氏」とともに陸軍獣医学資材の整理にあたったという「回想」の記述は、本当であろう。

七三一部隊医学者、一〇〇部隊獣医学者は戦後「科学立国」の担い手だった

なお、この「加藤久弥」調査の関連で、戦後一九四八年七月にGHQの指導で文部省科学教育局が監修、科学文化新聞社が刊行した『現代日本科学技術者名鑑』「農学編」を調べたところ、「加藤久弥」はなかったが、若松有次郎の前任隊長「並河才三」は「関東軍軍馬防疫廠廠長」として、加藤久弥の一〇〇部隊での上司「小野豊」は「陸軍技師」として、「日本再建に必要な科学者」とされていることがわかった。

ついでに「医学編」も見たところ、石井四郎・北野政次らが「陸軍軍医学校教官・関東軍防疫給水部長」と堂々と書かれて「日本再建に必要な科学者」とGHQ公認・文部省監修で明記されていることがわかった。米軍による七三一部隊調査、細菌戦データとバーターでの免責確定後、ちょうど帝銀事件の頃で、日本学術会議創設前であるが、「防疫給水部」「軍馬防疫廠」勤務歴は、日本の医学・農学界で重要な研究歴であり続けたことがわかる。なお、同書「農学編」「医学編」「理学編」は、「敗戦後の日本の復興に多大な貢献をされた方々」の記録として、二〇〇九年に復刻版が刊行されている。

加藤久弥先生退官記念事業会編『ユリノキの木かげの学び舎――家畜微生物学教室の三十余年』の後半の岩手大学の同僚・教え子等の回想には、加藤久弥の軍歴や一〇〇部隊時代の話は全くでてこない。自伝には記したが、一〇〇部隊歴を教え子たちに誇示したり、故意に隠蔽したりということはなかったようである。

奇しくもこの退官記念本は、森村誠一『悪魔の飽食』刊行と同じ一九八一年であるが、七三一部隊がらみで軍歴を疑われた形跡もない。『悪魔の飽食』への言及もない。

もう一つの回想にも出てこない中国戦線の悲惨、中国民衆の姿

ただし、加藤久弥にはもう一つ、軍馬防疫廠に関わる回想がある。新京の一〇〇部隊ではなく、その前に勤務した中支那軍馬防疫廠（栄一六四三部隊）時代についての回想で、同部隊の隊友会記録『中支那軍馬防疫廠想い出の記録』（一九九〇年）中の、「中支那軍馬防疫廠の想い出」と題する回想である。[19]

一〇〇部隊プロパーの隊友会の存在は確認できないが、この上海の軍馬防疫廠（栄一六四三部隊）の会は、一九五六年から一九九〇年まで一〇回の定期総会を持ったと言うから、加藤も何度か出席していたようである。また、軍馬防疫廠の姉妹部隊である中支那軍防疫給水部＝栄一六四四部隊とも当然に交流があり、七三一部隊と一〇〇部隊の関係についても熟知していたであろう。

岩手大学退官記念の加藤久弥「一獣医学徒の回想」は森村誠一『悪魔の飽食』刊行と同じ一九八一年であったが、四頁ほどのエッセイ「中支那軍馬防疫廠の想い出」は一九九〇年で、森村誠一のベストセラーをくぐったあとのものである。何らかの言及があるのではないかと期待して読んでみたが、内容は、「一獣医学徒の回想」での「陸軍技師時代」と大差なく、「上海本

廠では、市岡部隊長の命により病理の実験室をつくることになった。私の下に松尾少尉（後に杉浦見習士官）、桑島技手、金子雇員と男女二人位の補助員がつけられた。大学では不勉強ながらも解剖学を専攻したから、臓器の処理とか組織標本の製作や鏡検はできるが、病理となると殆ど未知の領域で、毎日が手探りの勉強であった。しかし、隊長が陸軍部内きっての病理学者であって、毎日時間があれば午後は実験室に来られて、御指導をいただいたので段々仕事ができるようになった」といった、検疫実務・細菌研究の淡々とした回想で、人間味がない叙述であった。南京虫やビールの話はあっても、およそ戦地での緊張も、戦場での意気込みや恐怖体験の記述もなく、何よりも「敵」である中国人兵士・庶民の顔が全くみえない淡泊な記述である。

戦争協力も戦争責任も感じられない「獣医学者」としての従軍記録

つまり、加藤久弥の二つの従軍回想には、一〇〇部隊の人体実験も細菌戦研究も出てこないばかりでなく、およそ大陸での戦争の雰囲気も匂いもほとんど感じられない。獣医学者としての研究実務と防疫の研鑽が述べられるだけで、日本の侵略戦争としての中国滞在、傀儡植民地としての満洲国体験の感想は、すっぽり抜けおちている。戦争責任、ましてや中国人への加害責任などなかったかのごとき、無機質な従軍体験記である。

このことが逆に、岩手大学での研究室経営や、学長としての大学管理の有能な実務的遂行を可能にしたのかもしれない。

小河孝教授の発掘した山口本治の新潟大学農学部退官記念本には、「浮き沈み六〇年――私の人生劇場」として「馬――この可憐にして悲愴なるもの」への愛やGHQの訊問の話があり、ある種の感情の動きが読み取れるが[20]、加藤久弥の回想には、それが全く感じられない。

二部六科の細菌戦責任者であった山口本治ほどには責任ある地位になく、獣医学研究の中堅「専門家」であればよかった多くの一〇〇部隊獣医学者は、案外、加藤久弥のような心境で、戦後を生きたのかもしれない。

注

1 松村高夫・矢野久編著『裁判と歴史学』(現代書館、二〇〇七年)三二一―三二二、三三四―三三五頁。南典男「なぜ、七三一部隊を振り返るのか」(吉中丈志編『七三一部隊と大学』京都大学学術出版会、二〇二二年)参照。

2 『細菌戦用兵器ノ準備及ビ使用ノ廉デ起訴サレタ元日本軍軍人ノ事件ニ関スル公判書類』外国語図書出版所、モスクワ、一九五〇年。

3 中央檔案館、中国第二歴史檔案館、吉林省社会科学院編『証言人体実験 七三一部隊とその周辺』江田憲治、兒嶋俊郎、松村高夫編訳、同文館、一九九一年、二二九―二五〇頁。

4 松村・矢野『裁判と歴史学』二一九頁。

5 高杉晋吾『七三一部隊 細菌戦の医師を追え』徳間書店、一九八二年、一八〇―一九六頁。同『にっぽんのアウシュウィッツを追って』教育史料出版会、一九八四年、一三〇―一四六頁。
6　江田いづみ「関東軍軍馬防疫廠――100部隊像の再構成」（松村高夫編『戦争と疫病』本の友社、一九九七年）四一―七一頁。
7　「関東軍軍馬防疫廠略歴」アジア歴史資料センター、C一二一二二五〇一二〇〇防衛省防衛研究所、満洲方面部隊略歴（一）。一五年戦争と日本の医学医療研究会 編『NO MORE 七三一日本軍細菌戦部隊：医学者・医師たちの良心をかけた究明』（文理閣、二〇一五年）二三〇―二三二頁。
8　王選「細菌作戦と被害調査」『一五年戦争と日本の医学医療研究会会誌』第六巻一号、二〇〇六年五月。王選氏は最近も、「小河孝先生の著作『満州における軍馬の鼻疽と関東軍――奉天獣疫研究所馬疫研究処一〇〇部隊』をネットショップで購入し拝見することができました」としたうえで、「非常に参考になります。二〇〇四年から、私と浙江省の大学生たちが戦時中浙江省内〝爛脚病〟患者の聞き取り調査のフィールドワーク記録をまとめていますが、一千人以上の患者本人の聞き取り調査表が集め、傷の写真も撮りました。大部分の方が一九四二年浙贛作戦の時に、日本軍が侵攻してから、罹ったのです」と述べている（戦医研通信九二五号、二〇二二年一月）。
9　以上、「中国侵略旧日本軍の細菌戦第一〇〇部隊の秘密に迫る」（『人民網』二〇一八年九月二二日）より。http://japanese.china.org.cn/jp/txt/2018-09/22/content_63751465_2.htm
10　高橋龍児『〝関東軍防疫給水部〟の不都合な真実』みちのく文庫、ツーワンライフ、二〇一四年、二五頁。
11　岩手大学「学びの銀河物語」（二〇〇九年）。
12　『岩手日報』一九八五年五月一三日。

13　岩手日報社『岩手人名大鑑』一九六五、七六、八六、九六年版。訃報は岩手日報二〇〇二年五月二八日、および毎日新聞二〇〇二年五月二八日の死亡記事。

14　加藤久弥先生退官記念事業会『ユリノキの木かげの学び――家畜微生物学教室の三十余年』加藤久弥先生退官記念事業会、一九八一年五月、非売品、岩手大学農学部図書館蔵。

15　佐伯修『上海自然科学研究所　科学者たちの日中戦争』宝島社、一九九五年、小宮義孝『城壁』岩波新書、一九四九年、陶晶孫『日本への遺書』創元社、一九五二年、厳安生『陶晶孫　その数奇な生涯もう一つの中国人留学精神史』岩波書店、二〇〇九年、参照。

16　野村吉利「財団法人日本生物科学研究所の歴史」『日本獣医学雑誌』五四（二〇一七年）。日本生物科学研究所「六〇年のあゆみ」二〇〇七年。本書第一章。

17　三友『細菌戦の罪』三一-四〇ページ。本書第四章。

18　同上、七〇-七四頁。

19　近藤昭二編『七三一部隊・細菌戦資料集成』柏書房、ＣＤ-Ｄｉｓｃ２、17-17029。中国で刊行された近藤昭二・王選編『日本生物武器作戦調査資料』第六冊、中国社会科学文献出版社、二〇一九年、三〇〇六頁。

20　栄一六四三会『中支那軍馬防疫廠想い出の記録』非売品、一九九〇年。小河孝教授により提供された。

21　山口本治『馬骨啾啾』非売品、一九八〇年、小河孝教授が複写した新潟県立図書館蔵書より。

おわりに――七三一部隊と一〇〇部隊の「負の遺産」は未だ終わらない

本書の成り立ちについては、加藤哲郎教授が「はじめに」で述べている通りである。小河は加藤教授から「七三一部隊と一〇〇部隊の人獣共通感染症への戦争動員」の共同執筆の誘いを受けたとき、軽い気持ちで捉えていた。しかし、新たな世界情勢の変化で執筆原稿の論議が進み、政治学から投げかけられる鋭いコメントに、獣医学の殻に閉じこもっていたらとうてい予想もつかない論点と展開に刺激を受け、視野が次第に拡がってきた。

二〇二〇年に公刊した拙著『満州における軍馬の鼻疽と関東軍』の標題にある（軍馬の）鼻疽は、軍馬の歴史から始めると内容の展開が難しくなるため、軍馬を鼻疽の感染対象（感受性動物）としか捉えてないような弱点があった。しかし、日本の戦争を俯瞰する政治学からみれば、軍馬と戦争の歴史はむしろ一〇〇部隊の解明に必須の前提条件である。その結果、第二章をまとめる場で十分に鍛えられた。

第二章について詳細は繰り返さないが、日本の馬政三十年計画は、外国産種馬の導入による馬体の向上と去勢の効果で軍馬を戦力として創ることにあった。そして軍馬は戦地も銃後も表裏一体で国をあげての戦争プロパガンダに活用された。しかも戦場における軍馬の実態はあくまで「活兵器」であり、消耗品にすぎなかった。また明治維新で新しく導入された近代獣医学の発達は、陸軍獣医学校を中心にした軍陣獣医学に偏り、実学は軍馬の臨床と密接に絡み合っていた。

第三章と第四章の内容は、一九二五年の奉天獣疫研究所（獣研）の創設の目的から始めた。関東軍軍馬防疫廠・一〇〇部隊の成り立ちと組織の実態は、人獣共通感染症の鼻疽をキーワードに軍馬と防疫対策の関連で詳細に分析した。とくに一九三七年一月と二月に起きた獣研の研究者らの鼻疽による実験室内感染（バイオハザード）事故は、関東軍の巧妙な策動によって一〇〇部隊の補完組織となる「満州国」大陸科学院・馬疫研究処の設立にマッチしながら、一九四三年から本格的に策動する一〇〇部隊の細菌戦準備活動へとつながっていった。

第五章は、西山勝夫・名誉教授が発掘した『留守名簿　関東軍軍馬防疫廠』から、一〇〇部隊員の氏名などを用いて文献検索で情報を集めた。これは三友一男の『細菌戦の罪』に記載されていた多くの一〇〇部隊構成員の実像の解明に結びついた。さらに中国で新たに編集された近藤昭二・王選編『日本生物武器作戦調査資料』に所収されていたGHQ法務局の「山口本治ファイル」にある尋問記録の解読結果は、一〇〇部隊の内部構造の詳細な分析に進展した。

一〇〇部隊の技手の紀野猛と西村武は、GHQに「戦争犯罪人を通告す」（西村の投書の標題）のように、幹部の山口本治、若松有次郎、保坂（安太郎）、山下四郎の氏名を具体的にあげ、「一〇〇部隊の人体実験」疑惑の告発を個別におこなった。しかし、人体実験の事実は、安藤敬太郎の供述内容の疑惑と紀野猛の一問一答の中に三友一男の名前が出てきた以外に、手がかりになりそうな部分はすべて「伝聞証拠と噂の範囲」を超えられなかった。

ＧＨＱのニール・スミスは、覚書で「紀野と西村の両人が面接と会話のやり取りで示唆した申し立ては伝聞証拠（噂）の域を出ず、そして両告発人のいずれかの所有物に決定的な証拠がないことが判明した」と結論を下し、戦犯訴追は不発に終わった。七三一部隊の免責の構図につながる東西冷戦の影がそこに存在していた。

戦後、日本に戻った多くの一〇〇部隊関係者は、七三一部隊の医学者たちが人体実験データを米国側に提供するなどの闇取引によって東京裁判の戦犯訴追を免れた経緯とはまったく異なる道を辿った。軍馬を対象とする獣医学を隠れ蓑に、若松有次郎や山口本治らの獣医将校は、ＧＨＱ法務局の追及を上手にかわし、戦犯追放令の解除と共に農林省の研究機関や大学、製薬関連企業に就職した。とくに第六章でとり上げた一〇〇部隊の加藤久弥・技師の戦後は、軍歴を巧妙に秘匿しながら岩手大学教授になり、農学部長を経て最後は学長まで上り詰め、岩手県の名士に収まっていた。

最後に明治以降の獣医学教育の変遷をたどると、軍陣獣医学と軍馬の臨床に偏在した戦前の獣医学教育の歪みが、日中戦争の最中に顕在化していた。

個人的感想になるが、一九六〇年代に学んだ獣医学部の教育内容にも未だ戦前の名残が感じられた。背景には日本の敗戦による獣医学教育の再出発に際し、獣医界もまた日本の侵略戦争に対する真摯な反省と総括がなされてないことに由来するように思われた。

戦後の獣医学の教育課程は、戦前を引きずったままに世界水準への遅れを取り戻すべく、一九七八年に四年制から六年制に移行した。それ以降は、獣医師に対する社会的要請の広がりと獣医学教育の高度化がいっそう望まれる中で、欧米並みの規模で獣医学部を設置し実務教育を充実する構想・課題は未解決のままに、いま世界的基準の獣医学教育を目指しているのが実情である。

ところが、二〇一八年四月、加計学園獣医学部（正式には加計学園・岡山理科大学獣医学部）が「安倍総理の御意向」で強引に創立された。創立されるまでの政治的スキャンダルは紙面の都合で論じないが、一点だけ気が付いた問題を指摘したい。

加計学園獣医学部の教育理念や教育目標について、入学者受け入れ方針（アドミッションポリシー）を調べてみた。

人材養成に「高い生命倫理観と豊かな人間性」の文言は一応掲げてあった。しかし設立までの経緯と「見切り発車」の事実を考えれば、この文言が獣医師としての倫理感に裏図けられる明確な理念や目標として担保できるとは到底思えない。短絡的と言われればその通りだが、生命倫理の規範が十分持てない獣医関係者は、どこまで行っても生命科学の専門家として致命的な欠陥を持ったままのように考えられる。

池内了・名古屋大学名誉教授は「加計学園問題と新たな軍学共同」のコメントで、加計学園の獣医学部新設の目的にある「人獣共通感染症を始め、家畜・食料等を通じた感染症の発生が国際的に拡大する中、創薬プロセスにおける多様な実験動物を用いた先端ライフサイエンス研究」が、将来、生物化学兵器などの軍事研究に拡大する余地を残していると懸念を表明している。また、早稲田大学の水島朝穂教授は「なぜ、加計学園獣医学部にこだわるか—忘れてはならないこと」のエッセイで、「無理を重ねた結果、たった一年で文科省から改善要求を出されるに至った」と、設立の見切り発車による多くの問題点をあげている。このほかに加計学園獣医学部のＢＳＬ（バイオセーフティーレベル）３実験室の設置問題などは、すぐに的確なコメントができないが、今後の推移を検証しながら先の識者の危惧と合わせて重要課題として残しておきたい。

終わりに『留守名簿　関東軍軍馬防疫廠』の獣医将校と技師の名簿資料などを快く提供してくださった西山勝夫・滋賀医科大学名誉教授に深謝致します。さらに、編集の業務に一緒に携わり、論議に加わっていただいた花伝社編集部の家入祐輔氏にも深く御礼を申し上げます。

信州上田にて　　小河 孝

人名索引

あ

青木富貴子　*181, 184, 217,* v
秋山信　*173, 179*
安達誠太郎　*95, 115, 116, 117, 119, 123, 128, 132, 133, 221, 223,* v
アリベック，ケン　*66,* v
アンゴー，アウギュスト　*71, 86*
安藤敬太郎　*172, 177, 178, 179, 195, 206, 207, 210, 211, 212, 213, 214, 215, 266*
安東洪次　*51, 53, 54, 58, 59, 111*
池内了　*133, 144, 167, 268,* v
石井四郎　*11, 67, 152, 215, 217, 234, 238, 247, 258*
和泉洋人　*32*
井田清　*139, 140, 142, 143, 157, 158, 162, 166, 171, 173, 179, 180, 195, 211, 213, 215*
板垣征四郎　*227*
市川秀蔵　*172, 179*
伊地知季弘　*101, 104, 105*
伊藤進三郎　*85*
今西錦司　*54*
植田謙吉　*227*
上田信男　*147, 162, 172, 179*
植村定治郎〔植村学長〕*235, 236*
内田康夫　*84, 93*
江田いづみ　*95, 134, 136, 167, 223, 250, 257, 262,* v
江田憲治　*115, 134,* v
黄木寿之〔壽之〕*146, 162, 166, 172, 179, 180, 195, 211, 213, 215*
王選　*12, 40, 176, 217, 224, 257, 262, 263, 265,* v, vi
大内守　*177, 193, 194, 195*
大瀧真俊　*78, 93, 129, 134,* v
大塚時雄　*146, 147,179, 181*
大坪寛子　*32, 48*
大森常良　*81, 93,* v
岡部信彦　*34*
荻原徹　*147*
小野紀道　*96, 223*
小野豊　*139, 146, 162, 173, 179, 241, 249, 258*
尾身茂　*34*

か

葛西勝彌　*97, 111*
春日忠善　*58*
カッター，ジョン　*87*
加藤久弥〔久彌〕*4, 5, 9, 11, 60, 61, 62, 146, 147, 171, 173, 179, 195, 219, 233, 234, 235, 236, 238, 239, 240, 242, 245, 247, 249, 250, 252, 253, 254, 255, 256, 257, 258, 259, 260, 261, 263, 266,* vi
金子順一　*63*
金田弘倫　*162, 172, 195, 212*
鎌田信雄　*234, 238*
上昌広　*20, 43, 45, 66*
唐澤邦夫　*172, 179*
刈田啓史郎　*224,* vi

河岡義裕　*33, 34*
川島秀雄　*163*
川西信彦　*147, 172, 179, 180, 215*
神原昭夫　*172, 179, 180*
魏拯民　*230*
北野政次　*99, 222, 258*
紀野猛　*12, 62, 146, 177, 178, 179, 181, 183, 184, 193, 194, 195, 196, 197, 200, 201, 206, 213, 214, 216, 265, 266*
キリロフ，イゴール　*17*
工藤忠雄　*63*
久葉昇　*163*
クラーク，ウィリアム　*87*
倉内喜久雄　*50, 51, 54, 58, 67, 252*
倉沢愛子　*51, 67*
黒木正雄　*172, 179*
ゴールドバーグ，ジェフ　*22, 41*
古賀為三郎　*102, 104, 105*
兒嶋俊郎　*115, 134, 261,* v, vii
小玉克幸　*84, 85, 93,* vi
五島治郎　*162, 172, 253*
木幡春夫　*129*
小林七郎　*139*
小林六造　*111*
五味晴美　*66*
小宮義孝　*247, 263*
近藤正一　*241, 250*
近藤昭二　*12, 40, 50, 176, 217, 224, 234, 257, 263, 265,* vi, viii

さ

財前旭夫　*62, 146, 172, 179, 252*
斎藤貴男　*62*
斎藤武夫　*139*
佐伯修　*263*
佐々木文存　*62, 146, 147, 162, 166, 174, 175, 179, 180, 195, 215*
佐藤正久　*33, 35, 36, 38*
サムス，F・クロフォード　*31, 67,* vii
宍戸　*195*
宍戸英雄　*139, 146, 147, 162, 173, 179*
芝田進午　*62*
下里正樹　*222*
下村太郎　*187*
周保中　*230*
杉山元陸軍大臣　*227*
杉山良一　*146, 172, 179*
鈴木元之　*221*
鈴木康裕　*48*
スミス，ニール　*178, 179, 181, 183, 215, 216, 266*
曹亜範　*230*

た

田井中克人　*68,* vii
高島一雄　*96, 119, 120, 124, 127, 223, 227, 232*
高杉晋吾　*68, 222, 250, 261,* vii
高橋隆篤　*96, 119, 147, 221, 223, 226, 250*
高橋雷次郎　*139*
高橋龍児　*234, 238, 239, 262,* vii
田川謙吉　*118*
田宮猛雄　*55*
彭超　*231*
趙継敏　*9, 232, 233*

趙副院長 *233, 234*
趙尚志 *230*
趙士見 *227, 228*
趙聆実 *229, 230, 233*
辻嘉一 *139*
常石敬一 *134, 183, 184, 217,* vii
陶晶孫 *247, 263*
豊島武夫 *98, 102, 104, 105, 106, 107, 108, 135,* ix
鳥羽秋彦 *174, 175, 251*
豊城英寿 *147, 172, 179*

な

内藤良一 *54, 63*
中島嘉市 *172, 195, 202, 206, 214, 215*
中島大尉 *203*
中野慶 *85, 93,* vii
中村淳治〔稕治〕 *59, 68, 163, 251,* viii
中山富雄 *161*
並河才三 *96, 111, 112, 124, 127, 134, 139, 140, 149, 223, 232, 235, 238, 257, 258,* viii
西里扶甬子 *58, 184, 217,* v
西村武 *12, 62, 177, 178, 179, 181, 182, 183, 184, 187, 190, 199, 201, 206, 208, 213, 214*
西山勝夫 *9, 12, 40, 53, 55, 169, 170, 217, 218, 233, 234, 265, 268,* viii
野村吉利 *59, 68, 263,* viii
野本貞夫 *172, 179, 180, 218,* viii

は

ハーバー，フィリッツ *109*
林昇 *62, 147*
伴繁雄 *163, 168,* viii
稗田憲太郎 *249*
平桜全作 *159, 221, 223, 226, 250*
藤田勝正 *139, 173, 179*
藤原彰 *7, 80, 94,* viii
二木秀雄 *8, 54,* vi
古海忠幸 *116*
保坂安太郎 *62, 68, 161, 162, 166, 173, 177, 179, 180, 182, 183, 186, 192, 196, 202, 206, 212, 214, 253, 265*
堀内孝 *72, 94,* viii

ま

町田時男 *159, 160, 166, 173, 177, 179, 180, 195, 206, 207, 211, 213, 214, 215*
松井経孝 *146, 173, 179, 180, 195, 202, 203, 205, 206, 211, 213, 214, 215*
マックブライド，ジョン *87*
松下四郎 182
松村高夫 *51, 115, 134, 220, 223, 261, 262,* v, vii, viii
松山広信 *173, 179*
マンゴールド，トム *10, 22, 41*
水島朝穂 *268*
三田定則 *234, 238*
満田昌行 *162, 173, 179, 180, 195*
三友一男 *136, 138, 139, 140, 141, 142, 143, 144, 145, 146, 147, 148, 149, 150, 151, 153, 154, 155, 156, 157, 158, 159,*

168, 171, 175, 180, 200, 202, 206, 214, 216, 218, 223, 250, 254
南典男　*261*
三宅忠雄　*139*
宮本三七郎　*82*
宮本忍　*56*
村上豊　*146, 173, 179, 195*
明治天皇　*72*
目黒正彦　*58, 59*
持田勇　*98, 102, 134, 135,* viii, ix
森田敏彦　*78, 94,* ix
森村誠一　*8, 95, 135, 222, 259,* ix

や

柳沢銀蔵　*71, 94,* ix
矢野久　*220, 261,* viii
山内一也　*33, 34, 66, 168,* ix
山内忠重　*51, 52*
山岡淳一郎　*20*
山極三郎　*102, 103, 106, 110, 135,* ix
山口藤蔵　*146, 147, 179, 181*
山口本治　*4, 12, 60, 61, 62, 159, 160, 162, 166, 173, 175, 176, 177, 178, 179, 180, 181, 182, 183, 184, 185, 187, 188, 192, 196, 198, 200, 202, 205, 206, 210, 211, 213, 214, 215, 218, 263, 265,* ix
山下四郎　*146, 173, 177, 179, 182, 183, 186, 206, 215, 265*
山田重治　*126*
山中伸弥　*27, 28, 44*
楊靖宇　*230*
ヤンソン，ヨハネス　*87*
吉川哲　*202, 203, 205, 206, 214*
吉中丈志　*9, 261*

ら

劉龍　*226, 230, 231, 232*

わ

若松有次郎　*4, 12, 62, 68, 119, 120, 124, 127, 130, 132, 138, 146, 147, 149, 162, 166, 173, 175, 177, 179, 182, 183, 186, 188, 189, 190, 193, 196, 197, 198, 199, 205, 206, 210, 212, 213, 214, 215, 222, 223, 224, 232, 253, 254, 257, 258, 265, 266*
和田眞紀夫　*46, 67*
渡辺守松　*147, 174, 175*
渡貫　*124*

参考文献

青木富貴子『七三一　石井四郎と細菌戦部隊の闇を暴く』新潮社, 2005年
茜灯里『馬疫』光文社, 2021年
安達誠太郎「満州に於ける鼻疽対策に就いて」『満州獣医畜産学会雑誌』20(4), 1938年
安達誠太郎『ああ満州：国つくり産業開発者の手記』満州回顧集刊行会, 1965年
ケン・アリベック『バイオハザード』二見書房, 1999年
池内了『科学と戦争』岩波新書, 2016年
内田康夫『馬部隊』昭和書房, 1942年
ピーター・ウイリアムズ/デヴィド・ウォーレス著, 西里扶甬子訳『七三一の生物兵器とアメリカバイオテロの系譜』かもがわ出版, 2003年
江田いづみ「関東軍軍馬防疫廠100部隊像の再構成」松村高夫編『戦争と疾病』本の友社, 41-71, 1997年
江田憲治・兒嶋俊郎・松村高夫編訳『証言　人体実験――731部隊とその周辺』同文館, 1991年
王選「細菌作戦と被害調査」『一五年戦争と日本の医学医療研究会会誌』6(1), 2006年
岡部牧夫・荻野富士夫・吉田裕編『中国侵略の証言者たち――「認罪」の記録を読む』岩波新書, 2010年
小河孝『満州における軍馬の鼻疽と関東軍　奉天獣疫研究所・馬疫研究処・100部隊』文理閣, 2020年
小河孝「留守名簿を手がかりにした100部隊隊員・関係者などの追跡調査（経過報告）」『15年戦争と日本の医学医療研究会誌』21, 2020年
小河孝「中国で編集された『日本生物武器作戦調査資料』（2019）を用いた100部隊における細菌戦活動の解析」『戦争と医学』22, 2022年
大瀧真俊『軍馬と農民』京都大学出版会, 2013年
大瀧真俊「帝国日本の軍馬政策と馬生産・利用・流通の近代化」『日本獣医史学雑誌』53, 2016年
大森常良『ラバウル獣医戦記　若き陸軍獣医大尉の最前線の戦い』光人社NF文庫, 2016年

小佐々学「日本の在来馬と西洋馬」『日本獣医師会雑誌』64, 2011 年
加藤久弥先生退官記念事業会編『ユリノキの木かげの学び舎――家畜微生物学教室の三十余年』非売品 , 1981 年 5 月
加藤哲郎『「飽食した悪魔」の戦後―― 731 部隊と二木秀雄『政界ジープ』』花伝社 , 2017 年
加藤哲郎『731 部隊と戦後日本――隠蔽と覚醒の情報戦』花伝社 , 2018 年
加藤哲郎「731 部隊員・長友浪男軍医少佐の戦中・戦後」『15 年戦争と日本の医学医療研究会（戦医研）会誌』19(2), 2019 年 5 月
加藤哲郎「戦前の防疫政策・優生思想と現代」『戦争と医学』22, 2021 年 12 月
加藤哲郎『パンデミックの政治学――「日本モデル」の失敗』花伝社 , 2020 年
偽満皇宮博物館編『侵華日軍細菌戦史料集』38, 2018 年
旧満洲五七三七部隊戦友会編『神洞：旧満洲五七三七部隊戦友会誌』旧満洲第五七三七部隊戦友会 , 1991 年
厚生省五十年史編集委員会編『厚生省五十年史　記述編』厚生問題研究会 , 1988 年
刈田啓史郎「一〇〇部隊について」一五年戦争と日本の医学医療研究会 編『NO MORE 七三一日本軍細菌戦部隊――医学者・医師たちの良心をかけた究明』文理閣 , 2015 年
小玉克幸『奇蹟の軍馬　勝山号』光人社 NF 文庫 , 2020 年
近藤昭二『731 部隊・細菌戦資料集成』柏書房 , 2003 年（CD-ROM 版）
近藤昭二・王選編『日本生物武器作戦調査資料』第六冊 , 社会科学文献出版社 , 2019 年
『細菌戦用兵器ノ準備及ビ使用ノ廉デ起訴サレタ元日本軍軍人ノ事件ニ関スル公判書類』外国語図書出版所 , モスクワ , 1950 年（ハバロフスク裁判公判書類の日本語訳）
栄一六四三会『中支那軍馬防疫廠想い出の記録』非売品 , 1990 年
座談会「満州に於ける鼻疽研究の現況竝に鼻疽蔓延の実情」『満州獣医畜産学会雑誌』17, 1936 年
サムス，クロフォード・F『ＧＨＱサムス准将の改革――戦後日本の医療福祉政策の原点』, 桐書房 , 2007 年

獣医学研究連絡会『わが国の獣医学教育の抜本的改革に関する提言』日本学術会議, 2000年
獣医学分科会『提言　わが国の獣医学教育の現状と国際的通用性』日本学術会議, 2017年
神翁顕彰会編『続日本馬政史1・2・3』農村漁村文化協会, 1963年
獣医団要報「昭和十九年度陸軍技術研究会発表事項抄録」『陸軍獣医団報』, 418, 1944年
田井中克人『京都ジフテリア予防接種禍事件』新風舎, 2005年
高杉晋吾『七三一部隊細菌戦の医師を追え 今も続く恐怖の人体実験』徳間書店, 1982年
高杉晋吾『にっぽんのアウシュウィッツを追って』教育史料出版会, 1984年
高橋龍児編『“関東軍防疫給水部”の不都合な真実』ツーワンライフ, 2014年
玉真之助「人と家畜の近代化：畜産史研究の新領域」『農業史研究』49, 2015年
中央檔案館, 中国第二歴史檔案館, 吉林省社会科学院編『証言人体実験——七三一部隊とその周辺』江田憲治, 兒嶋俊郎, 松村高夫編訳, 同文館, 1991年
「中国侵略旧日本軍の細菌戦第一〇〇部隊の秘密に迫る」「人民網」2018年9月22日
常石敬一『標的・イシイ』大月書店, 1984年
常石敬一『731部隊全史——石井機関と軍学官産共同体』高文研, 2022年
土井全二郎『軍馬の戦争——戦場を駆けた日本軍馬と兵士の物語』光人社NF文庫, 2018年
富岡秀義編『回想・奉天獣疫研究所の20年』奉天獣疫研究所回想誌刊行委員会, 1993年
富岡秀義編『続・回想・奉天獣疫研究所の20年』奉天獣疫研究所回想誌刊行委員会, 1994年
中島三夫『ドキュメント自分史　陸軍獣医学校』陸軍獣医の記録を残す会, 1996年
中野慶『軍馬と楕円球』かもがわ出版, 2019年
中村稕治『一獣疫研究者の歩み』岩波書店, 1975年
並河才三「鼻疽の治療竝予防法に関する研究」『満州獣医畜産学会雑誌』18,

1936 年
西山勝夫「『留守名簿　関東軍防疫給水部』,『留守名簿（支那）北支那防疫給水部・甲第 1855 部隊』、『留守名簿（南方）南方軍防疫給水部・岡第 9420 部隊』,『中支那防疫給水部及び南支那防疫給水部に関連する部隊の留守名簿』,『留守名簿　関東軍軍馬防疫廠』から抽出できた軍医将校、技師、技術将校、嘱託、薬剤将校、看護婦、獣医将校等」『15 年戦争と日本の医学医療研究会会誌』19(2), 2019 年
西山勝夫編『留守名簿　関東軍軍馬防疫廠』不二出版, 2019 年
西山勝夫「偽満州国皇宮博物館による 100 部隊の調査」『一五年戦争と日本の医学医療研究会会誌』19(1), 2019 年 12 月
日本医学百年史刊行会『日本医学百年史』臨床医学社, 1956 年（改訂増補版, 1961 年）
日本獣医学人名辞典編集委員会『日本獣医学人名辞典』日本獣医史学会, 2007 年
日本生物科学研究所『六〇年の歩み』2007 年
日本陸軍獣医部史編集委員会『日本陸軍獣医部史』紫陽会, 2000 年
野村吉利「財団法人日本生物科学研究所の歴史」『日本獣医学雑誌』54, 2017 年
野本貞夫・野本泰子『幾星霜』私家版, 1996 年
シェルダン・ハリス著, 近藤昭二訳『死の工場』柏書房, 1999 年
廣重徹『科学の社会史』中央公論, 1972 年
伴繁雄『陸軍登戸研究所の真実』芙蓉書房出版, 2010 年
堀内孝「軍馬改良と名馬の産地―明治期の戦争がもたらした矛盾―」『駿台史学』167, 2019 年
本庄重男『バイオハザード原論』緑風出版, 2004 年
藤原彰『餓死した英霊たち』青木書店, 2001 年（ちくま学術文庫, 2018 年）
松野誠也「ノモンハン戦争と石井部隊」『歴史評論』801, 2017 年
松村高夫・矢野久編著『裁判と歴史学』現代書館, 2007 年
三友一男『細菌戦の罪――イワノボ将官収容所虜囚記』泰流社, 1987 年
宮内忠雄「第十回日満家畜防疫会議概況」『満州獣医畜産学会雑誌』20(4), 1938 年
持田勇「まうすニ於ける鼻疽感染試験」『日本獣医学雑誌』14(4), 1935 年

持田勇・故豊島武夫「鼻疽血清反応の統計的観察　主として昭和 11・12 年に於ける成績に就いて」『満州獣医畜産学会雑誌』20, 1938 年
持田勇・渋谷芳吉・森健一「人体鼻疽血清診断例」『満州獣医畜産学会雑誌』21(2),1939 年
森田敏彦『戦争に征った馬たち——軍馬碑からみた日本の戦争』清風堂書店 , 2011 年
森村誠一『新版・悪魔の飽食』角川文庫 , 1998 年
文部省監修『現代日本科学技術者名鑑・農学編』『医学編（下）』科学文化新聞社 , 1948 年
柳沢銀蔵「去勢法の實施は産馬界に如何なる教訓を與へたる？」『中央獣医会雑誌』37(2), 1924 年
山内一也「牛疫根絶への歩みと日本の寄与」『日本獣医師会雑誌』63, 2010 年
山極三郎「殉職せられたる英霊を弔いて鼻疽を語る」『満州獣医畜産学会雑誌』18, 1936 年
山口本治『馬骨啾啾　随想集』私家版 , 1980 年
山田朗『帝銀事件と日本の秘密戦』新日本出版社 , 2020 年
吉中丈志編『七三一部隊と大学』京都大学学術出版会 , 2022 年

加藤哲郎（かとう・てつろう）
一橋大学名誉教授。1947年岩手県盛岡市生まれ。東京大学法学部卒業。博士（法学）。英国エセックス大学、米国スタンフォード大学、ハーバード大学、ドイツ・ベルリン・フンボルト大学客員研究員、インド・デリー大学、メキシコ大学院大学、早稲田大学大学院政治学研究科客員教授、などを歴任。専門は政治学・現代史。インターネット上で「ネチズン・カレッジ」主宰。
著書に『20世紀を超えて』『情報戦の時代』『情報戦と現代史』『「飽食した悪魔」の戦後』『731部隊と戦後日本』『パンデミックの政治学』（花伝社）、『ワイマール期ベルリンの日本人』『日本の社会主義』（岩波書店）、『象徴天皇制の起源』『ゾルゲ事件』（平凡社）、など多数。

小河 孝（おがわ・たかし）
元日本獣医生命科学大学獣医学部獣医保健看護学科教授。1943年東京都八王子市生まれ。北海道大学獣医学部獣医学科卒業。博士（獣医学）。農林水産省家畜衛生試験場などで研究職として35年間勤務（疫学研究室長、九州支場長）。ほかJICAベトナム国立獣医学研究所プロジェクト・チーフアドバイザーなどを歴任。専門分野は獣医疫学。著書に『満州における軍馬の鼻疽と関東軍』（文理閣）。

カバー写真（裏）：西山勝夫編『留守名簿 関東軍軍馬防疫廠 全1冊
十五年戦争留守名簿資料集⑤』不二出版、2021年より。

731部隊と100部隊——知られざる人獣共通感染症研究部隊

2022年8月10日　初版第1刷発行

著者 ——加藤哲郎／小河 孝
発行者 —平田　勝
発行 ——花伝社
発売 ——共栄書房
〒101-0065　東京都千代田区西神田2-5-11出版輸送ビル2F
電話　03-3263-3813
FAX　03-3239-8272
E-mail　info@kadensha.net
URL　http://www.kadensha.net
振替 ——00140-6-59661
装幀 ——佐々木正見
印刷・製本—中央精版印刷株式会社

ISBN978-4-7634-2018-3 C3021

７３１部隊と戦後日本

隠蔽と覚醒の情報戦

加藤哲郎　定価　1870円

●ゾルゲ事件、731 部隊、シベリア抑留　すべてが絡み合う戦争の記憶

ソ連のスパイ、ゾルゲが握った細菌戦の情報。プリンスと呼ばれた首相の息子・近衛文隆の、戦犯収容所での不審死。『政界ジープ』、ミドリ十字、731 部隊戦友会、日本イスラム教団教祖……。残虐な人体実験の中心的医師、二木秀雄がたどる戦後の数奇な運命。明るみに出た 3607 人の名簿。